SPSS
进阶分析与实务

主 编 石 鹏
副主编 但婉欣 柏安之

电子工业出版社
Publishing House of Electronics Industry
北京·BEIJING

内 容 简 介

本书以统计理论为主线，以解决实际问题为导向，详细介绍了 SPSS 在多变量方差分析、协方差分析、线性回归分析、主成分分析、因子分析、聚类分析、判别分析、决策树、神经网络、时间序列分析、对应分析、典型相关分析、简单效应、简单简单效应、调节效应、中介效应及多重响应分析中的应用。

本书结合理论与实践，具有较强的技术应用性和针对性，主要面向各个专业的初、中级 SPSS 的使用者，以及想要深入学习和应用统计学的读者。

图书在版编目（CIP）数据

SPSS 进阶分析与实务 / 石鹏主编. —北京：电子工业出版社，2022.7
ISBN 978-7-121-43604-8

Ⅰ. ①S… Ⅱ. ①石… Ⅲ. ①统计分析－软件包 Ⅳ. ①C819

中国版本图书馆 CIP 数据核字（2022）第 090090 号

责任编辑：安　娜
印　　刷：三河市君旺印务有限公司
装　　订：三河市君旺印务有限公司
出版发行：电子工业出版社
　　　　　北京市海淀区万寿路 173 信箱　　　邮编：100036
开　　本：787×980　　1/16　　印张：18.75　　　字数：405 千字
版　　次：2022 年 7 月第 1 版
印　　次：2022 年 7 月第 1 次印刷
定　　价：106.00 元

凡所购买电子工业出版社图书有缺损问题，请向购买书店调换。若书店售缺，请与本社发行部联系，联系及邮购电话：（010）88254888，88258888。

质量投诉请发邮件至 zlts@phei.com.cn，盗版侵权举报请发邮件至 dbqq@phei.com.cn。

本书咨询联系方式：（010）51260888-819，faq@phei.com.cn。

本书编委会

主　编　石　鹏

副主编　但婉欣　　柏安之

编　委　（以姓氏笔画为序）

王亚北　　王　鹏　　付梦瑶　　张　琪

张楷露　　陈汝男　　陈　联　　林梦茹

蔡伟杰　　X

C.R.Rao 说过："在终极的分析中，一切知识都是历史；在抽象的意义下，一切科学都是数学；在理性的基础上，一切判断都是统计学。"

统计学的任务是研究有关数据的收集、整理、分析，从而对所研究问题做出一定结论。统计学有坚实的理论基础，也是一门技术性很强的科学，一直受到科学技术进步的影响。大规模数据越来越多、新兴数据研究问题越来越复杂等情况都将引起数据科学生态的变化，这些都将筑牢统计学在解决社会、经济、精准医学、环境科学、生物信息学等领域问题中的中心地位。

统计学的核心价值在于它能够帮助我们科学地理解世界，探索事物运行的规律。例如，由于生物技术的飞速发展，生命科学、医学及公共卫生领域的研究方向已经发生了重大转变。这些转变将科学生产力的瓶颈从数据产生转移到了数据分析与解释。在个人层面，医生可以根据个体基因组、表观遗传、环境、生活方式等信息提出精准的治疗策略，并指导个人更有效地进行健康管理；在公共卫生层面，政府机构将更精准地了解不同环境因素、生活方式和其他相关因素对健康的影响，从而降低医疗保健成本。

统计和数据科学的研究和教育必须着眼于解决现实世界的问题，在当今的大数据时代，科学、理性地运用统计知识和统计思维去辩证，在鱼龙混杂的信息中去伪存真，正确使用统计学方法尤为重要。本书详细讲解 SPSS 多元统计分析的运用方法，指引读者驾驭复杂的数据，快速掌握 SPSS 软件，本书有很好的实用性和参考价值，对数据分析与挖掘技术的研究与推广将发挥重要作用。

席淑华

2022 年 1 月 7 日

于中国医科大学

数据分析是从数据中提取有价值信息的过程，在此过程中需要对数据进行各种处理和归类。只有真正地掌握了数据分类方法和数据处理模式，我们才能得到正确的结果及解释，从而指导实践。然而，面对丰富且错综复杂的数据资料，想要做到选择合理的统计方法快速得出正确的结论并非易事。

作为一款功能强大、方便易用的数据分析软件，SPSS 深受数据分析爱好者和从业者的喜爱，所有的功能都以对话框选项的形式呈现，界面统一、规范，用户只要掌握一定的 Windows 操作技能，通晓一定的统计分析原理，就可以使用该软件。随着版本的升级，SPSS 的功能愈发强大，被广泛应用于诸多行业及学术研究中。

本书作为《菜鸟学 SPSS 数据分析》的进阶版，既与前作相辅相成，又具有自身的独特性。前作的内容循序渐进，力求使各位读者（尤其是初学者）能更好地理解、运用 SPSS，重在对基础性的知识及操作进行讲解，但面对复杂的数据分析与挖掘显得力有不逮，这也促使了本书的编写。本书主要面向各个专业的初、中级 SPSS 的使用者及想要深入学习和应用统计学的读者，定位为一本讲解高级统计分析技术的字典式的工具书，以统计理论为主线，以解决实际问题为导向，详细介绍了回归建模及其他多元统计方法，其中，每章都介绍了一个独立的统计方法，从理论到操作，每一章都配有实例，每一部分都有细致的讲解，读者可以根据需求到相应的章节重点研读。

本书特色

1. 以统计理论为主线，严格筛选统计方法

本书介绍的统计方法是基于对各个学科专业常用方法的大量研究，由知识储备丰富且有大量实战经验的作者编写而成的，每章介绍一个独立的统计方法，可以让读者对比学习。而学科性较强的方法并未在本书中体现，如果读者想要深入学习，可以关注"SPSS 学堂"微信公众号，获取相应的学习资源。

2. 以解决实际问题为导向

本书的目的不在于让各位读者了解 SPSS 的操作方法，而是掌握分析数据的统计方法，了解这些方法背后的实际用途，以开阔思路，并真正掌握相关技能。同时笔者建议读者不要

拘泥于某一个统计软件，只要能方便、快捷地得出正确结论，我们就需要学习并加以使用。

3. 标题体现用途

本书每章内容的标题均体现了该章节所讲解统计方法的用途，让读者快速理解并判断该方法的适用性。

4. 微信公众号推文与图书内容的完美结合

微信公众号"SPSS 学堂"邀请来自海内外各大知名高校不同专业的硕士、博士定期撰写文章，精选优秀论文进行深度剖析并解读，以开拓读者分析数据的思路及增强实战能力，同时更新一些统计方法的小技巧与小知识点，以便读者的学习效果更上一层楼。

本书由"SPSS 学堂"的多位作者共同编写，其中，陈联、蔡伟杰共同编写了第 1 章、第 3 章的 3.1~3.3、3.5、3.6 节；陈汝男编写了第 3 章的 3.4、3.7~3.9 节、第 4 章；付梦瑶编写了第 5 章的 5.1、5.3 节、第 14~15 章；石鹏编写了第 5 章的 5.2、5.5 节；林梦茹编写了第 5 章的 5.4 节；张楷露编写了第 6~7 章；柏安之、蔡伟杰共同编写了第 8~10 章；王亚北编写了第 12~13 章；张琪编写了第 16 章；林梦茹、王鹏共同编写了第 2 章和第 11 章。但婉欣审校了第 1~5 章；柏安之审校了第 6~10 章；石鹏审校了第 11~16 章。余羿提供了第 8~10 章的数据。在此致以感谢！

本书得以付梓，特别感谢中国医科大学公共卫生学院席淑华教授为本书撰写序言，特别感谢中国科学院国家重点研发计划项目首席科学家、全国红医联盟执行理事长、中国医药卫生文化协会副会长朱京海教授为本书撰写推荐语，特别感谢中国医科大学公共卫生学院贺淼教授为本书撰写推荐语，特别感谢华中师范大学徐旋同学为本书拟定书名，特别感谢中国医科大学公共卫生学院杨华杰同学校读了文稿。需要特别说明的是，一本书的编写需要投入大量的时间与精力，各位作者在编写时会尽可能确保内容正确与严谨，但也难免会存在疏漏之处，还请各位专家和广大读者批评指正。

联系我们：请关注微信公众号"SPSS 学堂"（微信号：spss2333）并在后台留言。

相关案例下载：请关注微信公众号"SPSS 学堂"（微信号：spss2333）并回复"进阶案例"。

目　录

第 1 章

多个因变量的假设检验：
多变量方差分析

1.1 多变量方差分析

1.1.1 多变量方差分析简介

多变量方差分析，亦被称为多元方差分析，表示多元数据的方差分析。它是一元方差分析的推广。作为一个多变量过程，多变量方差分析在有两个或多个因变量时使用，通常涉及各个因变量的显著性检验。多变量方差分析分为单因素多元方差分析和多因素多元方差分析，它有助于回答：

（1）自变量的变化是否对因变量有显著影响？

（2）因变量之间有什么关系？

（3）自变量之间有什么关系？

1.1.2 多变量方差分析的应用条件

在方差分析中，样本必须满足独立、正态分布、方差齐性的条件。而多变量方差分析由于涉及多个变量，所以除要求单个因变量满足以上条件外，还必须满足以下条件。

- 各因变量之间具有相关性。
- 每一组都有相同的方差—协方差矩阵。
- 各因变量为多元正态分布。

注意:

- 多变量方差分析对于正态性较为稳健。
- 多变量方差分析对于方差齐性较为敏感。
- 在进行多变量方差分析时，不仅要求样本总量较大，而且各组样本量也越大越好。

这里需要强调的是，多变量方差分析是指自变量有 1 个，因变量有多个，也就是 $y_1, \cdots, y_n$；而多因素方差分析是指因变量有一个，自变量有多个，也就是 $x_1, \cdots, x_n$。

1.2 多变量方差分析案例：不同舞蹈学校的分数差异分析

多变量方差分析用于研究自变量对多个因变量的影响。多变量方差分析的基本原理与单变量方差分析的原理相似，用于分析当自变量取不同水平时因变量的均值是否存在显著性差异。但是，多变量方差分析在分析过程中还利用了各因变量协方差的相关信息。

以下是 3 个舞蹈学校的学生在培训后参加表演比赛的动作标准得分和感情表现得分数据，如图 1-2-1 所示。下面利用多变量方差分析来分析不同的舞蹈学校对学生的动作标准和感情表现这两个因变量的影响。

	分组	感情表现得分	动作标准得分
1	1.00	55.16	44.54
2	1.00	61.02	44.24
3	1.00	57.90	46.27
4	1.00	84.02	46.99
5	1.00	62.00	50.76
6	1.00	98.02	51.39
7	1.00	50.63	50.24
8	1.00	78.00	50.19
9	1.00	94.02	53.43
10	1.00	69.22	52.04
11	2.00	44.02	45.26
12	2.00	55.02	49.40
13	2.00	66.99	41.57
14	2.00	41.32	42.67
15	2.00	30.22	44.07
16	2.00	21.02	44.28
17	2.00	77.89	44.85
18	2.00	37.95	46.20
19	2.00	39.79	47.64
20	2.00	51.00	49.28
21	3.00	80.02	48.27

图 1-2-1

1.2.1　选择变量

打开案例文件，在菜单栏中依次单击"分析"→"一般线性模型"→"多变量"命令，如图 1-2-2 所示。

图 1-2-2

在弹出的"多变量"对话框中，将"感情表现得分"和"动作标准得分"放入"因变量"列表框，将"分组"放入"固定因子"列表框，如图 1-2-3 所示。

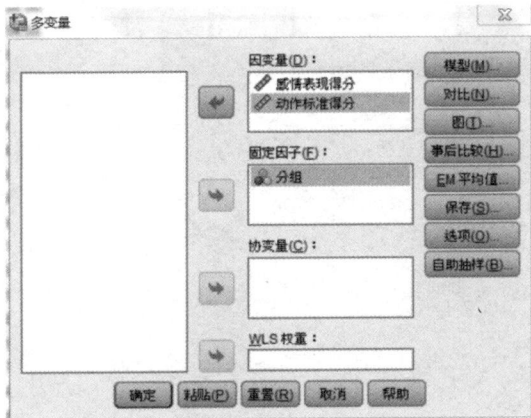

图 1-2-3

1.2.2　设置模型选项

单击图 1-2-3 中的"模型"按钮，在弹出的"多变量：模型"对话框中选中"全因子"单选框，其他选项为默认设置，单击"继续"按钮，如图 1-2-4 所示。

图 1-2-4

1.2.3 设置事后选项

单击图 1-2-3 中的"事后比较"按钮，在弹出的"多变量：实测平均值的事后多重比较"对话框中，将"分组"放入"下列各项的事后检验"列表框，勾选"LSD"复选框，单击"继续"按钮，如图 1-2-5 所示。

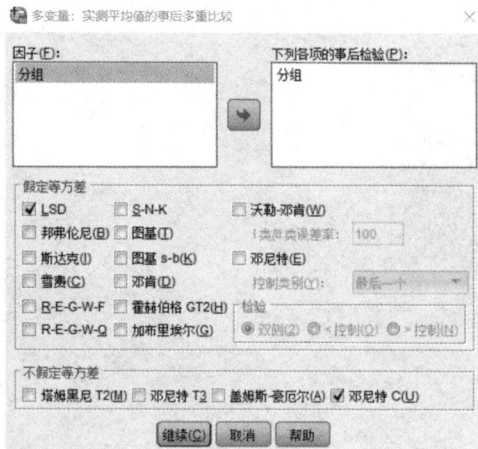

图 1-2-5

1.2.4 选项设置

单击图 1-2-3 中的"选项"按钮，在弹出的"多变量：选项"对话框中勾选"描述统计"和"齐性检验"复选框，如图 1-2-6 所示。单击"继续"按钮，返回"多变量"对话框，单击"确定"按钮，输出分析结果。

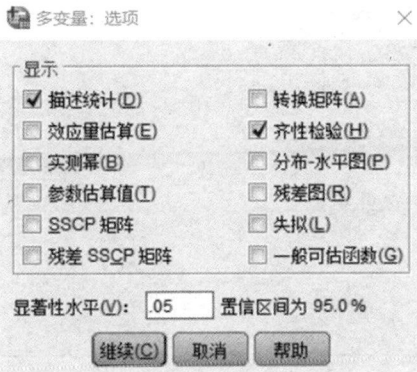

图 1-2-6

1.2.5 输出结果

描述统计表如图 1-2-7 所示，从中可知两个因变量"感情表现得分"和"动作标准得分"中各个小组的平均值、标准偏差和个案数。如第 1 组的"感情表现得分"平均值为 70.9990，"动作标准得分"平均值为 49.0090。

图 1-2-8 所示为协方差矩阵的博克斯等同性检验的结果，本案例中的显著性（P 值）大于 0.05，表示总体协方差矩阵相等。

描述统计

	分组	平均值	标准偏差	个案数
感情表现得分	1.00	70.9990	16.66581	10
	2.00	46.5220	16.87663	10
	3.00	64.7140	15.33610	10
	总计	60.7450	18.94803	30
动作标准得分	1.00	49.0090	3.24331	10
	2.00	45.5220	2.62531	10
	3.00	45.8790	1.87687	10
	总计	46.8033	3.00584	30

图 1-2-7

协方差矩阵的博克斯等
同性检验[a]

博克斯 M	4.698
F	.699
自由度 1	6
自由度 2	18168.923
显著性	.651

检验"各个组的因变量实测协方差矩阵相等"这一原假设。[a]
a. 设计: 截距 + 分组

图 1-2-8

图 1-2-9 所示为误差方差的莱文等同性检验表。本案例中的显著性大于 0.05，表示每个因变量在不同水平组合中方差齐性。

误差方差的莱文等同性检验[a]

		莱文统计	自由度 1	自由度 2	显著性
感情表现得分	基于平均值	.068	2	27	.935
	基于中位数	.042	2	27	.959
	基于中位数并具有调整后自由度	.042	2	24.583	.959
	基于剪除后平均值	.061	2	27	.941
动作标准得分	基于平均值	2.338	2	27	.116
	基于中位数	.819	2	27	.452
	基于中位数并具有调整后自由度	.819	2	18.823	.456
	基于剪除后平均值	2.310	2	27	.119

检验"各个组中的因变量误差方差相等"这一原假设。[a]

a. 设计：截距 + 分组

图 1-2-9

多变量检验表如图 1-2-10 所示，显著性小于 0.05，表明不同的舞蹈学校对"感情表现得分"和"动作标准得分"的影响均非常显著。当 4 种检验结果不一致时，一般选用相对保守的"威尔克 Lambda"或"霍特林轨迹"参数来确定显著性。

多变量检验[a]

效应		值	F	假设自由度	误差自由度	显著性
截距	比莱轨迹	.997	4535.952[b]	2.000	26.000	.000
	威尔克 Lambda	.003	4535.952[b]	2.000	26.000	.000
	霍特林轨迹	348.919	4535.952[b]	2.000	26.000	.000
	罗伊最大根	348.919	4535.952[b]	2.000	26.000	.000
分组	比莱轨迹	.493	4.418	4.000	54.000	.004
	威尔克 Lambda	.549	4.548[b]	4.000	52.000	.003
	霍特林轨迹	.745	4.659	4.000	50.000	.003
	罗伊最大根	.622	8.403[c]	2.000	27.000	.001

a. 设计：截距 + 分组

b. 精确统计

c. 此统计是生成显著性水平下限的F的上限。

图 1-2-10

如图 1-2-11 所示，在显著性为 0.05 时，不同的舞蹈学校对"动作标准得分"的影响显著，对应的显著性为 0.012；对"感情表现得分"的影响显著，对应的显著性为 0.007。

主体间效应检验

源	因变量	III 类平方和	自由度	均方	F	显著性
修正模型	感情表现得分	3231.912[a]	2	1615.956	6.077	.007
	动作标准得分	73.612[b]	2	36.806	5.275	.012
截距	感情表现得分	110698.651	1	110698.651	416.282	.000
	动作标准得分	65716.560	1	65716.560	9417.701	.000
分组	感情表现得分	3231.912	2	1615.956	6.077	.007
	动作标准得分	73.612	2	36.806	5.275	.012
误差	感情表现得分	7179.893	27	265.922		
	动作标准得分	188.406	27	6.978		
总计	感情表现得分	121110.456	30			
	动作标准得分	65978.578	30			
修正后总计	感情表现得分	10411.806	29			
	动作标准得分	262.017	29			

a. R方 = .310（调整后R方 = .259）

b. R方 = .281（调整后R方 = .228）

图 1-2-11

如图 1-2-12 所示，其中的*表示该组均值差是显著的，可以看出，对于"动作标准得分"和"感情表现得分"，不同的舞蹈学校的影响是显著的。

多重比较

LSD

因变量	(I) 分组	(J) 分组	平均值差值 (I-J)	标准误差	显著性	95% 置信区间 下限	95% 置信区间 上限
感情表现得分	1.00	2.00	24.4770*	7.29276	.002	9.5135	39.4405
		3.00	6.2850	7.29276	.396	-8.6785	21.2485
	2.00	1.00	-24.4770*	7.29276	.002	-39.4405	-9.5135
		3.00	-18.1920*	7.29276	.019	-33.1555	-3.2285
	3.00	1.00	-6.2850	7.29276	.396	-21.2485	8.6785
		2.00	18.1920*	7.29276	.019	3.2285	33.1555
动作标准得分	1.00	2.00	3.4870*	1.18135	.006	1.0631	5.9109
		3.00	3.1300*	1.18135	.013	.7061	5.5539
	2.00	1.00	-3.4870*	1.18135	.006	-5.9109	-1.0631
		3.00	-.3570	1.18135	.765	-2.7809	2.0669
	3.00	1.00	-3.1300*	1.18135	.013	-5.5539	-.7061
		2.00	.3570	1.18135	.765	-2.0669	2.7809

基于实测平均值。

误差项是均方（误差）= 6.978。

*. 平均值差值的显著性水平为 .05。

图 1-2-12

通过多变量方差分析，我们知道：

- "动作标准得分"和"感情表现得分"在各组的总体方差相等。

- 不同的舞蹈学校对"动作标准得分"影响显著，对"感情表现得分"影响也显著。
- "感情表现得分"在分组 1 和分组 2、分组 2 和分组 3 之间有显著性差异，在分组 1 和分组 3 之间无显著性差异。
- "动作表现得分"在分组 1 和分组 2、分组 1 和分组 3 之间有显著性差异，在分组 2 和分组 3 之间无显著性差异。

1.3 本章小结

方差分析按影响分析指标的因素（自变量个数）分为单因素方差分析、双因素方差分析和多因素方差分析。

方差分析按分析指标（因变量个数）分为一元方差分析（即 ANOVA）和多元方差分析（即 MANOVA）。

多自变量多因变量的方差分析又被称为多变量方差分析，当然更精确的名称为"X 因素 Y 元方差分析"，如二因素二元方差分析。

多变量方差分析指当有多个因变量时，把多个因变量看作一个整体，分析自变量个数对多个因变量整体的影响，从而发现不同总体的最大分组差异。在对因变量逐一进行一元方差分析时，并不能检验出分组差异，而多变量方差分析能够反映实际存在的分组差异。多变量方差分析就是对多个因变量进行分析，但是这些因变量之间并不是没有关系的，它们应该属于同一事物的不同形式，比如一个问卷的不同维度。

第 2 章
校正混杂因素：
协方差分析

2.1 协方差分析简介

在研究实际问题的过程中，除必须关注的因变量和自变量外，经常出现一些人为难以控制的随机因素，它们会对因变量产生一些较为显著的影响。如果忽略这些因素的影响，则将有可能无法得到准确的结果。

例如，研究中学生每天早读时间是否会对其英语成绩有显著影响。这里将学生每天早读的时间作为自变量，将学生的英语成绩作为因变量，但是学生最初的英语水平也会对最后测试的成绩有影响。因此，在分析时必须排除这一因素。又比如，某一地区对本地居民的学龄儿童发放教育代金券直到其就业，对非本地居民的学龄儿童则不发放教育代金券，若干年后比较他们的劳动收入，即比较发放教育代金券是否会对他们的劳动收入产生影响。然而家庭的教育投资力度也会对学龄儿童以后的劳动收入产生影响，因此，在研究过程中需要控制这一因素。对于此类问题，我们需要用协方差分析来解决。

协方差分析是建立在回归分析和方差分析基础之上的一种分析方法。当检验两组或多组修正的主效应之间有无差异时，协方差分析可以消除混杂因素（协变量）对因变量的影响。其中，协变量指会对因变量产生影响，但是不被研究者关心的非自变量的变量。

利用协方差分析，可以更加准确地控制混杂因素在不同水平时对结果造成的影响，排除在实验设计阶段人为无法掌控的因素对结果造成的影响。在统计分析阶段，将这些人为难以控制的随机变量作为协变量，在剔除协变量的影响后，再对修正的主效应进行方差分析，从而达到准确地分析自变量对因变量的影响。

以研究中学生每天早读时间是否会对其英语成绩有显著影响为例，将学生分为两组，分别每天早读英语 60min 和 30min，一个月后采用相同的试卷测试两组学生的英语成绩，记为后测成绩。协方差分析的原理是，利用学生的初始成绩与后测成绩进行回归分析，将后测成绩校正为与初始成绩相同的成绩，在消除初始成绩对后测成绩的影响后，运用方差分析比较校正后的后测成绩的差别。利用这种方法可以提高实验的准确性，从而更真实地反映实际情况。

协方差分析需要满足以下要求。

（1）协变量为连续数值，各协变量之间相互独立，协变量与自变量之间是相互独立的，没有交互效应。

（2）协变量与因变量存在线性关系，回归斜率一致，即各组的回归拟合线是平行的，且回归系数不为 0，即 $\beta_{w1} = \beta_{w2} = ... = \beta_{wk}$，且 $\beta_w \neq 0$。该要求会影响协方差分析结果的可靠性，因此，在进行协方差分析时，首先要对回归斜率的一致性进行验证。

（3）各组残差正态分布。

协方差分析的模型：

$$观测值=一般均值+水平影响+协变量影响+随机误差$$

$$Y_{ij} = \mu_y + t_i + \beta_e(X_{ij} - \mu_x) + \varepsilon_{ij} \tag{2.1}$$

其中，方差分析：

$$Y_{ij} = \mu_y + t_i + e_{ij} \tag{2.2}$$

回归分析：

$$Y_{ij} = \mu_y + \beta(X_{ij} - \mu_x) + \varepsilon_{ij} \tag{2.3}$$

其中，X 为协变量，X_{ij} 为协变量在分类水平 i 和 j 上的记录值，μ_x 是所有协变量的平均值，β_e 为回归系数。

由式（2.1）可以看出，对于协方差分析：

$$总离差=分组变量离差+协变量离差+随机误差$$

2.2　协方差分析案例：早读对成绩的影响

通过协方差分析，可以消除混杂因素，验证自变量是否会对因变量产生影响。以研究中学生每天早读时间是否会对其英语成绩有显著影响为例，随机抽取同年级学生 60 人，将他们分为两组，每组 30 人。第一组学生每天早读英语 60min，第二组学生每天早读英语 30 分钟，一个月后采用相同的试卷测试他们的英语成绩，记为后测英语成绩。其中，学生的初始成绩即为混杂因素，如果不剔除，则有可能产生错误的结果。学生每天早读时长为自变量，一个月后的后测英语成绩为因变量。原始数据如图 2-2-1 所示。

	早读时长	初始成绩	后测英语成绩
19	1	49.00	74.00
20	1	64.00	73.00
21	1	18.00	55.00
22	1	65.00	78.00
23	1	62.00	71.00
24	1	53.00	45.00
25	1	56.00	72.00
26	1	66.00	59.00
27	1	63.00	79.00
28	1	53.00	79.00
29	1	56.00	85.00
30	1	62.00	66.00
31	2	24.00	29.00
32	2	57.00	68.00
33	2	60.00	53.00
34	2	44.00	71.00
35	2	25.00	41.00
36	2	25.00	24.00

图 2-2-1

用 SPSS 进行协方差分析，需要分两个步骤进行。

（1）回归拟合线平行性检验。（2）协方差分析。

2.2.1 回归拟合线平行性检验

通过该步骤，验证协方差分析要求的第二条：协变量与因变量存在线性关系，回归斜率一致，即各组的回归拟合线是平行的，且回归系数不为 0。

1. 绘制散点图

打开案例文件"英语成绩.sav"，单击"图形"→"旧对话框"→"散点图/点图"命令，在弹出的"散点图/点图"对话框中单击"定义"按钮，如图 2-2-2 所示。

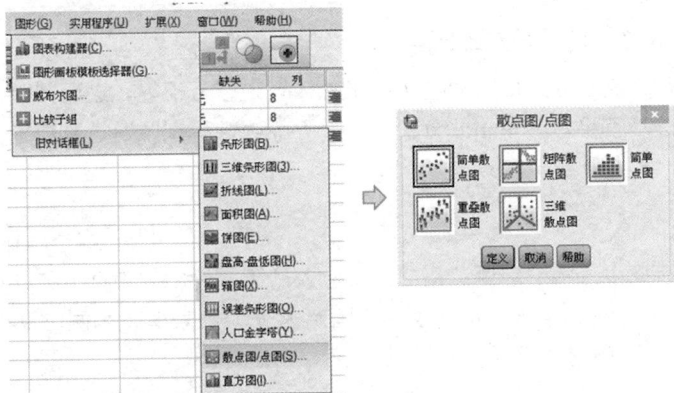

图 2-2-2

2．简单散点图界面设置

将"后测英语成绩"放入"Y轴"列表框，将"初始成绩"放入"X轴"列表框，将"早读时长"放入"标记设置依据"列表框，如图2-2-3所示。单击"确定"按钮。

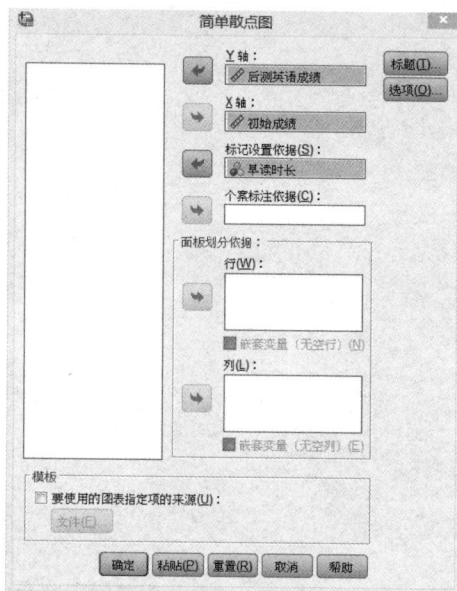

图 2-2-3

3．输出结果

在输出散点图后，双击图形，进入"图表编辑器"对话框，如图 2-2-4 所示。单击标注框中的"添加子组拟合线"按钮，可以看出两组学生的"初始成绩"与"后测英语成绩"具有明显的线性关系，且两组回归拟合线斜率相近，符合前提假设条件。

4．检验各组内因变量与协变量的回归直线是否平行

检验因变量与协变量是否存在交互效应，即检验各组总体斜率是否相等，进而判断各组内因变量与协变量的回归直线是否平行。单击"分析"→"一般线性模型"→"单变量"命令，如图2-2-5所示。

5．单变量界面设置

在弹出的"单变量"对话框中，将"后测英语成绩"放入"因变量"列表框，将"初始成绩"放入"协变量"列表框，将"早读时长"放入"固定因子"列表框，如图 2-2-6 所示。

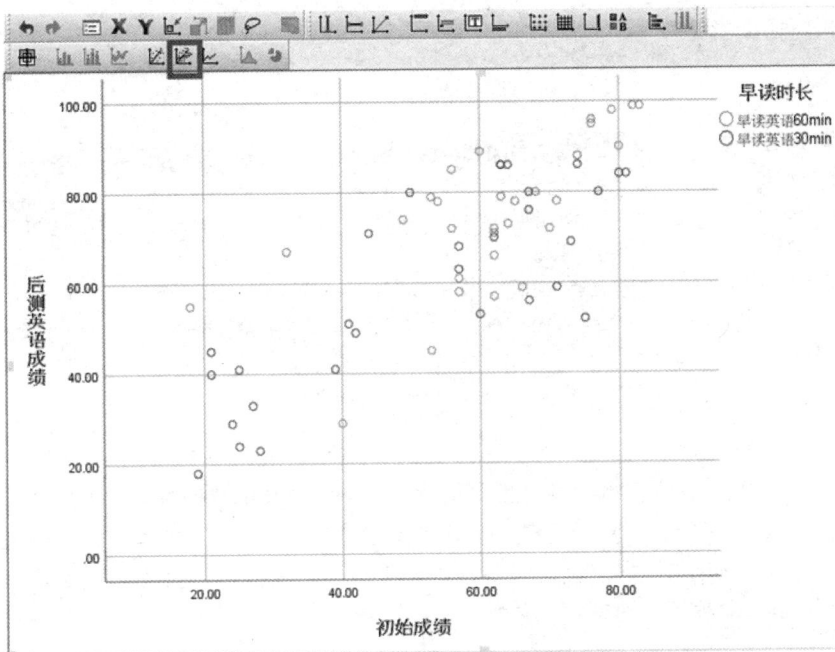

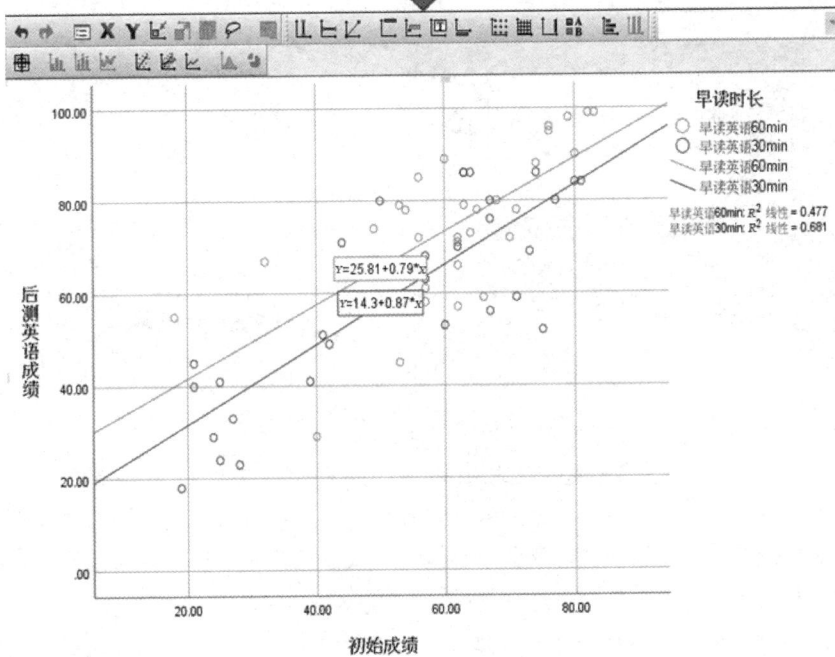

图 2-2-4

第 2 章　校正混杂因素：协方差分析

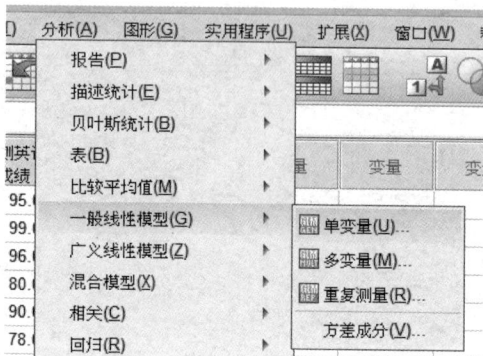

图 2-2-5

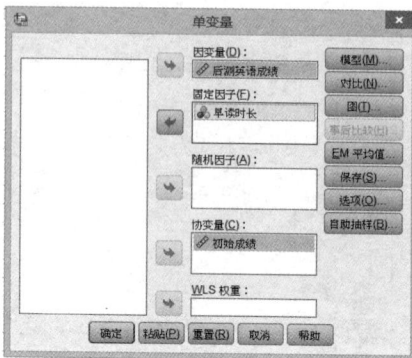

图 2-2-6

6．模型设置

单击"模型"按钮，在弹出的"单变量：模型"对话框中选中"构建项"单选框，指定模型类型，将"早读时长"和"初始成绩"放入"模型"列表框。在"类型"下拉列表中选择"交互"，然后将"初始成绩*早读时长"放入"模型"列表框，如图 2-2-7 所示。单击"继续"按钮，返回"单变量"对话框，单击"确定"按钮。

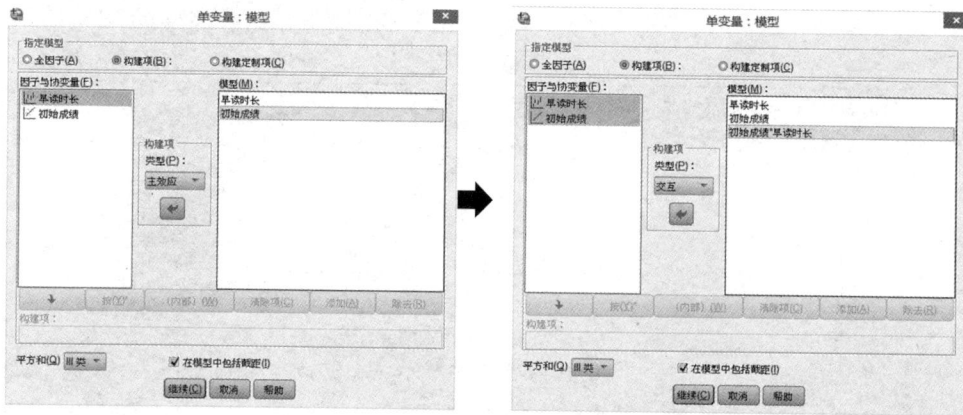

图 2-2-7

7．输出结果

放入"初始成绩*早读时长"是为了检验各组回归直线是否平行。如果显著性大于 0.05，则可以认为各组协变量与因变量之间的回归直线平行。只有当各组的回归直线平行的条件成立时，才可以使用协方差分析。当处理因素与协变量有交互效应，即各组回归直线平行的条件不成立时（显著性小于 0.05），应对数据进一步处理或采用其他方法。

从图 2-2-8 中可以看出，"初始成绩*早读时长"的显著性大于 0.05，因此可以认为协变量"初始成绩"与因变量"后测英语成绩"具有相同的斜率，符合协方差分析的前提条件。

主体间效应检验

因变量： 后测英语成绩

源	III 类平方和	自由度	均方	F	显著性
修正模型	16493.404ᵃ	3	5497.801	36.387	.000
截距	1752.519	1	1752.519	11.599	.001
早读时长	144.371	1	144.371	.956	.333
初始成绩	11132.691	1	11132.691	73.681	.000
初始成绩*早读时长	21.225	1	21.225	.140	.709
误差	8461.180	56	151.092		
总计	294965.000	60			
修正后总计	24954.583	59			

a. R方 = .661（调整后R方 = .643）

图 2-2-8

2.2.2 计算和检验修正均数（正式进行协方差分析）

1. 模型设置

单击"分析"→"一般线性模型"→"单变量"命令，在弹出的"单变量"对话框中，将"后测英语成绩"放入"因变量"列表框，将"初始成绩"放入"协变量"列表框，将"早读时长"放入"固定因子"列表框，如图 2-2-6 所示。单击"模型"按钮，弹出如图 2-2-9 所示的"单变量：模型"对话框，选中"构建项"单选框，指定模型类型，将"早读时长""初始成绩"放入"模型"列表框，单击"继续"按钮，返回"单变量"对话框。

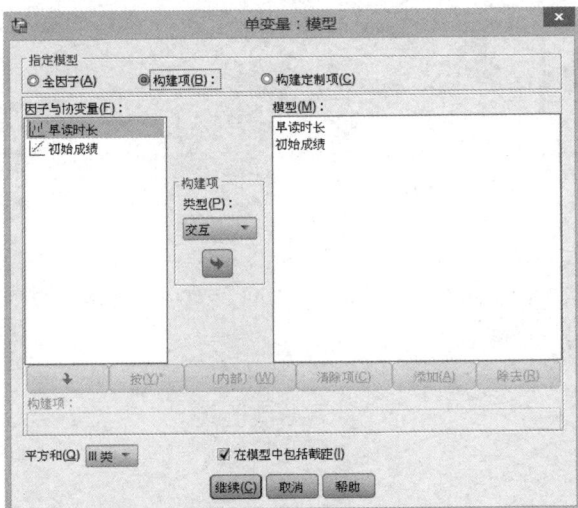

图 2-2-9

2. 估计边际平均值设置

单击"EM 平均值"按钮，弹出如图 2-2-10 所示的"单变量：估算边际平均值"对话框,将"早读时长"放入"显示下列各项的平均值"列表框,勾选"比较主效应"复选框,单击"继续"按钮,返回"单变量"对话框。

3.选项设置

单击图 2-2-6 中的"选项"按钮,弹出如图 2-2-11 所示的"单变量:选项"对话框,勾选"描述统计""齐性检验""参数估算值"复选框,单击"继续"按钮,返回"单变量"对话框,单击"确定"按钮,输出结果。

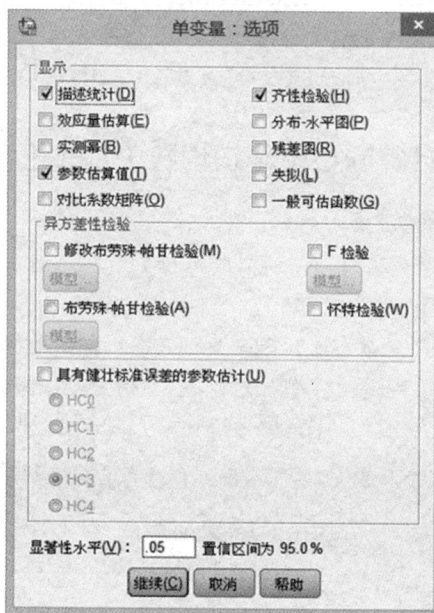

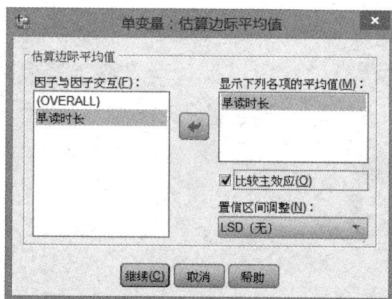

图 2-2-10   图 2-2-11

4.输出结果

如图 2-2-12 所示,方差齐性检验结果为显著性大于 0.05,因此,可以认为两组学生的后测英语成绩方差相等,即满足方差齐性条件。

误差方差的莱文等同性检验^a

因变量: 后测英语成绩

F	自由度 1	自由度 2	显著性
.000	1	58	.994

检验"各个组中的因变量误差方差相等"这一原假设。^a

图 2-2-12

如图 2-2-13 所示，初始成绩对后测英语成绩同样有显著影响（显著性小于 0.05），即说明初始成绩与后测英语成绩之间存在线性关系。学生早读时长对后测英语成绩有显著影响（显著性小于 0.05），即说明学生晨读 60min 与晨读 30min 的后测英语成绩的差异具有统计学意义。

主体间效应检验

因变量：后测英语成绩

源	III 类平方和	自由度	均方	F	显著性
修正模型	16472.179ᵃ	2	8236.090	55.345	.000
截距	1900.370	1	1900.370	12.770	.001
早读时长	738.787	1	738.787	4.964	.030
初始成绩	12960.829	1	12960.829	87.094	.000
误差	8482.404	57	148.814		
总计	294965.000	60			
修正后总计	24954.583	59			

a. R 方 = .660（调整后 R 方 = .648）

图 2-2-13

图 2-2-14 为参数估算值表，其中，协方差模型可以写为：

- 晨读 60min：$Y=15.548+0.842×$初始成绩$+7.275$
- 晨读 30min：$Y=15.548+0.842×$初始成绩

参数估算值

因变量：后测英语成绩

参数	B	标准误差	t	显著性	95% 置信区间 下限	95% 置信区间 上限
截距	15.548	5.203	2.988	.004	5.128	25.967
[早读时长=1]	7.275	3.265	2.228	.030	.737	13.813
[早读时长=2]	0ᵃ	.	.	.	.	.
初始成绩	.842	.090	9.332	.000	.661	1.022

a. 此参数冗余，因此设置为零。

图 2-2-14

如图 2-2-15 所示，早读英语 60min 的修正平均值为 70.721，早读英语 30min 的修正平均值为 63.446，修正平均值是按照初始成绩 56.9000 计算的。在成对比较表中，早读英语 60min 的后测英语成绩大于早读英语 30min 的后测英语成绩，且显著性为 0.030，小于 0.05，说明它们之间的差异性具有统计学意义。在单变量检验表中，显著性小于 0.05，说明该协方差模型具有统计学意义。

估算边际平均值

早读时长

估算值

因变量： 后测英语成绩

早读时长	平均值	标准误差	95% 置信区间	
			下限	上限
早读英语60min	70.721ᵃ	2.268	66.179	75.263
早读英语30min	63.446ᵃ	2.268	58.904	67.988

a．按下列值对模型中出现的协变量进行求值：初始成绩 = 56.9000。

成对比较

因变量： 后测英语成绩

(I) 早读时长	(J) 早读时长	平均值差值 (I-J)	标准误差	显著性ᵇ	差值的 95% 置信区间ᵇ	
					下限	上限
早读英语60min	早读英语30min	7.275*	3.265	.030	.737	13.813
早读英语30min	早读英语60min	-7.275*	3.265	.030	-13.813	-.737

基于估算边际平均值

*．平均值差值的显著性水平为 .05。

b．多重比较调节：最低显著差异法（相当于不进行调整）。

单变量检验

因变量： 后测英语成绩

	平方和	自由度	均方	F	显著性
对比	738.787	1	738.787	4.964	.030
误差	8482.404	57	148.814		

F 检验 早读时长 的效应。此检验基于估算边际平均值之间的线性无关成对比较。

图 2-2-15

2.3　本章小结

协方差分析沿用的是方差分析的基本思想，但它与单因素方差分析、多因素方差分析不同。在方差分析中，协变量离差包含在随机误差中。在协方差分析中，协变量离差将被分离出来，进一步提高了实验的精确度和统计检验的灵敏度。协方差分析的主要作用是将难以控制的混杂因素作为协变量，排除协变量对因变量的影响，分析控制自变量对观测变量的影响，达到精确分析的目的。

在运用协方差分析时，必须注意它的使用前提：各组的回归拟合线应保持平行，且回归系数不为 0。如果违背了这一假设，就有可能犯接受无效假设的错误。如果拒绝平行性假设，则需要对数据做一定处理，再做协方差分析，或者选用其他分析方法。

第 3 章
因变量为连续变量的估计
与预测：线性回归分析

3.1 线性回归分析简介

回归分析是一种研究因变量与自变量的依赖关系的统计分析方法，目的是通过给定值来估计或预测因变量的均值。按照自变量和因变量之间的关系类型，回归分析可分为线性回归分析和非线性回归分析。线性回归分析按照涉及的自变量的个数，分为简单线性回归分析和多重线性回归分析。

- 简单线性回归分析：如肺活量与体重之间的关系。
- 多重线性回归分析：如城市生产总值与城市等级、城市人口之间的关系。

3.1.1 简单线性回归分析简介

简单线性回归是指在回归分析中只涉及一个因变量和一个自变量。所谓"线性"，是指因变量随着自变量的增加而增加（或减少），并且增加（或减少）的速度是不变的，两者的关系可以用一条直线近似表示。

假设在一个无限的总体中，自变量 X 与因变量 Y 之间具有线性关系，则可以用

$$Y_i = \beta_0 + \beta_1 X_i + \ell \tag{3.1}$$

来模拟 X 与 Y 之间的这种线性关系，式（3.1）被称为简单线性回归模型。在该模型中，Y 的第 i 个取值 Y_i，是以自变量 X 的第 i 个取值 X_i 为自变量的线性函数 $\beta_0 + \beta_1 X_i$，再加上 ℓ，$i=1,2,3,\cdots,\infty$；β_0 和 β_1 被称为模型参数。ℓ 被称为误差项的随机变量，代表 Y 的取值受除 X 外的其他因素或者随机因素的影响，ℓ 使得简单线性回归模型更加符合实际。

在简单线性回归模型中，如果总体中的 β_0 和 β_1 是未知的，那么如何估计这两个参数？

一个现实的解决方案是，按随机原则从总体中抽取样本，根据样本数据，如果能够判断出 X 和 Y 之间确实存在线性关系，那么可以拟合出一个确定的直线方程。这个直线方程就代表了 X 与 Y 之间的线性关系，它是对总体回归方程的一个估计，被称为估计回归方程。通过样本数据分别计算出 β_0 和 β_1 对应的统计量的估计值，就可以得出回归模型的估计回归方程。简单线性估计回归方程，如

$$y_i = b_0 + b_1 X_i \qquad (3.2)$$

其中，b_0 是 β_0 的估计值，b_1 是 β_1 的估计值，因而 y_i 是 $E(Y_i)$ 的估计值。

3.1.2 多重线性回归分析简介

因变量的变化往往取决于多个自变量，即可能同时会有两个或两个以上的自变量对其变化产生影响，此时简单线性回归分析就不适用了，需要用多重线性回归分析。多重线性回归分析是指分析因变量 Y 与两个或两个以上自变量 $X_1, X_2, \cdots, X_p$ 的线性依赖关系。

假设在一个无限的总体中，自变量 $X_1, X_2, \cdots, X_p$ 与 Y 之间具有线性关系，则可以用

$$Y_i = \beta_0 + \beta_1 X_{1i} + \beta_2 X_{2i} + \ldots + \beta_p X_{pi} + \ell \qquad (3.3)$$

来模拟 X 与 Y 之间的线性关系，式（3.3）被称为多重线性回归模型。在该模型中，Y 的第 i 个取值 Y_i，是以自变量 $X_1, X_2, \cdots, X_p$ 的第 i 个取值为自变量的线性函数 $\beta_0 + \beta_1 X_{1i} + \beta_2 X_{2i} + \ldots + \beta_p X_{pi}$，再加上 ℓ，$i=1,2,3,\cdots,\infty$，ℓ 被称为误差项的随机变量。

在多重线性回归模型中，对模型参数 $\beta_0, \beta_1, \beta_2, \cdots, \beta_p$ 的估计方法与简单线性回归模型相同，如

$$y_i = b_0 + b_1 X_{1i} + b_2 X_{2i} + \ldots + b_p X_{pi} + \ell \qquad (3.4)$$

其中，式（3.4）被称为多重线性估计回归方程，$b_0, b_1, b_2, \cdots, b_p$ 是对 $\beta_0, \beta_1, \beta_2, \cdots, \beta_p$ 的估计值，y_i 是对 $E(Y_i)$ 的估计值。

在本章中，我们会详细讲解简单线性回归分析、多重线性回归分析、回归诊断、权重估计、加权最小二乘法、二阶最小二乘法和分层回归分析。

3.2 简单线性回归分析

简单线性回归分析只涉及一个自变量和一个因变量，并且一个变量（Y 变量）随另一个变量（X 变量）的变化而变化，这种变化呈直线趋势。简单线性回归分析主要用于对模型进行评价和预测。

3.2.1 简单线性回归分析的假设条件

简单线性回归分析的假设条件如下。

- 因变量与自变量之间存在线性关系。
- 各观测值之间相互独立。
- 残差近似服从正态分布。
- 残差方差齐性。
- 无异常值。

1．判断因变量和自变量之间是否存在线性关系

通过因变量和自变量的散点图可以直观地判断因变量和自变量之间是否存在线性关系。如果散点图趋向于一条近似的直线，那么因变量和自变量之间就存在线性关系；否则，就不存在线性关系。具体操作如下。

1）打开"图表构建器"对话框

打开案例文件"身高与体重关系.sav"，单击"图形"→"图表构建器"命令，如图 3-2-1 所示。

图 3-2-1

2）设置图表构建器

在弹出的"图表构建器"对话框中，单击"图库"选项卡，在"选择范围"选区中单击"散点图/点图"选项，选择左上角的散点图并将其拖入上方的空白区域中，即出现"X 轴？"和"Y 轴？"，如图 3-2-2 所示。

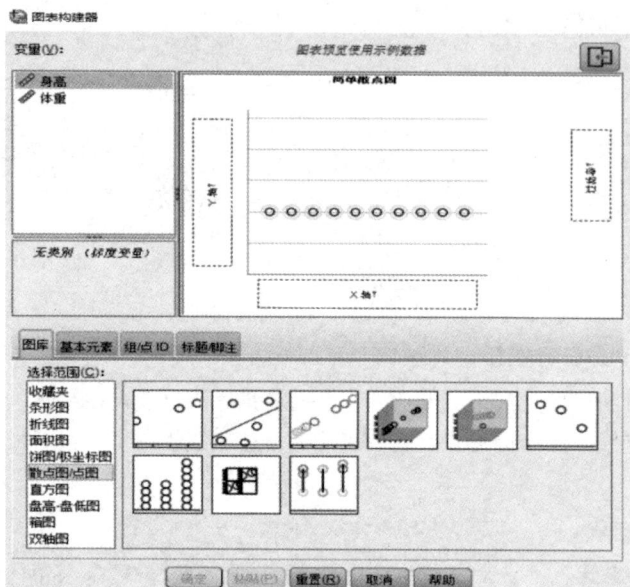

图 3-2-2

3）选择变量

将"身高"拖入"X 轴？"，将"体重"拖入"Y 轴？"，如图 3-2-3 所示。单击图 3-2-2 中的"确定"按钮。

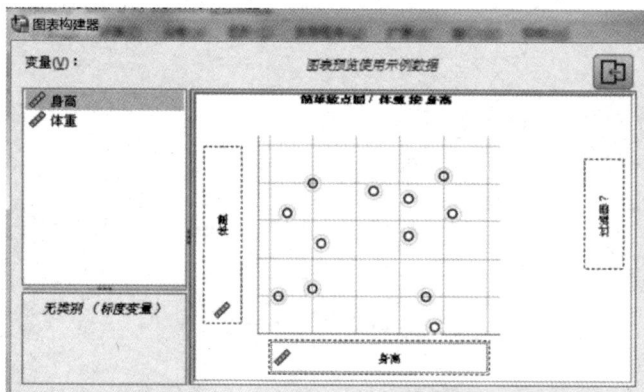

图 3-2-3

4）输出结果

如图 3-2-4 所示，可以看出"身高"与"体重"的关系呈近似直线的趋势，同时可以看出二者之间的线性关系是正向的，即"体重"随着"身高"的增加而增加。因此，可以初步判断，自变量与因变量之间存在线性关系。

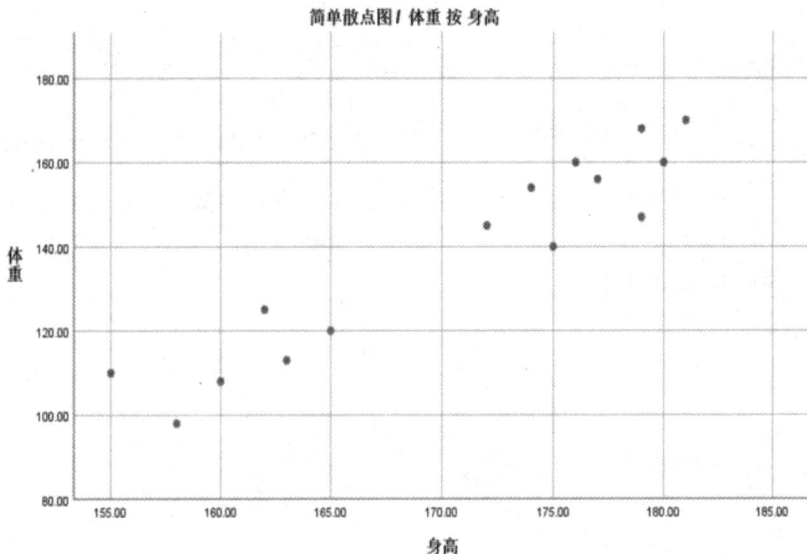

图 3-2-4

2．判断是否具有相互独立的观测值

下面判断是否具有相互独立的观测值，即判断因变量后一次的值和前一次的值是否存在关系，具体操作如下。

1）打开"线性回归"对话框

打开案例文件"身高与体重关系.sav"，单击"分析"→"回归"→"线性"命令，如图 3-2-5 所示。

图 3-2-5

2）选择变量

在弹出的"线性回归"对话框中，将"体重"放入"因变量"列表框，将"身高"放入"自变量"列表框，如图 3-2-6 所示。

3）设置统计选项

单击"统计"按钮，在弹出的"线性回归：统计"对话框中勾选"德宾-沃森"和"个案诊断"复选框，其他默认，如图 3-2-7 所示。单击"继续"按钮，回到"线性回归"对话框，单击"确定"按钮，输出结果。

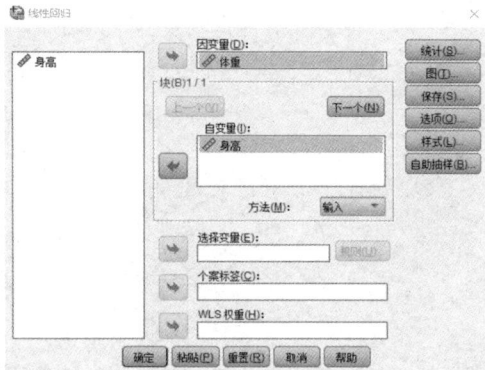

图 3-2-6

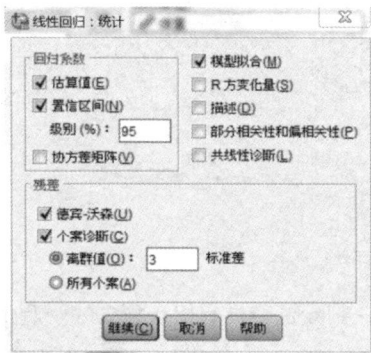

图 3-2-7

4）输出结果

如图 3-2-8 所示，一般来说，德宾-沃森的检验值在 0~4 之间，检验值越接近 2，观测值相互独立的可能性越大。在本例中，德宾-沃森的检验值为 2.426，说明观测值间的独立性较好。

模型摘要[b]

模型	R	R 方	调整后 R 方	标准估算的错误	德宾-沃森
1	.948[a]	.899	.891	7.88536	2.426

a. 预测变量：(常量)，身高

b. 因变量：体重

图 3-2-8

3. 判断残差是否近似服从正态分布和方差齐性

当采用模型 $E(Y) = \mu(X) + \varepsilon$ 来研究 Y 与 X 之间的关系时，如果 μ 是一个线性函数，则进行的回归分析就是线性回归分析，其中，Y 是因变量，X 是自变量，ε 是随机变量（也叫随机误差）。

1）设置图选项

操作步骤与图 3-2-5 和图 3-2-6 相同，在"线性回归"对话框中，单击"图"选项，弹出"线性回归：图"对话框，勾选"直方图"和"正态概率图"复选框，将"*ZRESID"（标准化残差）放入"Y"列表框，将"*ZPRED"（标准化预测值）放入"X"列表框，然后勾选"生成所有局部图"复选框，单击"继续"按钮，如图 3-2-9 所示。

2）输出结果

输出的直方图结果如图 3-2-10 所示，可以看出数据的残差近似服从正态分布，满足简单线性回归分析的条件。

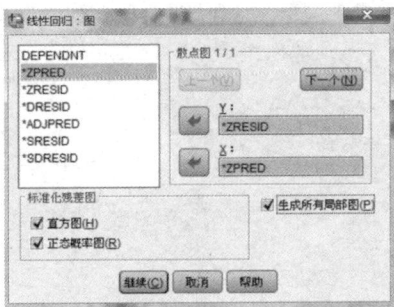

图 3-2-9

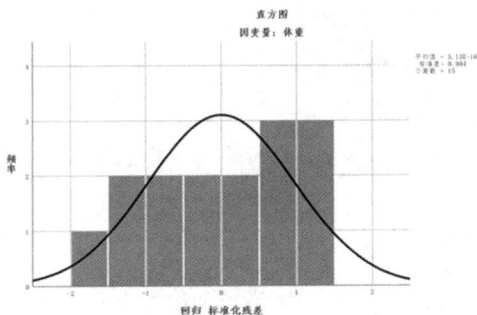

图 3-2-10

如图 3-2-11 所示，散点分布近似于一条直线，也就是说，该案例的残差服从正态分布，满足简单线性回归分析的条件。如果不符合简单线性回归分析的条件，则需要对数据进行变换，使其服从正态分布。

因变量的标准化残差如图 3-2-12 所示，如果所有点均匀地分布于直线 $Y=0$ 的两侧，则可以认为满足方差齐性。如果不满足方差齐性，则需要对变量进行转换，使其满足方差齐性的条件，或者采用加权回归来分析。在本案例中，"体重"作为因变量，其标准化残差以直线 $Y=0$ 为对称轴，各散点平均分布在其附近，没有明显的偏正或偏负，说明总体效果较好，满足方差齐性。

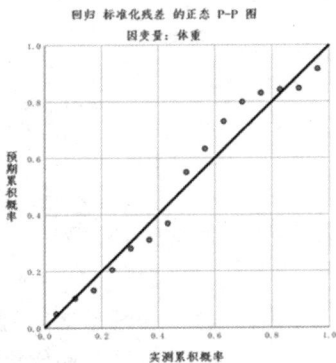

图 3-2-11

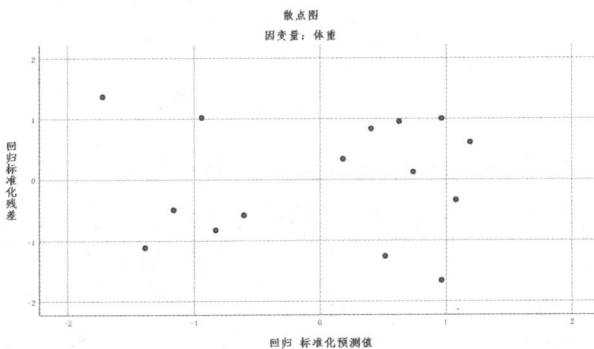

图 3-2-12

3.2.2 简单线性回归分析案例：身高和体重的关系

1. 估计回归模型参数，建立模型

下面将"体重"作为因变量，将"身高"作为自变量，研究两者之间是否存在线性关系。如 3.2.1 节所述，本案例的数据符合简单线性回归分析的条件，接下来建立简单线性回归模型。

重复图 3-2-5 和图 3-2-6 所示的操作步骤，单击"统计"按钮，弹出"线性回归：统计"对话框，勾选"估算值""模型拟合"复选框，其他默认，单击"继续"按钮，如图 3-2-13 所示。回到"线性回归"对话框，单击"确定"按钮，输出结果。

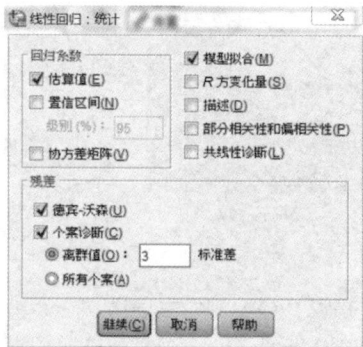

图 3-2-13

输出结果如图 3-2-14 所示，其中展示了自变量对因变量的解释度，即模型拟合度，可以用 R 方值来衡量。R 方值的取值范围为 0~1，R 方值越大，模型拟合度越高。在本案例中，R 方值为 0.899，即身高对体重的解释程度为 89.9%，模型拟合度较高。

模型摘要[b]

模型	R	R 方	调整后 R 方	标准估算的错误	德宾-沃森
1	.948[a]	.899	.891	7.88536	2.426

a. 预测变量：(常量)，身高

b. 因变量：体重

图 3-2-14

2. 对模型进行方差分析

对回归模型进行假设检验一般使用方差分析法，对回归系数进行假设检验一般使用 t 检验法。

如图 3-2-15 所示，ANOVA 表（方差分析结果）：$F=115.773$，显著性小于 0.05，说明模型具有统计学意义。如果显著性大于 0.05，则说明此回归分析没有统计学意义，因变量和自变量之间不存在线性相关关系。

ANOVA[a]

模型		平方和	自由度	均方	F	显著性
1	回归	7198.609	1	7198.609	115.773	.000[b]
	残差	808.325	13	62.179		
	总计	8006.933	14			

a. 因变量：体重

b. 预测变量：(常量)，身高

图 3-2-15

如图 3-2-16 所示，t 检验结果：回归方程的常量为 −294.198，身高系数为 2.538，常量的 t 值为 −7.310，显著性为 0.000；回归系数的 t 值为 10.760，显著性为 0.000，显著性小于 0.05，具有统计学意义，回归方程为 $Y=2.538X−294.198$。

系数[a]

模型		未标准化系数		标准化系数			B 的 95.0% 置信区间	
		B	标准错误	Beta	t	显著性	下限	上限
1	(常量)	-294.198	40.244		-7.310	.000	-381.141	-207.256
	身高	2.538	.236	.948	10.760	.000	2.028	3.048

a. 因变量：体重

图 3-2-16

通过对数据进行简单线性回归分析，我们得到最终的模型为 $Y=2.538X−294.198$。模型的拟合度为 0.899，对数据的解释程度较高，模型是显著的，显著性为 0.000，小于 0.05。模型中的常量是 −294.198，t 值是 −7.310，显著性是 0.000；身高系数是 2.538，t 值是 10.760，显著性是 0.000，说明身高对体重有显著影响。

3.3 多重线性回归分析

多重线性回归分析是简单线性回归分析的推广，用于研究一个因变量与多个自变量之间的数量依存关系。多重线性回归分析是用回归方程描述一个因变量与多个自变量的依存关系。

多重线性回归分析的分析步骤大致如下。

（1）绘制散点图矩阵，观测变量是否呈线性趋势。

（2）判断是否符合假设条件，对数据进行预处理。如果有不符合假设条件的数据，则需要对数据进行变换。在数据变换后，应重新绘制散点图矩阵，再次观测变量是否呈线性趋势。

（3）正式进行多重线性回归分析。

（4）进行残差分析（是否独立、是否为正态分布）、强影响点诊断、多重共线性诊断。

3.3.1 多重线性回归分析的假设条件

多重线性回归分析的假设条件如下。

- 因变量与自变量之间存在线性关系。
- 各观测值之间相互独立。
- 残差近似服从正态分布。
- 残差方差齐性。
- 不存在多重共线性。
- 无异常值。

3.3.2 多重线性回归分析案例：年收入的影响因素

某机构要研究"年收入对数"与"受教育年限""工作年限"的关系，其中，"年收入对数"为因变量，"受教育年限"和"工作年限"为自变量，共计 68 条数据，图 3-3-1 所示的是部分数据。

1. 判断因变量与自变量之间是否存在线性关系

想要判断因变量与自变量之间是否存在线性关系，可以通过绘制"散点图矩阵"来实现。单击"分析"→"回归"→"线性"→"保存"命令，在弹出的"线性回归：保存"对话框中勾选"未标准化""学生化""学生化删除后""库克距离""杠杆值"复选框，单击"继续"按钮，如图 3-3-2 所示。

	年收入对数	受教育年限	工作年限
1	9.19	9.00	24.00
2	10.24	12.00	28.00
3	9.14	9.00	25.00
4	9.03	9.00	24.00
5	10.38	14.00	28.00
6	9.78	12.00	24.00
7	9.20	10.00	24.00
8	10.30	13.00	32.00
9	9.20	10.00	24.00
10	9.72	12.00	27.00
11	9.74	12.00	26.00
12	8.88	10.00	24.00
13	9.39	11.00	25.00
14	9.37	12.00	26.00
15	10.11	13.00	31.00
16	10.19	13.00	31.00
17	9.48	12.00	26.00
18	8.44	9.00	23.00
19	8.79	10.00	24.00
20	8.44	9.00	19.00
21	8.79	9.00	25.00
22	8.79	12.00	26.00
23	8.99	9.00	27.00
24	9.39	9.00	28.00
25	9.48	13.00	35.00
26	9.21	12.00	13.00
27	9.58	12.00	21.00

图 3-3-1

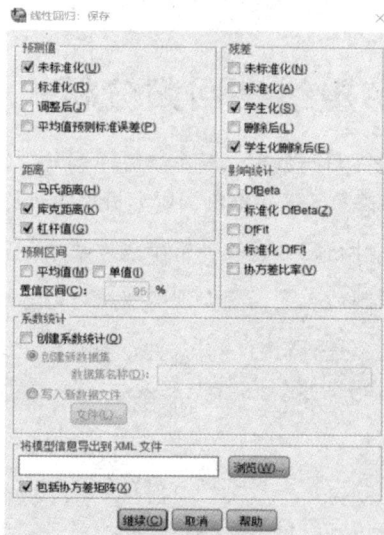

图 3-3-2

按图 3-3-2 所示的设置绘制散点图，将"Unstandardized Predicted Value"拖入"X轴?"，将"Studentized Residual"拖入"Y轴?"，单击"确定"按钮，如图 3-3-3 所示。

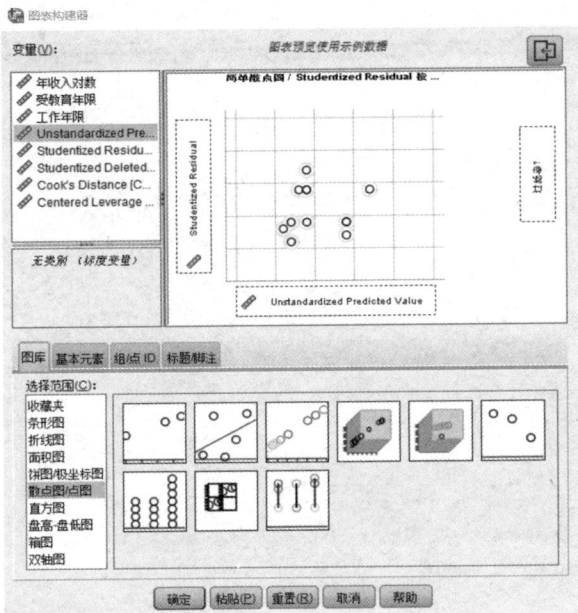

图 3-3-3

如图 3-3-4 所示，建立未标准化预测值（Unstandardized Predicted Value，PRE_1）和学生化残差（Studentized Residual，SRE_1）的散点图。未标准化预测值和学生化残差的散点图呈水平带状分布，满足因变量与所有自变量之间存在线性关系的假设。

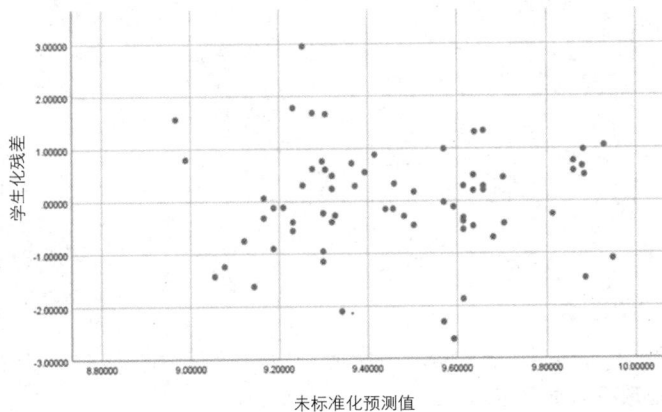

图 3-3-4

2. 判断因变量与每个自变量之间是否存在线性关系

单击"分析"→"回归"→"线性"→"图"命令，在弹出的"线性回归：图"对话框中勾选"生成所有局部图"复选框，输出结果如图 3-3-5 和图 3-3-6 所示，"年收入对数"与"受教育年限"之间存在近似线性关系，"年收入对数"与"工作年限"之间存在近似线性关系。

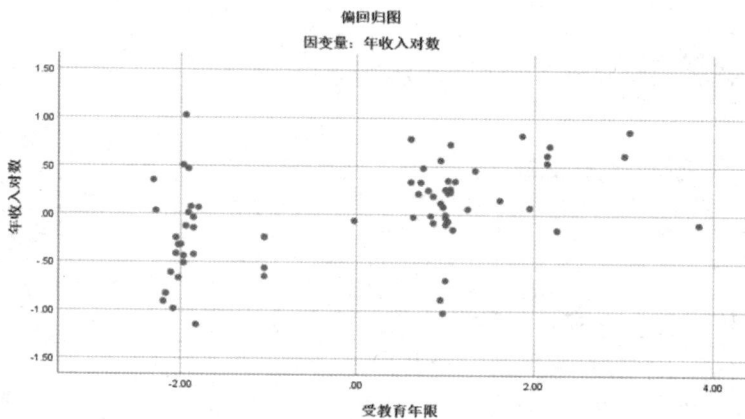

图 3-3-5

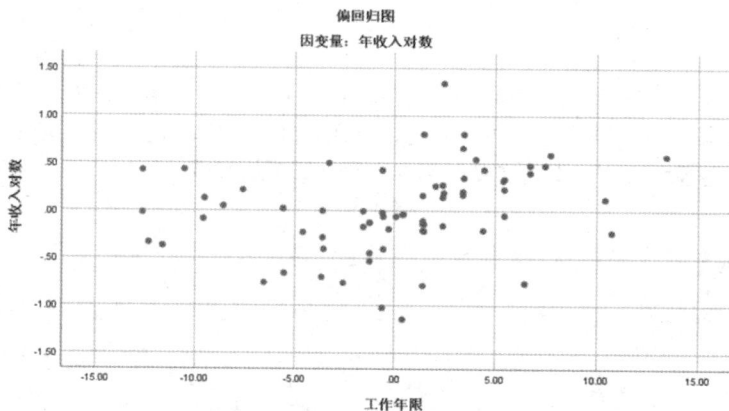

图 3-3-6

3. 判断各观测值之间是否相互独立

单击"分析"→"回归"→"线性"→"统计"命令，在弹出的"线性回归：统计"对话框中勾选"共线性诊断"复选框，如图 3-3-7 所示。

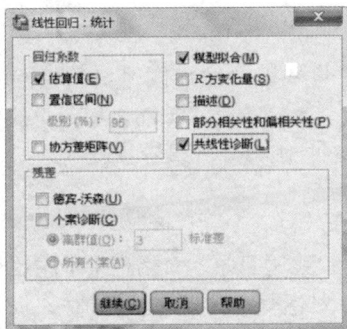

图 3-3-7

输出结果如图 3-3-8 所示，容差为 0.991，接近 1；VIF 值为 1.009，也接近 1，说明不存在多重共线性。

系数[a]

模型		未标准化系数		标准化系数	t	显著性	共线性统计	
		B	标准错误	Beta			容差	VIF
1	(常量)	7.421	.448		16.567	.000		
	受教育年限	.135	.032	.451	4.195	.000	.991	1.009
	工作年限	.022	.010	.249	2.318	.024	.991	1.009

图 3-3-8

4．判断残差是否近似服从正态分布

单击"分析"→"回归"→"线性"→"图"命令，在弹出的"线性回归：图"对话框中勾选"直方图""正态概率图"复选框，单击"继续"按钮，回到"线性回归"对话框，单击"确定"按钮。

输出结果如图 3-3-9 和图 3-3-10 所示，可以看到标准化残差的直方图服从正态分布，标准化残差的 P-P 图近似一条直线，表示服从正态分布。

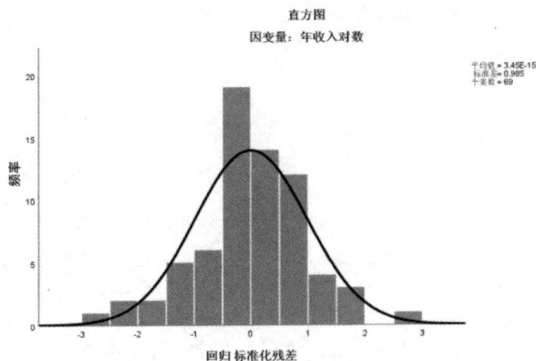

图 3-3-9

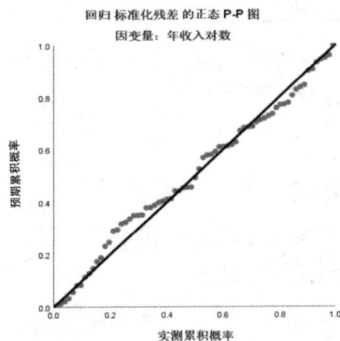

图 3-3-10

第 3 章 因变量为连续变量的估计与预测：线性回归分析

5. 检验残差方差齐性

残差方差齐性可以通过建立未标准化预测值和学生化残差的散点图来进行检验。如图 3-3-4 所示，图中各点均匀分布，不同预测值对应的残差大致相同，因而本案例中的残差满足方差齐性。如果散点图分布不均匀，呈漏斗形或者扇形，则残差方差不齐。

6. 估计回归模型参数，建立模型

单击"分析"→"回归"→"线性"命令，在弹出的"线性回归"对话框中选中因变量和自变量，单击"统计"按钮，弹出"线性回归：统计"对话框，勾选"估算值""模型拟合"复选框，如图 3-3-11 所示。单击"继续"按钮，回到"线性回归"对话框，单击"确定"按钮。

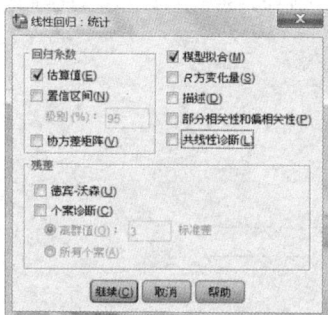

图 3-3-11

输出结果如图 3-3-12 所示，其中展示了自变量对因变量的解释程度，即模型拟合度，可以用 R 方值来衡量。R 方值的取值范围为 0~1，R 方值越大，模型拟合度越高。在本案例中，R 方值为 0.244，即"受教育年限"和"工作年限"对"年收入对数"的解释程度为 24.4%。

模型摘要[b]

模型	R	R 方	调整后 R 方	标准估算的错误	德宾-沃森
1	.494[a]	.244	.221	.44357	1.709

a. 预测变量：(常量)，工作年限，受教育年限

b. 因变量：年收入对数

图 3-3-12

7. 对模型进行假设检验

前面介绍过，对回归模型进行假设检验一般使用方差分析法，对回归系数进行假设检验一般使用 t 检验法。

如图 3-3-13 所示，ANOVA 表（方差分析结果）：$F=10.666$，显著性小于 0.05，说明模型有统计学意义。如果显著性大于 0.05，则说明模型无统计学意义。

ANOVAᵃ

模型		平方和	自由度	均方	F	显著性
1	回归	4.197	2	2.099	10.666	.000ᵇ
	残差	12.986	66	.197		
	总计	17.183	68			

a. 因变量：年收入对数

b. 预测变量：(常量)，工作年限，受教育年限

图 3-3-13

如图 3-3-14 所示，t 检验结果："受教育年限"的回归系数的显著性小于 0.05，"说明受教育年限"对"年收入对数"有显著影响，回归系数为 0.135，影响为正向；"工作年限"的回归系数的显著性小于 0.05，说明"工作年限"对"年收入对数"有显著影响，回归系数为 0.022，影响为正向。

模型		未标准化系数		标准化系数			共线性统计
		B	标准错误	Beta	t	显著性	容差
1	(常量)	7.421	.448		16.567	.000	
	受教育年限	.135	.032	.451	4.195	.000	.991
	工作年限	.022	.010	.249	2.318	.024	.991

图 3-3-14

通过对数据进行多重线性回归分析，我们得到最终的模型为 $Y=7.421+0.135X_1$（受教育年限）$+0.022X_2$（工作年限）。

3.4 回归诊断

一般来说，回归诊断可以被理解为判断模型是否适用于回归分析，并对此进行检验的过程。通常我们在进行回归诊断时会判断模型是否有异常值、观测值之间是否相互独立、是否服从正态分布、模型是否满足方差齐性等。

基于此，本节以案例的形式，分别介绍回归诊断中的异常值、独立性、正态性和方差齐性，并介绍常用的异常值处理方法。本节的演示数据来自某次学生学业成绩的影响因素调查研究数据"学业成就.sav"，基于该数据建立影响学生学业成就因素的线性回归模型，需要进行以下模型诊断。

3.4.1 异常值判断

常见的异常值包括离群点、高杠杆点、强影响点等。常见的异常值判断方法有两种：一种为个案诊断分析，另一种为散点图分析（考查因变量与自变量的关系）。

常见的异常值处理方法如下。

（1）当判定为数据收集或者录入错误时，应该更换为最新数据。

（2）当判定为个别的异常值且取值在目标群体中非常少见时，可剔除数据（需要非常谨慎）或者将异常值视为缺失值，然后进行缺失值插补。在实际操作中，如果不确定异常值的情况，或者删除前后结论变化较大，则需要报告删除前后的结果并思考模型的合理性（一般来说，包括自变量的选取、自变量的交互效应及非线性模型的适用性等）。

1．个案诊断分析

1）打开"线性回归"对话框

打开案例文件"学业成就.sav"，单击"分析"→"回归"→"线性"命令，如图 3-4-1 所示。

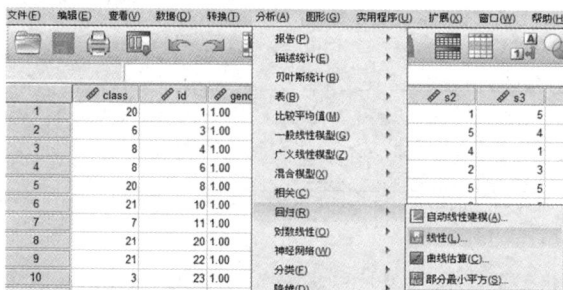

图 3-4-1

2）选择因变量和自变量

在弹出的"线性回归"对话框中，将"METACOGN"（元认知）放入"自变量"列表框，将"SCORE"（分数）放入"因变量"列表框，如图 3-4-2 所示。

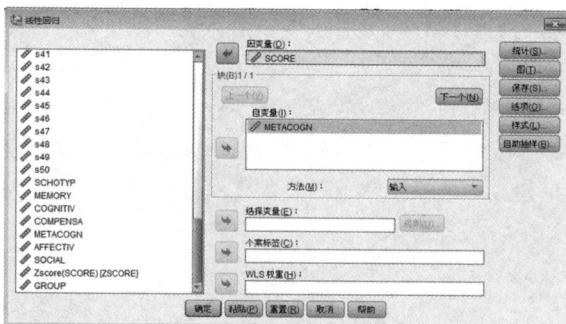

图 3-4-2

3）设置统计选项

单击"统计"按钮，在弹出的"线性回归：统计"对话框中勾选"估算值""模型拟合"复选框，单击"继续"按钮，如图 3-4-3 所示。回到"线性回归"对话框，单击"确定"按钮。

4）输出结果

个案诊断表如图 3-4-4 所示。限于篇幅，这里仅展示部分个案诊断分析结果。在实际操作中我们需要浏览所有结果，找出存在异常的个案。从个案诊断分析结果中可以发现，个案 2、4、38 和 43 的数据点标准化残差绝对值均大于 2，可以判定它们为离群点。

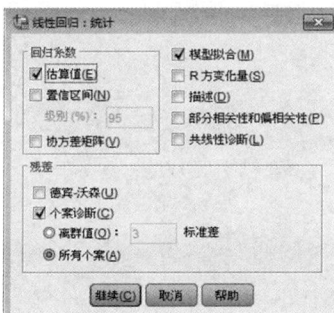

图 3-4-3

个案诊断^a

个案号	标准残差	SCORE	预测值	残差
1	.991	100	84.64	15.358
2	-2.652	49	90.10	-41.100
3	-.260	81	85.03	-4.032
4	-2.698	44	85.81	-41.811
5	-.694	77	87.76	-10.761
6	-.823	75	87.76	-12.761
7	-.608	76	85.42	-9.422
8	-.293	84	88.54	-4.540
9	.330	96	90.88	5.120
36	-.228	85	88.54	-3.540
37	-1.903	61	90.49	-29.490
38	-2.611	43	83.47	-40.472
39	-1.067	72	88.54	-16.540
40	-1.096	70	86.98	-16.981
41	-.479	78	85.42	-7.422
42	-.329	85	90.10	-5.100
43	-3.204	42	91.66	-49.659
44	-.153	85	87.37	-2.371
45	.377	94	88.15	5.849
46	-1.884	57	86.20	-29.201

图 3-4-4

2．散点图分析

1）打开"散点图/点图"对话框

单击"图形"→"旧对话框"→"散点图/点图"命令，如图 3-4-5 所示。

图 3-4-5

2）设置散点图

在弹出的"散点图/点图"对话框中选择"简单散点图",单击"定义"按钮,如图 3-4-6
所示。

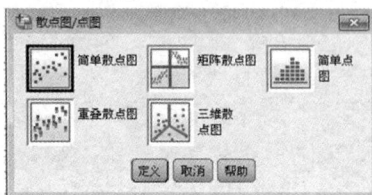

图 3-4-6

3）设置散点图坐标轴

在弹出的"简单散点图"对话框中,将"SCORE"放入"Y 轴"列表框,将
"METACOGN"放入"X 轴"列表框,单击"确定"按钮,如图 3-4-7 所示。

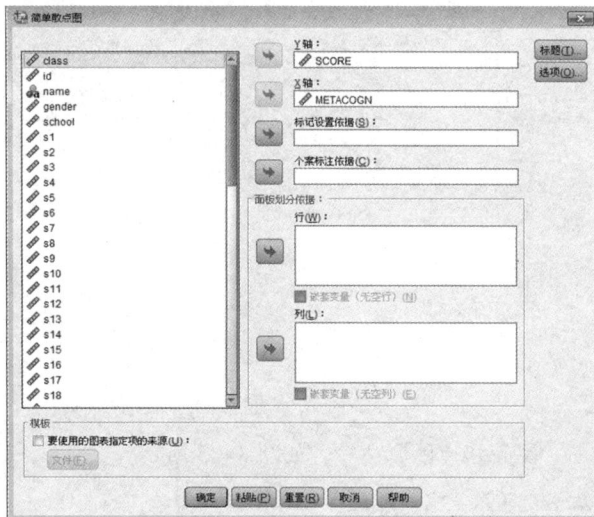

图 3-4-7

4）输出结果

输出的散点图如图 3-4-8 所示。通过散点图可以发现部分数据呈随机分布离散趋势,数
据不服从正态分布。

综上所述,当出现异常值或极端值时,首先需要判断,然后根据具体情况选择恰当的方
式应对。如果是数据录入错误,则可以修改或者删除数据点;如果是其他原因导致的数据异
常,则可以考虑使用加权最小二乘法进行多重线性回归分析或者增加样本量等处理方式。

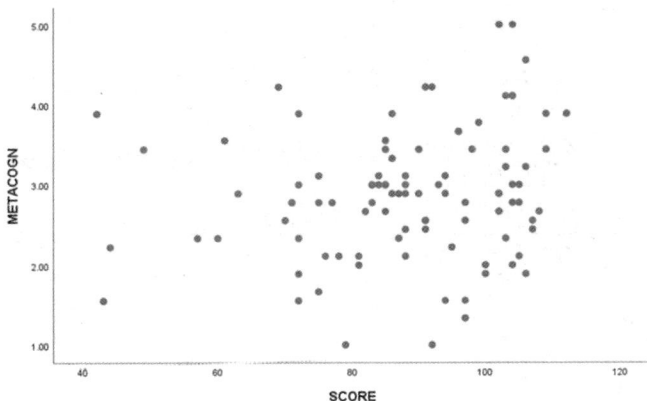

图 3-4-8

3.4.2 独立性检验

独立性检验指对于所有的观测值，它们的误差项之间相互独立。通常用德宾–沃森检验值来判断，此值分布在 0~4，越接近 2，观测值相互独立的可能性越大。独立性检验主要从数据来源判断数据是否独立。

学业成就数据的独立性检验的具体操作如下。

1. 打开"线性回归：统计"对话框

打开案例文件"学业成就.sav"，单击"分析"→"回归"→"线性"命令，在弹出的"线性回归"对话框中单击"统计"按钮。在弹出的"线性回归：统计"对话框中勾选"德宾–沃森""模型拟合"复选框，再选中"离群值"单选框，如图 3-4-9 所示。单击"继续"按钮，回到"线性回归"对话框，单击"确定"按钮。

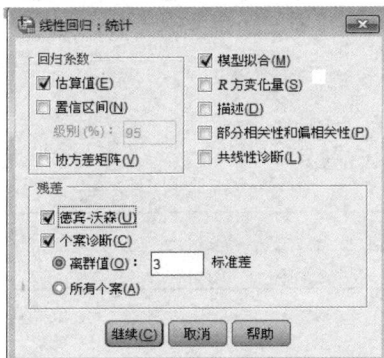

图 3-4-9

2. 输出结果

模型摘要表如图 3-4-10 所示，R 方值 0.033，意味着元认知对成绩的模型解释率为 3.3%。

模型摘要[b]

模型	R	R方	调整后R方	标准估算的错误	德宾-沃森
1	.181[a]	.033	.023	15.499	1.555

a. 预测变量: (常量), METACOGN

b. 因变量: SCORE

图 3-4-10

ANOVA 表如图 3-4-11 所示，显著性为 0.077，大于 0.05，即模型不具有统计学意义。

ANOVA[a]

模型		平方和	自由度	均方	F	显著性
1	回归	768.137	1	768.137	3.197	.077[b]
	残差	22582.019	94	240.234		
	总计	23350.156	95			

a. 因变量: SCORE

b. 预测变量: (常量), METACOGN

图 3-4-11

如图 3-4-12 所示，在系数表中，显著性小于 0.001，意味着回归模型的截距与 0 之间存在显著差异，但是元认知在 0.05 水平上不具有统计学意义。在假设模型具有统计学意义的情况下，系数表主要解释斜率 B，即在其他条件不变的情况下，元认知每增加 1 个单位，成绩会提升 3.509 个单位。结合上述分析结果，也可以理解为所有的随机误差变量都相互独立，即模型符合独立性假设的条件。

系数[a]

模型		未标准化系数		标准化系数		
		B	标准错误	Beta	t	显著性
1	(常量)	78.014	5.855		13.325	.000
	METACOGN	3.509	1.962	.181	1.788	.077

a. 因变量: SCORE

图 3-4-12

3.4.3 正态性检验

由于线性回归分析对自变量及因变量的分布没有要求，因而回归分析的正态性往往指回归之后的残差呈正态分布。在回归分析中，通常可以通过直方图或者 P-P 图来判断残差是否符合正态分布。

学业成就数据的正态性检验的具体操作如下。

1．打开"线性回归：图"对话框

在上述诊断的基础上，单击"分析"→"回归"→"线性"命令，在弹出的"线性回归"对话框中单击"图"按钮，弹出"线性回归：图"对话框，勾选"直方图""正态概率图"复选框，如图 3-4-13 所示。单击"继续"按钮，回到"线性回归"对话框，单击"确定"按钮。

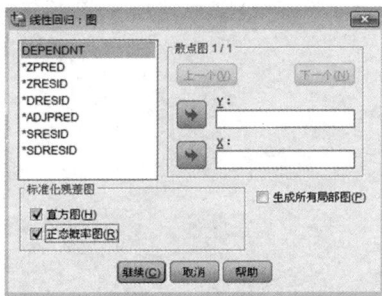

图 3-4-13

2．输出结果

直方图如图 3-4-14 所示，通过直方图可以看出元认知对成绩影响的标准化残差近似服从正态分布，但正态性检验还需要结合标准化残差的正态 P-P 图来判断。如图 3-4-15 所示，根据标准化残差的正态 P-P 图可以看出数据整体上符合正态分布。

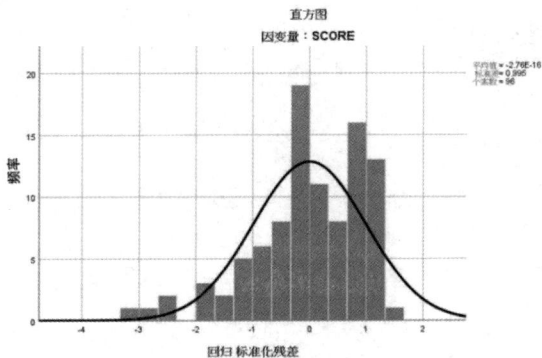

图 3-4-14

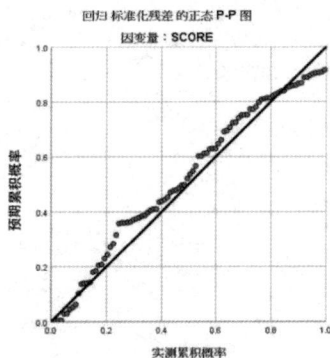

图 3-4-15

3.4.4 方差齐性检验

方差齐性指在线性回归分析中，模型的残差的离散程度要满足方差齐性，即离散程度不能相差过大。

学业成就数据的方差齐性检验的具体操作如下。

1. 打开"线性回归：图"对话框

单击"分析"→"回归"→"线性"命令，在弹出的"线性回归"对话框中单击"图"按钮。在弹出的"线性回归：图"对话框中，将"ZRESID（标准化残差）"放入"Y"列表框，将"ZPRED（标准化预测值）"放入"X"列表框，勾选"生成所有局部图"复选框，如图 3-4-16 所示。单击"继续"按钮，回到"线性回归"对话框，单击"确定"按钮。

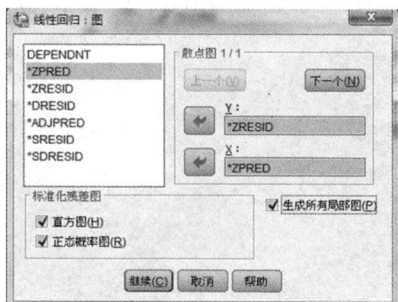

图 3-4-16

2. 输出结果

散点图如图 3-4-17 所示，通过方差齐性检验，可以得到残差的变化趋势。如果所有点均匀地分布在直线 $Y=0$ 的两侧，则可以认为元认知与成绩的回归模型残差满足方差齐性。

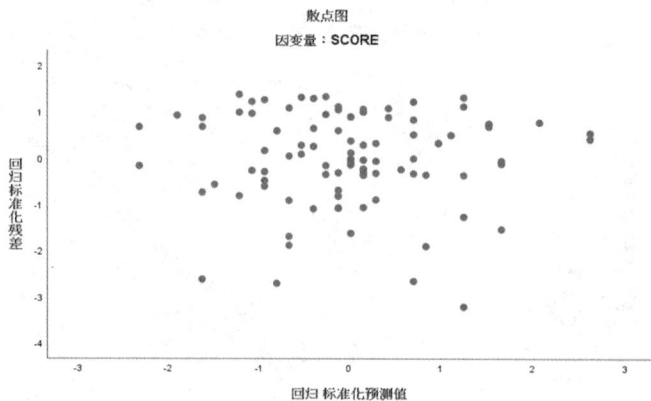

图 3-4-17

3.4.5 多重共线性诊断

当我们进行多重线性回归分析时，涉及的自变量往往有两个或两个以上。多重共线性指自变量之间存在相互的线性相关关系，即自变量之间可以两两建立线性回归方程。完全共线性的情况在实际操作中很少出现，通常只出现一定程度上的共线性，被称为近似共线性。

当自变量之间存在多重共线性关系时，通过多重线性回归模型得到的结果的准确性和有效性就会受到质疑。由于模型中可能会出现共线性情况，所以一般在线性回归分析过程中必须进行多重共线性诊断。多重共线性诊断需要对回归模型的容忍度、方差膨胀系数、特征根、条件指标和变异构成等相关指标进行判别。这里根据孙向东等人的定义简单介绍以下几个基本概念。

某个变量的**容忍度**等于 1 减去该自变量为因变量而其他 $k-1$ 个自变量为预测变量时所得到的线性回归模型的判定系数。容忍度越小，共线性就越强。在实际操作中，当容忍度小于 0.1 时，表示存在很强的多重共线性关系。容忍度越接近 1，表示多重共线性关系越弱。

方差膨胀系数为容忍度的倒数。通常来说，方差膨胀系数不应大于 5，即使放宽膨胀系数的水平也不应大于 10。

特征根是对模型中常量及所有自变量主成分的计算。如果自变量之间存在较强的多重共线性关系，则往往会出现靠前的主成分数值较大，靠后的主成分数值较小的情况。

条件指标指最大的主成分与当前主成分的比值的算术平方根。第一个主成分被定义为 1。当出现数个条件指数较大的情况时，则意味着模型存在多重共线性关系。

变异构成又称为方差比例，指回归模型中常量和自变量项被主成分解释的比例。当出现某个主成分对两个及多个自变量的解释的比例都较大时，则意味着这几个自变量之间存在一定的多重共线性关系。

1. 影响成绩数据：多重共线性诊断

本次操作使用"学业成就.sav"数据，主要诊断模型的变量之间是否存在多重共线性关系。例如元认知（COGNITIV）、社交（SOCIAL）、喜好（AFFECTIV）与学业成就之间是否存在共线性关系，具体操作如下。

1）打开"线性回归"对话框

打开案例文件"学业成就.sav"，单击"分析"→"回归"→"线性"命令，弹出"线性回归"对话框。将"SCORE"放入"因变量"列表框，将"COGNITIV""SOCIAL""AFFECTIV"放入"自变量"列表框，如图 3-4-18 所示。

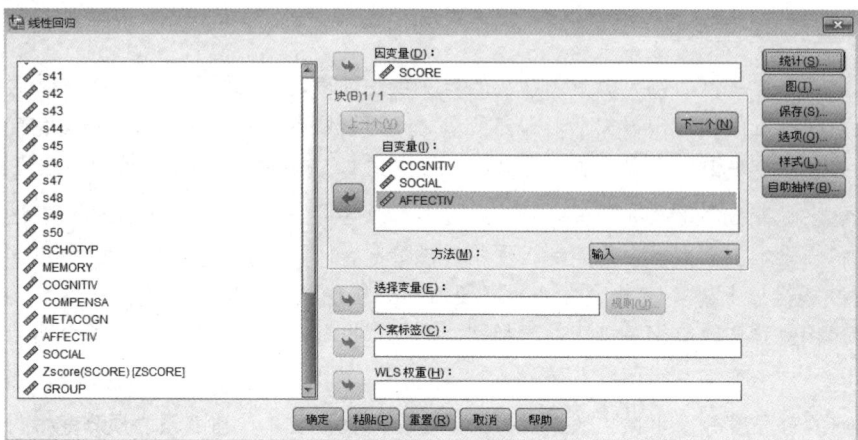

图 3-4-18

2）设置统计选项

单击"统计"按钮，在弹出的"线性回归：统计"对话框中勾选"共线性诊断"复选框，如图 3-4-19 所示。单击"继续"按钮，回到"线性回归"对话框，单击"确定"按钮。

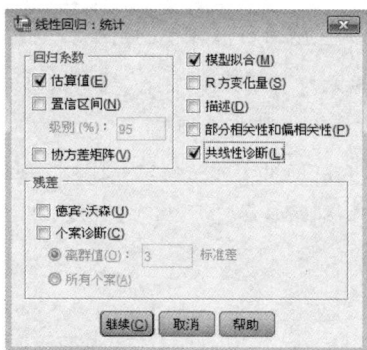

图 3-4-19

2. 输出结果

1）系数表如图 3-4-20 所示。根据输出结果，可以看出在本次分析中容差和方差膨胀系数（VIF）的所有数据都在合理范围内（即容差>0.1；VIF<5），不存在共线性关系。一般认为，当容差小于或等于 0.1，或 VIF 大于或等于 10 时，自变量间存在较强的共线性关系。

2）共线性诊断表如图 3-4-21 所示，可以看到特征值、条件指标、方差比例等内容。其中，维度 3、4 的特征值接近 0，说明可能存在共线性关系，而且其条件指标大于 10，维度 4 的 COGNITIV 方差比例接近 1，说明在本案例中，维度 3、4 存在共线性关系。

系数ᵃ

模型		未标准化系数		标准化系数	t	显著性	共线性统计	
		B	标准错误	Beta			容差	VIF
1	(常量)	69.357	6.966		9.957	.000		
	COGNITIV	4.621	3.452	.213	1.339	.184	.389	2.572
	SOCIAL	2.379	2.743	.124	.867	.388	.482	2.074
	AFFECTIV	-.313	2.900	-.015	-.108	.914	.522	1.917

a. 因变量：SCORE

图 3-4-20

共线性诊断ᵃ

模型	维	特征值	条件指标	方差比例			
				(常量)	COGNITIV	SOCIAL	AFFECTIV
1	1	3.914	1.000	.00	.00	.00	.00
	2	.043	9.529	.65	.02	.36	.00
	3	.026	12.161	.34	.03	.37	.62
	4	.017	15.361	.00	.95	.27	.38

a. 因变量：SCORE

图 3-4-21

3.5　权重估计

3.5.1　权重估计简介

前文中讲过，线性回归的假设条件之一为满足方差齐性，然而，实际上并不是所有数据都能满足方差齐性这一假设（即因变量的变异程度会随着自身预测值或者其他自变量的变化而变化）。如果在数据不满足此假设的情况下，仍然采用普通最小二乘法来分析，则有可能得到错误的结果，为此，SPSS 提供了加权最小二乘法（WLS）来应对这种情况。

除方差不齐的情况外，如果希望对不同的测量值赋予不同的权重，则可以通过加权最小二乘法人为地设置不同的权重。需要注意的是，加权最小二乘法的拟合结果没有普通最小二乘法的拟合结果准确，故应谨慎使用。

3.5.2　权重估计案例：收入影响因素分析

分析年龄对收入的影响是否显著，其中，学历作为权重，原始数据如图 3-5-1 所示。

1. 打开"权重估算"对话框

打开案例文件"收入影响因素分析.sav"，单击"分析"→"回归"→"权重估算"命令，如图 3-5-2 所示。

	收入	年龄	学历	变量
1	5000.00	36.00	1.00	
2	15000.00	40.00	2.00	
3	10000.00	28.00	2.00	
4	12000.00	27.00	1.00	
5	8000.00	32.00	1.00	
6	7000.00	35.00	1.00	
7	5000.00	25.00	2.00	
8	6000.00	30.00	1.00	
9	13000.00	31.00	1.00	
10	22000.00	49.00	3.00	
11	25000.00	31.00	1.00	
12	18000.00	26.00	1.00	
13	21000.00	26.00	2.00	
14	19000.00	29.00	1.00	
15	30000.00	46.00	2.00	
16				

图 3-5-1   图 3-5-2

2．选择变量

在弹出的"权重估算"对话框中，将"收入"放入"因变量"列表框，将"年龄"放入"自变量"列表框，将"学历"放入"权重变量"列表框，"幂的范围"默认为 −2 到 2，步长为 0.5，也就是说，拟合指数为 −2、−1.5、−1、−0.5、0、0.5、1、1.5、2，会构建出 9 个方程。我们从中选取一个最佳的拟合指数，呈现最好的效果，如图 3-5-3 所示。

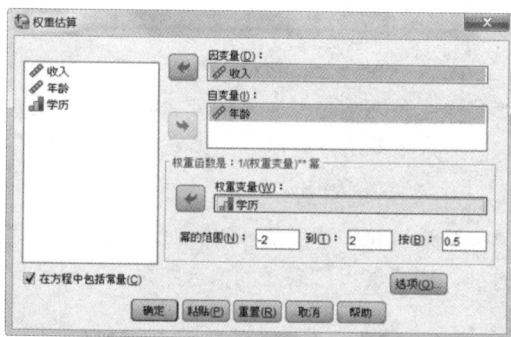

图 3-5-3

需要注意的是，通常我们需要根据残差散点图来设定幂的范围。若在残差散点图中，方差不齐且标准化残差值的变异程度随着标准化预测值的增大而增大，则幂的范围为正值，可将幂的范围设定为 0~5，步长为 0.5；反之亦然。

3．权重估算

单击"选项"按钮，在弹出的"权重估算：选项"对话框中勾选"将最佳权重保存为新变量"复选框，如图 3-5-4 所示。此时"数据视图"中会新增"最佳权重"这列数据。

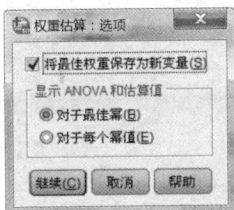

图 3-5-4

- "对于最佳幂"：系统将输出权重估计值与方差分析表。
- "对于每个幂值"：系统将输出定制的加权指数范围内的权重估计值与方差分析表。

4．结果解释

如图 3-5-5 所示，对数似然值表中列出了 9 个拟合指数，及其对应的对数似然值，右上角带 a 的数值，为最佳拟合指数。

如图 3-5-6 所示，在"数据视图"中出现了一列新的变量 WGT_1，代表"学历"生成的每一项的权重系数。模型摘要表如图 3-5-7 所示，模型的拟合度可以接受，调整后的 R 方值为 0.241。

对数似然值[b]

幂	
-2.000	-154.366
-1.500	-153.969
-1.000	-153.793[a]
-.500	-153.828
.000	-154.041
.500	-154.389
1.000	-154.822
1.500	-155.296
2.000	-155.781

a. 选择了相应的幂进行进一步分析，这是因为，它使对数似然函数最大化。
b. 因变量：收入，源变量：学历

图 3-5-5

	收入	年龄	学历	WGT_1	变量
1	5000.00	36.00	1.00	1.00000	
2	15000.00	40.00	2.00	2.00000	
3	10000.00	28.00	2.00	2.00000	
4	12000.00	27.00	1.00	1.00000	
5	8000.00	32.00	1.00	1.00000	
6	7000.00	35.00	1.00	1.00000	
7	5000.00	25.00	2.00	2.00000	
8	6000.00	30.00	1.00	1.00000	
9	13000.00	31.00	1.00	1.00000	
10	22000.00	49.00	3.00	3.00000	
11	25000.00	31.00	1.00	1.00000	
12	18000.00	26.00	1.00	1.00000	
13	21000.00	26.00	2.00	2.00000	
14	19000.00	29.00	1.00	1.00000	
15	30000.00	46.00	2.00	2.00000	

图 3-5-6

如图 3-5-8 所示，ANOVA 表中的显著性为 0.036，小于 0.05，说明模型具有统计学意义。

模型摘要

复R	.543
R方	.295
调整后R方	.241
标准估算的错误	8542.139
对数似然函数值	-153.793

图 3-5-7

ANOVA

	平方和	自由度	均方	F	显著性
回归	396914129.181	1	396914129.181	5.440	.036
残差	948585870.819	13	72968143.909		
总计	1345500000.000	14			

图 3-5-8

如图 3-5-9 所示，在系数表中，年龄的系数为 501.788，显著性为 0.036，小于 0.05，说明年龄对收入的影响是显著的。常量为-1697.636，显著性为 0.827，大于 0.05，说明常量对收入的影响不显著。

系数

	未标准化系数		标准化系数			
	B	标准错误	Beta	标准错误	t	显著性
(常量)	-1697.636	7595.301			-.224	.827
年龄	501.788	215.149	.543	.233	2.332	.036

图 3-5-9

通过对数据进行权重估算，我们得到当学历的幂为-1 并作为权重变量时，模型最优。模型为 $Y=501.788X-1697.636$，拟合度为 0.241，显著性为 0.036，小于 0.05，且通过检验得知，年龄对收入的影响是显著的。

3.6 加权最小二乘法

3.6.1 加权最小二乘法简介

经典线性回归模型的一个重要假设是：总体回归函数中的随机误差项满足方差齐性，即它们都有相同的方差。如果不满足这一假设，则称该线性回归模型存在异方差性。加权最小二乘法是一种数学优化技术，即对原始模型进行加权，使之成为一个新的不存在异方差性的模型，然后采用普通最小二乘法估计其参数。加权最小二乘法会根据数据因变量变异程度的大小赋予不同的权重，使其加权后回归直线的残差平方和最小，从而克服异差，保证模型有更好的预测价值。

3.6.2 加权最小二乘法案例：收入影响因素分析

1. 打开"线性回归"对话框

打开案例文件"收入影响因素分析.sav"，单击"分析"→"回归"→"线性"命令，弹出"线性回归"对话框。

2. 选择变量

将"收入"放入"因变量"列表框，将"年龄"放入"自变量"列表框，将经过图 3-5-4 权重估计后生成的最佳权重的新变量"WGT_1"放入"WLS 权重"列表框，如图 3-6-1 所示，单击"确定"按钮。

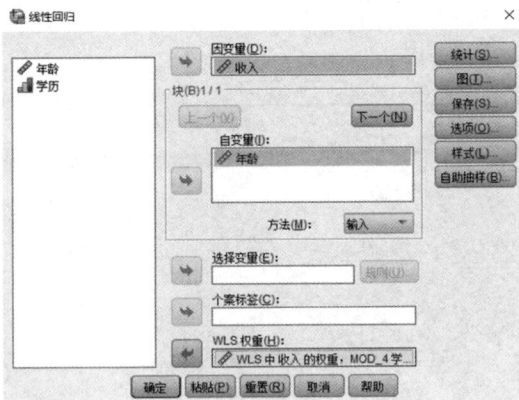

图 3-6-1

3. 输出结果

模型摘要表如图 3-6-2 所示，其中展示了自变量对因变量的解释程度，即模型拟合度，可以用 R 方值来衡量。R 方值的取值范围为 0~1，R 方值越大，模型拟合度越高。在本案例中，R 方值为 0.295，即身高对体重的解释程度为 29.5%，解释程度一般。

模型摘要

模型	R	R 方	调整后 R 方	标准估算的错误
1	.543[a]	.295	.241	8542.13931

a. 预测变量：(常量)，年龄

图 3-6-2

ANOVA 表如图 3-6-3 所示：F 值为 5.440，显著性小于 0.05，说明模型 $Y=-1697.636+501.788X$ 具有统计学意义。系数表如图 3-6-4 所示，年龄的回归系数的显著性为 0.036，小于 0.05，说明模型具有统计学意义。

ANOVA[a,b]

模型		平方和	自由度	均方	F	显著性
1	回归	396914129.181	1	396914129.181	5.440	.036[c]
	残差	948585870.819	13	72968143.909		
	总计	1345500000.000	14			

a. 因变量：收入

b. 加权最小平方回归 - 按 WLS 中 收入 的权重，MOD_4 学历** 1.000 加权

c. 预测变量：(常量)，年龄

图 3-6-3

系数^{a,b}

模型		未标准化系数		标准化系数	t	显著性
		B	标准错误	Beta		
1	（常量）	-1697.636	7595.301		-.224	.827
	年龄	501.788	215.149	.543	2.332	.036

a．因变量：收入

b．加权最小平方回归 - 按 WLS 中 收入 的权重，MOD_4 学历** 1.000 加权

图 3-6-4

3.7　二阶最小二乘法

二阶最小二乘法和最小二乘法密切相关，其相当于两次线性回归分析。在进行线性回归分析时，当因变量和自变量之间存在双向作用时（如在研究身高和体重的关系时，身高和体重是相互影响的），就可以采用二阶最小二乘法。

3.7.1　二阶最小二乘法简介

如果某个变量与模型中的随机解释变量高度相关，但又与随机误差项无关，那么就可以通过此变量与模型中的相应回归系数得到一个一致估计量，该变量被称为工具变量，该估计方法被称为工具变量法。李希等人的研究认为，工具变量法可以有效估计恰好识别的结构方程的参数（如在烟民行为研究中，烟草税对吸烟行为而言就是工具变量），但对过度识别的结构方程的参数估计效能较差。原因在于选择工具变量具有任意性，且丢失了未被选用的前定变量提供的信息。二阶最小二乘法是一种常见的计量经济学方法，其本质就是间接最小二乘法和工具变量法的结合。

1．二阶最小二乘法的前提条件

二阶最小二乘法主要用于函数拟合或者计算函数极值，它常常通过最小化误差的平方和来寻找数据模型的最佳函数匹配。

在使用普通最小二乘法进行线性拟合时，存在一个默认的条件：因变量受自变量的影响，但由于自变量独立于因变量，因而自变量不受因变量的影响。

2．二阶最小二乘法的特性

二阶最小二乘法实际上是运用两次线性回归分析来处理因变量和自变量互相影响的问题的。根据李建明等人的观点，在使用二阶最小二乘法分析时大致可以分为两个阶段，第一个阶段的任务是产生一个工具变量（对存在双向影响的自变量进行估计）。第二个阶段的任务是通过一种特殊形式的工具变量得出结构参数的一致估计量（真正进行相应的分析）。

3．二阶最小二乘法的优点和缺点

二阶最小二乘法的优点是可以分析隐变量（即不可观测的随机变量，通常采用可观测变量的样本对隐变量做出推断）之间的交互效应，对变量的分布没有限制，即无论变量是否为正态分布都可以使用，而且不需要对原始数据进行处理或者转换。

二阶最小二乘法的缺点是一次只能估计一个方程，且需要较大的样本容量。

3.7.2　二阶最小二乘法案例：影响成绩的数据

本案例主要探讨模型的自变量（性别、学校类型等）和因变量（学业成绩）之间存在何种影响关系，即研究性别对学业成绩的影响和学校类型对学业成绩的影响。由于本案例中的因变量受自变量的影响，但自变量独立于因变量而存在，所以可以使用二阶最小二乘法，具体操作如下。

1．打开"二阶最小平方"对话框

打开案例文件"学业成就.sav"，单击"分析"→"回归"→"二阶最小平方"命令，如图 3-7-1 所示。

图 3-7-1

2．变量界面设置

在弹出的"二阶最小平方"对话框中，将"SCORE"（分数）放入"因变量"列表框；将"gender"（性别）和"school"（学校）放入"解释变量"列表框；将"gender"（性别）、"school"（学校）和"GROUP"（组别）放入"工具变量"列表框，如图 3-7-2 所示。

3．设置选项

单击"选项"按钮，在弹出的"二阶最小平方：选项"对话框中勾选"预测"复选框，如图 3-7-3 所示，单击"继续"按钮。

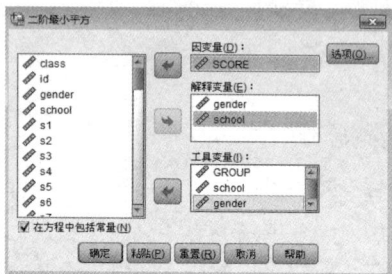

图 3-7-2

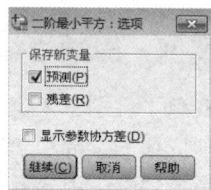

图 3-7-3

4．输出结果

模型描述表如图 3-7-4 所示，模型摘要表如图 3-7-5 所示，R 方值为 0.469，意味着对模型的解释率为 46.9%，也就是说，本模型的拟合效果不佳。

模型描述

		变量类型
方程 1	SCORE	因变量
	school	预测变量和工具变量
	gender	预测变量和工具变量
	GROUP	工具变量

图 3-7-4

模型摘要

方程 1	复R	.685
	R方	.469
	调整后R方	.458
	标准估算的错误	11.543

图 3-7-5

ANOVA 表如图 3-7-6 所示，$F=41.131$，显著性小于 0.05，说明模型具有统计学意义。

ANOVA

		平方和	自由度	均方	F	显著性
方程 1	回归	10959.723	2	5479.862	41.131	.000
	残差	12390.433	93	133.230		
	总计	23350.156	95			

图 3-7-6

系数表如图 3-7-7 所示，可以看出性别和学校都是影响学业成绩的因素。

系数

		未标准化系数		Beta	t	显著性
		B	标准错误			
方程 1	(常量)	94.562	5.485		17.240	.000
	school	-11.486	1.712	-.523	-6.710	.000
	gender	10.332	2.442	.330	4.231	.000

图 3-7-7

系数相关性表如图 3-7-8 所示，可以看出，两个系数之间的相关性不明显，因此不用考虑自变量共线性问题。结合方差分析结果与回归系数输出结果，可以判断该模型具有统计学意义。

系数相关性

			school	gender
方程 1	相关性	school	1.000	.250
		gender	.250	1.000

图 3-7-8

3.8 分层回归分析

3.8.1 分层回归分析简介

分层回归分析，又被称为层次回归分析，其模型被称为分层回归模型或层次回归模型。分层回归分析与一般回归分析的不同之处在于，分层回归分析的对象可以是分层的，例如，在分层回归中，第一层纳入三个变量，第二层可以在上一层的基础上纳入新变量。回归分析中的所有方法均适用于分层回归分析，分层回归分析实际上相当于对每层变量进行单独分析，找出差异，因而分层回归分析通常被用于中介或者调节效应研究中。

1. 分层回归分析的优点

- 分层回归分析以一般线性回归分析为基础，操作简便。
- 在给定一组自变量之后，分层回归分析可以全面刻画因变量的整个条件分布。
- 分层回归分析的目标函数是加权的绝对偏差和，所以它能给出一个稳健的位置测度，被估计的系数向量对因变量的离群点不敏感。
- 当误差项服从非正态分布时，分层回归分析的估计量要比最小二乘法的估计量更有效。

2. 分层回归分析的一般步骤

分层回归分析应重点关注新增自变量解释因变量变异的比例、自变量改变后因变量的变化情况等主要结果，一般可以分为以下四步，具体操作见 3.8.2 节。

（1）对模型整体情况进行分析，描述各个模型的拟合情况，以及 R 方值的变化情况。

（2）根据研究的需要分析自变量的显著性。

（3）计算自变量的回归系数 B 值。如果 B 值大于 0，说明为正向影响，反之则为负向影响。

（4）通过对不同模型的对比分析，得出相关结论（比如中介作用或者调节效应研究的相关结论）。

3.8.2　分层回归分析案例：影响个人收入的因素

本案例主要探讨影响个体收入的因素。例如，在本案例中需要探究在某一群体中民族、工作性质、配偶职业与年收入的关系，建立对应模型，具体操作如下。

1. 打开"线性回归"对话框

打开案例文件"CGSS2015.sav"，单击"分析"→"回归"→"线性"命令，如图 3-8-1 所示。

图 3-8-1

2. 选择因变量和自变量

在弹出的"线性回归"对话框中，将"您个人去年全年的总收入"放入"因变量"列表框，将"您的性别""您的民族"放入"自变量"列表框，将"方法"设置为"输入"（一般为 SPSS 默认设置），如图 3-8-2 所示。

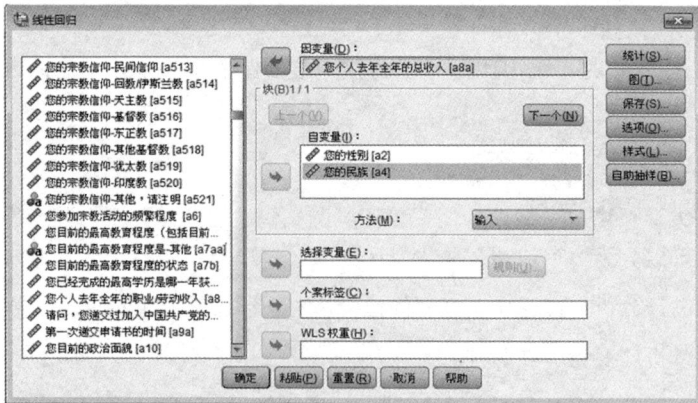

图 3-8-2

单击"下一个"按钮，将"您目前工作的性质"放入"自变量"列表框，将"方法"设置为"输入"，如图 3-8-3 所示。

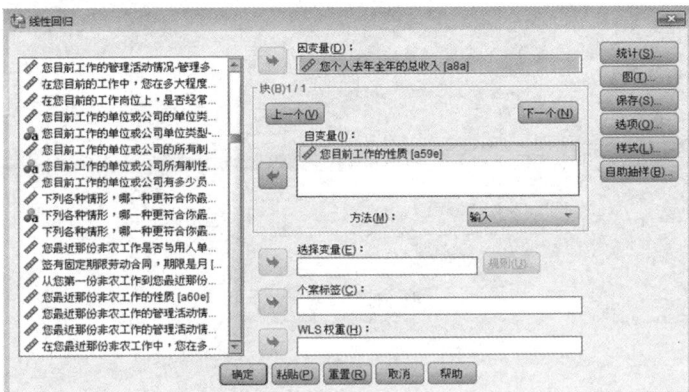

图 3-8-3

再次单击"下一个"按钮,将"配偶职业"放入"自变量"列表框,将"方法"设置为"输入",如图 3-8-4 所示。

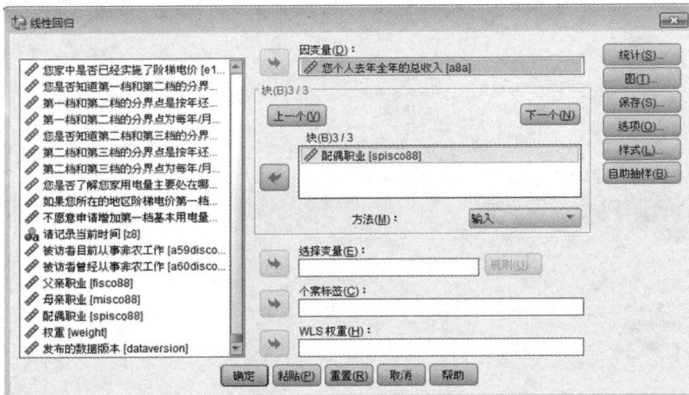

图 3-8-4

3. 设置统计选项

单击"统计"按钮,在弹出的"回归分析:统计"对话框中,勾选"估算值""置信区间""模型拟合""R 方变化量""描述""部分相关性和偏相关性""共线性诊断""德宾-沃森""个案诊断"复选框,单击"继续"按钮,如图 3-8-5 所示。

4. 设置图选项

单击"线性回归"对话框中的"图"按钮,在弹出的"线性回归:图"对话框中勾选"直方图""正态概率图""生成所有局部图"复选框,如图 3-8-6 所示,单击"继续"按钮。

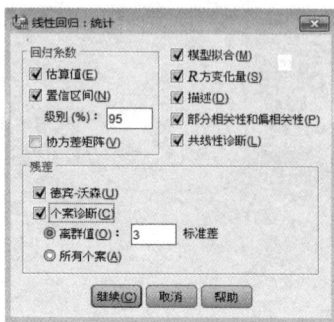

图 3-8-5

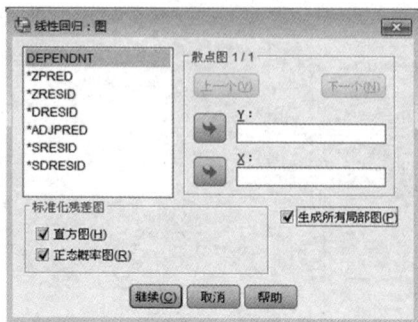

图 3-8-6

5. 设置保存选项

单击"线性回归"对话框中的"保存"按钮。在弹出的"线性回归：保存"对话框中，勾选"未标准化""学生化""学生化删除后""库克距离""杠杆值""包括协方差矩阵"复选框，单击"继续"按钮，回到"线性回归"对话框，单击"确定"按钮，生成分析报告，如图 3-8-7 所示。

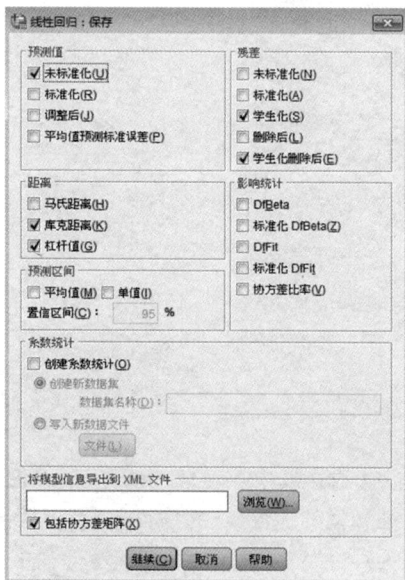

图 3-8-7

6. 输出结果

输入/除去的变量表如图 3-8-8 所示，可以看出共有 3 个模型：模型 1、模型 2 和模型 3。"输入的变量"栏中显示了该研究中每个模型相比前一个模型增加的变量。

输入/除去的变量ª

模型	输入的变量	除去变量	方法
1	您的民族, 您的性别ᵇ	.	输入
2	您目前工作的性质ᵇ	.	输入
3	配偶职业ᵇ	.	输入

a. 因变量：您个人去年全年的总收入

b. 已输入所请求的所有变量。

图 3-8-8

模型 1 是第一个模型，没有前序变量，因此该模型的自变量只有"您的民族""您的性别"。

模型 2 在前一个模型（模型 1）的基础上增加了"您目前工作的性质"变量。

模型 3 在前一个模型（模型 2）的基础上增加了"配偶职业"变量。

模型摘要表如图 3-8-9 所示，R 方值是多层回归分析的重要指标，它反映了自变量能够解释因变量的变异程度。随着自变量数量的增加，模型 1 至模型 3 的 R 方值也逐渐增加，分别是 0.012、0.012 和 0.033，提示模型对因变量的预测能力逐渐增强。R 方变化量栏中显示了该模型与上一个模型的 R 方值的差值，显著性 F 变化量栏显示的是该差值的统计检验的显著性。模型 1 和模型 3 的显著性小于 0.001，即模型 1 和模型 3 的 R 方值的差值具有统计学意义。以模型 3 为例，R 方的差值为 0.021，显著性 F 变化量小于 0.001，意味着在增加"配偶职业"变量后，自变量对因变量变异的解释程度增加了 2.1%，即"配偶职业"对于个人年收入具有统计学意义。

模型摘要ᵈ

模型	R	R 方	调整后 R 方	标准估算的错误	R 方变化量	F 变化量	自由度 1	自由度 2	显著性 F 变化量	德宾-沃森
1	.107ª	.012	.011	139198.859	.012	12.211	2	2091	.000	
2	.109ᵇ	.012	.011	139201.435	.000	.923	1	2090	.337	
3	.181ᶜ	.033	.031	137751.256	.021	45.237	1	2089	.000	1.948

（更改统计列标题跨越：R 方变化量、F 变化量、自由度 1、自由度 2、显著性 F 变化量）

a. 预测变量: (常量), 您的民族, 您的性别

b. 预测变量: (常量), 您的民族, 您的性别, 您目前工作的性质

c. 预测变量: (常量), 您的民族, 您的性别, 您目前工作的性质, 配偶职业

d. 因变量: 您个人去年全年的总收入

图 3-8-9

ANOVA 表如图 3-8-10 所示。通常，在实际报告中我们只汇报最终模型的结果（即本案例的模型 3）：$F=17.779$，显著性小于 0.001，此模型具有统计学意义，这意味着因变量和自变量之间存在线性相关关系，说明与空模型相比，纳入这 4 个自变量可以有效地预测因变量。

ANOVA^a

模型		平方和	自由度	均方	F	显著性
1	回归	473204139149.742	2	236602069574.871	12.211	.000^b
	残差	40515890060546.890	2091	19376322362.768		
	总计	40989094199696.630	2093			
2	回归	491081869183.078	3	163693956394.359	8.448	.000^c
	残差	40498012330513.555	2090	19377039392.590		
	总计	40989094199696.630	2093			
3	回归	1349466016726.367	4	337366504181.592	17.779	.000^d
	残差	39639628182970.266	2089	18975408416.932		
	总计	40989094199696.630	2093			

a. 因变量：您个人去年全年的总收入
b. 预测变量：(常量)，您的民族，您的性别
c. 预测变量：(常量)，您的民族，您的性别，您目前工作的性质
d. 预测变量：(常量)，您的民族，您的性别，您目前工作的性质，配偶职业

图 3-8-10

系数表如图 3-8-11 所示，最终模型（模型 3）纳入"您的性别""您的民族""您目前工作的性质""配偶职业"这 4 个变量。值得注意的是，分层回归分析的主要目的是分析是否有必要增加新的自变量，而不是进行预测。

系数^a

模型		未标准化系数 B	标准错误	标准化系数 Beta	t	显著性	B 的 95.0% 置信区间 下限	上限	相关性 零阶	偏	部分	共线性统计 容差	VIF
1	(常量)	100773.391	10409.543		9.681	.000	80359.245	121187.536					
	您的性别	-29478.792	6117.782	-.105	-4.819	.000	-41476.369	-17481.215	-.105	-.105	-.105	.999	1.001
	您的民族	-2531.809	2642.634	-.021	-.958	.338	-7714.276	2650.658	-.024	-.021	-.021	.999	1.001
2	(常量)	98175.539	10755.344		9.128	.000	77083.238	119267.840					
	您的性别	-29263.086	6122.015	-.104	-4.780	.000	-41268.968	-17257.203	-.105	-.104	-.104	.998	1.002
	您的民族	-2597.224	2643.560	-.021	-.982	.326	-7781.508	2587.061	-.024	-.021	-.021	.999	1.001
	您目前工作的性质	2461.532	2562.672	.021	.961	.337	-2564.123	7487.186	.024	.021	.021	.998	1.002
3	(常量)	140052.355	12330.704		11.358	.000	115870.609	164234.102					
	您的性别	-28009.626	6061.103	-.100	-4.621	.000	-39896.056	-16123.195	-.105	-.101	-.099	.997	1.003
	您的民族	-2500.333	2616.059	-.021	-.956	.339	-7630.687	2630.022	-.024	-.021	-.021	.998	1.002
	您目前工作的性质	2332.678	2536.046	.020	.920	.358	-2640.763	7306.120	.024	.020	.020	.998	1.002
	配偶职业	-8.106	1.205	-.145	-6.726	.000	-10.470	-5.743	-.148	-.146	-.145	.999	1.001

a. 因变量：您个人去年全年的总收入

图 3-8-11

3.9 本章小结

本章详细介绍了线性回归分析的原理及示例，但在实际分析过程中并不需要操作全部的步骤，研究者可以根据需要，采用不同的分析维度输出报告。通过本章的介绍，我们发现，简单线性回归分析贯穿在整个线性回归分析中，多重线性回归分析、分层回归分析等建立在简单线性回归分析的基础上，因而，理解简单线性回归分析对于理解整个线性回归分析尤为重要。此外，我们需要理解线性回归分析的前提条件，如模型的正态性检验、存在多重共线性关系时的分析处理、在权重未知的情况下应如何分析等。熟知这些内容有助于我们选择恰当的方法，以更好、更快地做出选择。

线性回归分析的前提条件是我们在做正式的线性回归分析前需要检验某些内容，如模型的异常值、独立性、正态性、方差齐性等。在满足线性回归分析的前提下，还需要考量不同的适用条件，如简单线性回归分析讲究方差齐性（各变量总体的方差是相等的），因而会出现标准化残差、标准化预测值两个概念。

最后，本章简单介绍了一般回归模型中常见的分析指标，熟悉这些分析指标有助于我们更好地解释和说明模型的统计学意义。

- 显著性，即模型的显著性，线性回归分析中的显著性表示因变量和自变量之间存在线性相关关系，说明模型的自变量可以有效地预测因变量。
- F 值用于判断模型是否有意义，通常结合显著性做出判断，显著性显著，说明模型有意义。
- R 方值表示模型的解释力度，即在该条件下，变量对模型的解释的百分比。
- $\triangle R$ 方值即模型变化时，R 方值的变化情况。
- $\triangle F$ 值或 F 变化量表示模型变化时，F 值的变化情况。

了解线性回归分析的基本指标，有助于我们理解模型并做出判断。

第 4 章
因变量为离散变量的估计
与预测：Logistic 回归模型

Logistic 回归分析又被称为逻辑回归分析，它是一种广义线性回归模型。Logistic 回归分析是从一组样本数据出发，确定变量间的定量关系式，并对这些关系式的可信度进行各种统计检验，从影响某一变量的诸多变量中判断变量的显著性差异，最终利用所求得的关系式预测和控制影响的变量。

4.1 Logistic 回归模型简介

Logistic 回归模型属于一种广义线性回归模型，与多重线性回归模型有很多相同之处。它们的模型形式基本相同，即 w_x+b，其中，w 和 b 是待求参数。区别在于它们的因变量不同，多重线性回归模型直接将 w_x+b 作为因变量，即 $y=w_x+b$，而 Logistic 回归模型则通过函数 L 将 w_x+b 转换为一个隐状态 p，$p=L(w_x+b)$，然后根据 p 与 $1-p$ 的大小决定因变量的值。如果 L 是 Logistic 函数，就是 Logistic 回归分析；如果 L 是多项式函数，就是多项式回归分析。

4.1.1 Logistic 回归模型的公式

在 SPSS 的所有分析中，变量按照变量值是否连续被分为连续变量和离散变量。其中，离散变量指数值为自然数或者以整数为单位计算的变量，比如参会人员的男女比例、合作单位的个数、参会人数等。连续变量和离散变量的具体划分可以参照表 4-1-1。Logistic 回归模型的因变量通常为离散变量。

表 4-1-1

变量类型		变量取值划分	例　子
按照基本描述	按照变量层次		
定量			
连续变量	定比变量、定距变量	连续数值	长度、体重
离散变量	定类变量	不连续数值	人数、个数
定性			
有序分类变量	定类变量、有序变量	不连续数值	喜欢、一般、不喜欢
无序分类变量（二分类）	定类变量	不连续数值	男/女、大/小、正/误
无序分类变量（多分类）	定类变量	不连续数值	套餐 A、B、C、D

在 Logistic 回归模型中，根据因变量的取值个数，可以分为二元 Logistic 回归模型和多元 Logistic 回归模型。

二元 Logistic 回归模型公式：

$$\text{prob(event)} = \frac{1}{1 + e^{-z}}$$

其中，$z = B_0 + B_1 X_1 + \cdots B_p X_p$（$p$ 为自变量个数），某一事件不发生的概率为 $\text{prob(no event)} = 1 - \text{prob(event)}$，因此最主要的是求 $B_0, B_1, \cdots, B_p$（常量和系数）。

多元 Logistic 回归模型公式：

$$\text{logit}(p) = \sum b_i x_i$$

4.1.2　Logistic 回归分析的目的

Logistic 回归分析的目的是求证有关联（相关）的变量之间的关系。Logistic 回归分析往往通过对一组样本数据进行分析，发现影响某一变量的诸多变量，得出以多个自变量估计因变量的 Logistic 回归模型，从而确定关联变量之间的关系。

4.1.3　Logistic 回归模型的适用条件

想要使用 Logistic 回归模型，需要满足以下几个条件。

- 自变量 x 与因变量 y 之间的关系是非线性的。
- Logistic 回归模型中的自变量既可以是连续变量，也可以是离散变量或者虚拟变量，而且对自变量正态分布没有特殊要求，自变量和逻辑回归概率是线性关系。
- 非等方差性，Logistic 回归模型不需要像线性回归模型一样，要求等方差性；但残差和因变量要服从二项分布。
- 独立性，即数据为随机样本，各观测对象之间相互独立。

- 无共线性，即自变量 x 之间相互独立，需要注意的是，重复计数现象指标不适用于 Logistic 回归模型。

Logistic 回归模型的本质是用事件发生的概率除以事件没有发生的概率，再取对数。这个简单的变换改变了取值区间，以及因变量与自变量之间的曲线关系，使得因变量和自变量之间呈线性关系，所以 Logistic 回归模型从根本上解决了因变量不是连续变量时该如何操作的问题。Logistic 回归模型在现实中得到了广泛应用。例如，分析某件事情发生的概率与其他数值型自变量的关系。

此外，如果自变量为字符型变量，则需要重新编码。一般来说，当自变量数量大于或等于 3 个时，就需要根据实际情况予以处理。

4.1.4 Logistic 回归分析的主要用途

Logistic 回归分析作为常用的数据挖掘分析方法之一，在经济学、社会学、医学等领域中的应用尤为广泛，下面简单介绍其用途。

首先，Logistic 回归分析可以直接预测自变量相对于某一事件或者情况的发生概率。通过建立 Logistic 回归模型，根据自变量相关度的高低决定进入顺序。在保证自变量满足其标准化回归系数达到进入标准（即通过 F 值或 F 概率值规定的标准）后，再逐一移除对模型贡献最小的自变量，直到所有自变量均达到标准为止。以医学领域为例，通过 Logistic 回归分析，医学家可以清楚地预测药品 A 对于某种疾病的医疗效果，从而更好地选择治疗方案。

其次，Logistic 回归分析能够发现危险因素。通过预测，Logistic 回归分析根据自变量权重结果，可以清晰地判别哪些因素对因变量来说是危险因素。以企业经济管理为例，在企业员工中抽取两组员工，一组为高效率，另一组为低效率。两组员工必定具有不同的体征与工作方式，其中，自变量包括员工的工作年限、工作积极性、企业理念认同程度、所在小组领导的领导风格等。在这种情况下，通过 Lo

gistic 回归分析可以得到自变量的权重，从而可以大致了解哪些因素是影响企业经济效率的危险因素。

最后，Logistic 回归分析能够判断某种可能，这里不是指预测的效果，而是一种事实上的判别，即通过 Logistic 回归分析判断某种可能或者某种情况发生的概率。以医学领域为例，医生在诊断过程中通过 Logistic 回归分析可以判断病人患某种疾病的概率有多大，或者判断病人有多大的可能性被确诊为某种疾病。

4.2 二元 Logistic 回归模型

在实际生活中，我们会遇到许多分类变量，如人口学特征中的性别（男/女）、户籍所在地（城/乡）、参会与否（是/否）等。在遇到此类变量时，我们往往会采用卡方检验和方差分析研究因素之间的交互效应和影响因素的差异，本节以二元 Logistic 回归模型为例，详细分析因素之间的交互效应。

4.2.1 二元 Logistic 回归模型简介

1. 线性回归分析和二元 Logistic 回归分析的区别

- 在线性回归分析中，假设因变量服从正态分布；在二元 Logistic 回归分析中，假设因变量服从伯努利分布。
- 二元 Logistic 回归分析的因变量要求是分类变量，而线性回归分析的因变量要求是连续变量。

2. 原理

通过二元 Logistic 回归模型可以直接预测观测量相对于某一事件的发生概率。

$$\text{prob(event)} = \frac{1}{1 + e^{-z}}$$

其中，$z=B_0+B_1X_1+\cdots+B_pX_p$（$p$ 为自变量个数），某一事件不发生的概率为 prob(no event) = $1 - \text{prob(event)}$，因此，最主要的是求 $B_0,B_1,\cdots,B_p$（常量和系数）。

数据要求：因变量应具有二分特点，自变量可以是分类变量或定距变量。通常情况下，自变量中的分类变量是二分类变量或被重新编码的指示变量。指示变量有两种编码方式。

研究认为，二元 Logistic 回归曲线是一个概率模型，因变量的取值范围在 0~1 区间，其函数的概率值都被限制在 0~1 区间，其形状呈 S 形。在对事件发生概率 P 进行二元 Logistic 回归转换后，可以将自变量和回归系数用线性方程 $\text{logit}(p)=\alpha+\beta_1X_1+\cdots+\beta_mX_m$ 来表达。

3. 使用条件

- 因变量为二分类的分类变量或者事件发生概率（这种事件概率符合二项分布）。
- 自变量与逻辑回归分析的显著性为线性相关关系。
- 残差合计为 0，且符合二项分布。
- 各观测变量相互独立。

由于二元 Logistic 回归模型的误差项服从二项分布，所以在实际操作中通常使用最大似然法来解决估计和检验的问题。一般来说，当自变量为 3 个及以上时处理起来就比较麻烦，所以在实际操作中需要简化为符合条件的二元 Logistic 回归模型进行操作。

4.2.2 二元 Logistic 回归分析案例：学业成就数据

本案例主要探讨影响学生学业成就的因素，并寻求提升学生学业成就的对策。其中，因变量是学业成就（Achievement），自变量是学校类型（SCHOTYP）。学业成就分为高水平和次水平两类，属于二分类变量；学校类型分为城镇学校和乡村学校两类，也是二分类变量。根据二者的关系，我们建立对应的模型，具体操作如下。

1. 打开"Logistic 回归"对话框

打开案例文件"学业成就调查研究.sav"，单击"分析"→"回归"→"二元 Logistic"命令，如图 4-2-1 所示。

图 4-2-1

2. 选择变量

在弹出的"Logistic 回归"对话框中，将"Achievement"放入"因变量"列表框，将"SCHOTYP"放入"协变量"列表框，如图 4-2-2 所示。

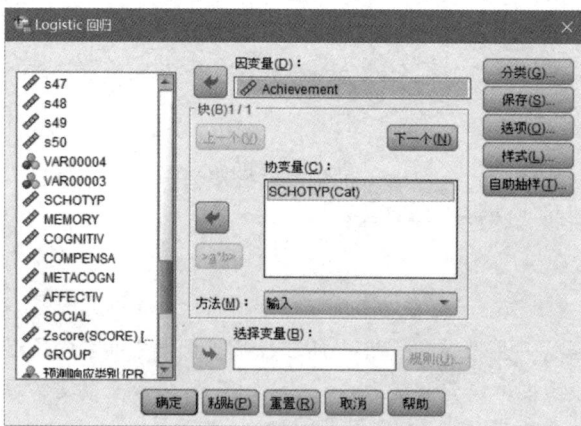

图 4-2-2

3. 定义分类变量

单击"分类"按钮，在弹出的"Logistic 回归：定义分类变量"对话框中，将"SCHOTYP（指示符）"放入"分类协变量"列表框，并选中"最后一个"单选框，单击

"继续"按钮，如图 4-2-3 所示。定义分类变量的目的是对分类变量的每个水平进行量化评分，反映每个水平对因变量的影响。

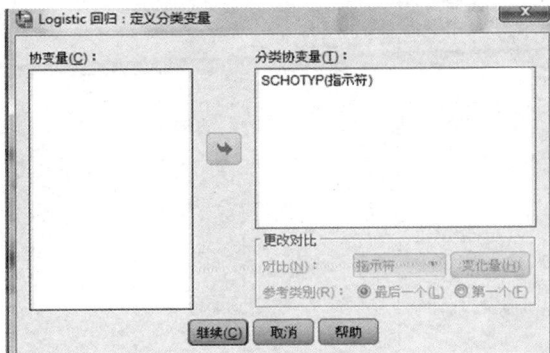

图 4-2-3

4. 保存选项设置

在"Logistic 回归"对话框中单击"保存"按钮，在弹出的"Logistic 回归：保存"对话框中，勾选"概率""库克距离""学生化""包括协方差矩阵"复选框，单击"继续"按钮，如图 4-2-4 所示。

- "概率"指通过预测概率得到每个观测样本的预测分类。
- "库克距离"反映了个案对回归系数的影响。
- "学生化"是用残差除以残差标准差的估计值。
- "包括协方差矩阵"用于保存协方差矩阵。

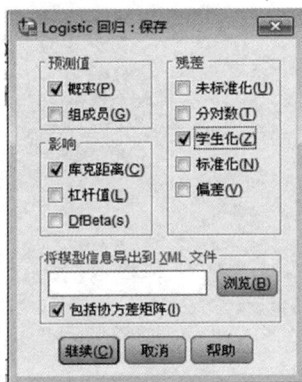

图 4-2-4

5. 选项设置

在"Logistic 回归"对话框中单击"选项"按钮，在弹出的"Logistic 回归：选项"对话框中，勾选"分类图""霍斯默-莱梅肖拟合优度""估算值的相关性""迭代历史记录"复选框，单击"继续"按钮，如图 4-2-5 所示。

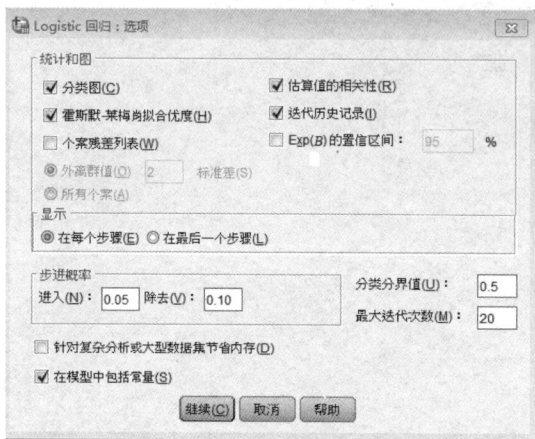

图 4-2-5

"Logistic 回归：选项"对话框主要用于设置是否显示参数估计的相关矩阵、参数估计的协方差矩阵等。

- "霍斯默-莱梅肖拟合优度"用于保存模型拟合度，即显示双值型响应模型中的霍斯默-莱梅肖拟合优度检验。
- "估算值的相关性"用于保存估算值的相关性数据。

6．输出结果

（1）个案处理摘要表如图 4-2-6 所示，在本数据集中总计有 96 个个案，没有缺失值。

个案处理摘要

未加权个案数		个案数	百分比
选定的个案	包括在分析中的个案数	96	100.0
	缺失个案数	0	.0
	总计	96	100.0
未选定的个案		0	.0
总计		96	100.0

a．如果权重为生效状态，请参阅分类表以了解个案总数。

图 4-2-6

（2）因变量编码表如图 4-2-7 所示，分类变量编码表如图 4-2-8 所示。因变量编码表反映了不同学业成就水平的分布情况，一般在分析报告中可不展示此类图表。在分类变量编码表中，0.000 代表高水平，1.000 代表次水平。

因变量编码

原值	内部值
高水平	0
次水平	1

图 4-2-7

分类变量编码

		频率	参数编码 (1)
SCHOTYP	城镇学校	77	1.000
	乡村学校	19	.000

图 4-2-8

（3）分类表如图 4-2-9 所示，通过 Logistic 回归模型对观测值的因变量进行估计，可以检测出有多少观测值被正确估计。在 SPSS 的 Logistic 回归分析结果中，分类表展示了事件发生与事件不发生的观测结果。在本案例中，所有个案预测分类正确的百分比为 72.9%。

分类表[a,b]

实测		预测		
		Achievement		正确百分比
		高水平	次水平	
步骤 0 Achievement	高水平	70	0	100.0
	次水平	26	0	.0
总体百分比				72.9

a. 常量包括在模型中。

b. 分界值为 .500

图 4-2-9

（4）模型系数的 Omnibus 检验表如图 4-2-10 所示，表中模型一行输出了 Logistic 回归模型中所有参数是否均为 0 的似然比检验结果。结合数据可以发现，显著性为 0.007，小于 0.05，表示本次模型纳入的变量中，至少有一个变量对因变量有显著影响，也就是说，学校类型对学业成就水平有显著影响。

模型系数的 Omnibus 检验

		卡方	自由度	显著性
步骤 1	步骤	7.236	1	.007
	块	7.236	1	.007
	模型	7.236	1	.007

图 4-2-10

（5）模型摘要表如图 4-2-11 所示，在本案例中，校正模型的拟合优度为 0.105。

模型摘要

步骤	-2 对数似然	考克斯-斯奈尔 R 方	内戈尔科 R 方
1	104.908[a]	.073	.105

a. 由于参数估算值的变化不足 .001，因此估算在第 6 次迭代时终止。

图 4-2-11

方程中的变量表如图 4-2-12 所示。

方程中的变量

		B	标准误差	瓦尔德	自由度	显著性	Exp(B)
步骤 0	常量	-.990	.230	18.596	1	.000	.371

图 4-2-12

（6）霍斯默-莱梅肖检验表如图 4-2-13 所示，霍斯默-莱梅肖检验是通过卡方值来检验模型拟合度的。检验结果为显著性为 0.000，小于 0.05，拒绝原假设，说明这个回归方程不能很好地拟合观测数据。

霍斯默-莱梅肖检验

步骤	卡方	自由度	显著性
1	.000	0	.

图 4-2-13

（7）方程中的变量表如图 4-2-14 所示，学校类型的 Exp(B) 为 8.654，即以乡村学校为参照，城镇学校学生的学业成就水平是乡村学校学生的学业成就水平的 8.654 倍。输出结果还展示了模型中学校类型（自变量）的偏回归系数及其标准误差、自由度、显著性等。

方程中的变量

		B	标准误差	瓦尔德	自由度	显著性	Exp(B)
步骤 1ᵃ	SCHOTYP(1)	2.158	1.056	4.177	1	.041	8.654
	常量	-2.890	1.027	7.915	1	.005	.056

图 4-2-14

7. 模型中假设检验的方法

1）Walds 检验

Walds 检验是通过 β 值来判断的，它基于 β 值服从正态分布的假设，首先求出 β 值的标准误，然后根据正态分布原理求出显著性。

2）似然比检验

似然比检验是 Logistic 回归分析中常用的方法之一。最大似然法具有一致性、有效性和正态性等统计性质，其基本思想是先建立似然函数或对数似然函数，在似然函数值或对数似然函数值达到最大时，参数的取值即为最大似然估计值。似然函数值越大，假设情况越有可能发生，相应的结果就越合理，模型预测的效果就越好，似然比检验作为整个模型拟合的方式，结果也最为可靠。

3）比分检验

比分检验以未包含某一个或某几个参数的模型为基础，保留模型中的参数估计值，并假设新增加的参数为 0，然后计算似然函数的一阶偏导数及信息矩阵，两者相乘的结果为比分检验的统计量 S。该检验常用于筛选变量。

4.3 多元 Logistic 回归模型

本节主要讲解多元 Logistic 回归模型的操作及对结果的解释。

4.3.1 多元 Logistic 回归模型简介

多元 Logistic 回归模型又称为多分类 Logistic 回归模型，其因变量的分类超过两个，如疾病程度变量（分为轻度、中度、重度）。作为社会科学研究中分析非次序分类变量的常用方法之一，多元 Logistic 回归模型有着独特的优点。

1. 多元 Logistic 回归系数的意义

在多元 Logistic 回归分析中，通常不探讨自变量的作用，而是探讨自变量对 Logit(p) 的作用。在多元 Logistic 回归分析中，回归系数指在其他所有自变量都固定的情况下的优势比，但在因素之间存在交互效应的情况下，其解释会更加复杂。

2. 假设检验的方法

Logistic 回归分析的参数估计通常使用拟合优度检验、偏回归系数的显著性检验等，与二元 Logistic 回归分析类似，本节不再赘述。

3. 模型自变量的筛选

与线性回归分析类似，在多元 Logistic 回归分析中也会对自变量进行筛选，常用的方法有向后剔除法、向前引入法和逐步筛选法等。检验水平 α 被定义为 0.05，其值越小，意味着选取自变量的标准越严格。

4. 模型应用注意事项

多元 Logistic 回归分析的理论前提条件与判别分析相比较为宽松，而且没有分布类型、协方差矩阵等方面的要求。与此同时，模型自变量之间可能存在多重共线性关系。当变量之间的相关度提高时，系数估计的标准误会急剧增加。此外，系数对样本和模型的设置比较敏感，模型设置的微小变化、样本的增多或者减少都会使系数估计出现较大的变化。

多元 Logistic 回归模型的理论是建立在二分类基础上的，因而在实际操作中，一般选择的都是无序分类变量，具体的分类由研究者的兴趣和偏好决定，这就避免了研究结果均不显著的情况的发生。

小技巧：为了避免模型过拟合或者欠拟合，一般可以通过逐步筛选法来分析，同时较大的样本可以保证极大似然估计效果更佳。此外，还要注意自变量之间的多重共线性问题。

4.3.2 多元 Logistic 回归分析案例：数学成绩调查数据

本案例主要探讨学生性别和数学投入对学生个体数学成绩的影响，即自变量为学生性别和数学投入，因变量为数学成绩，具体操作如下。

1. 打开"多元 Logistic"对话框

打开案例文件"数学成绩调查研究.sav"，如图 4-3-1 所示。单击"分析"→"回归"→"多元 Logistic"命令。

图 4-3-1

2. 选择变量

在弹出的"多元 Logistic 回归"对话框中，将"mch"放入"因变量"列表框，将"数学投入"和"学生性别"放入"因子"列表框，如图 4-3-2 所示。

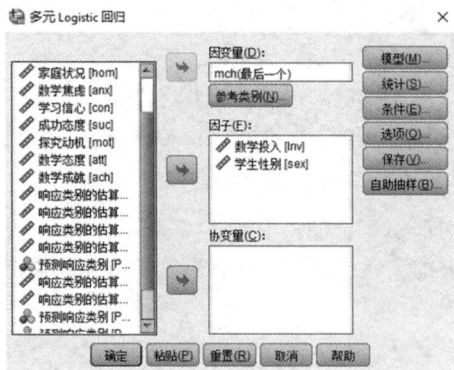

图 4-3-2

3．模型选项设置

单击"模型"按钮，在弹出的"多元 Logistic 回归：模型"对话框中取消勾选"在模型中包括截距"复选框，如图 4-3-3 所示。"主效应"模型指自变量与因变量之间的主效应分析；"全因子"模型既包括主效应分析，也包括自变量之间的交互效应分析；"定制步进"模型表示由用户自定义分析类型。在本案例中，选中"主效应"单选框。

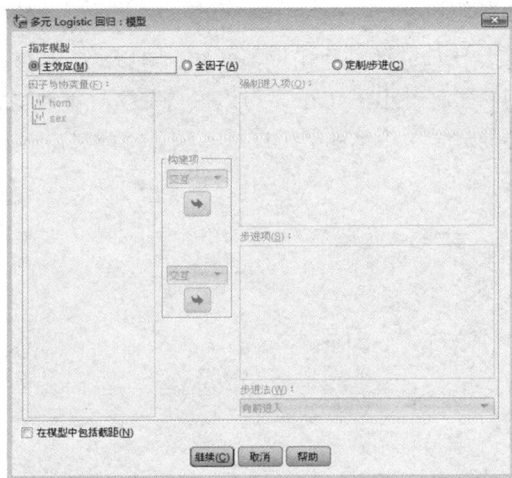

图 4-3-3

4．保存选项设置

单击"多元 Logistic 回归"对话框中的"保存"按钮，在弹出的"多元 Logistic 回归：保存"对话框中勾选"预测类别"复选框，如图 4-3-4 所示。

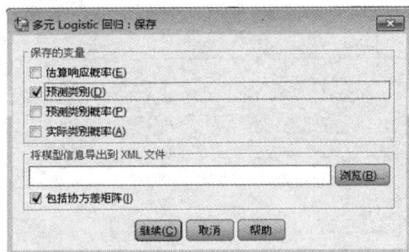

图 4-3-4

5．输出结果

（1）模型拟合信息表如图 4-3-5 所示，其中，显著性为 0.014，小于 0.05，说明模型具有统计学意义，模型通过检验。

（2）伪 R 方表如图 4-3-6 所示，其中展示了 3 种不同的伪决定系数（伪 R 方）。在本案例中，伪决定系数适中，模型可以被接受，模型对原始变量的解释程度一般。

模型拟合信息

模型	模型拟合条件 -2 对数似然	似然比检验 卡方	自由度	显著性
仅截距	86.829			
最终	67.620	19.209	8	.014

图 4-3-5

伪 R 方

考克斯-斯奈尔	.062
内戈尔科	.070
麦克法登	.029

图 4-3-6

（3）似然比检验表如图 4-3-7 所示，似然比检验的结果用于判断是否可以从当前模型中剔除自变量。从结果中可以看出，学生性别的显著性小于 0.05，可以说自变量对模型构成有显著贡献，说明在此次研究分析中，只有性别对学生个体的数学成绩有统计学意义。

似然比检验

效应	模型拟合条件 简化模型的 -2 对数似然	似然比检验 卡方	自由度	显著性
截距	67.620[a]	.000	0	
数学投入	77.516	9.896	6	.129
学生性别	76.756	9.137	2	.010

卡方统计是最终模型与简化模型之间的 -2 对数似然之差。简化模型是通过在最终模型中省略某个效应而形成的。原假设是，该效应的所有参数均为 0。

a. 因为省略此效应并不会增加自由度，所以此简化模型相当于最终模型。

图 4-3-7

（4）参数估算值表如图 4-3-8 所示，其中显示了 B 值，即各个自变量的不同分类水平在模型中的系数。其中，正负符号表明它们与数学成绩是成正比关系还是成反比关系。显著性小于 0.05，说明自变量的系数具有统计学意义，对因变量不同分类水平的变化有显著影响。

参数估算值

数学成绩[a]		B	标准 错误	瓦尔德	自由度	显著性	Exp(B)	Exp(B) 的 95% 置信区间 下限	上限
1.00	截距	-1.337	.425	9.874	1	.002			
	[数学投入=1.00]	1.317	.486	7.343	1	.007	3.734	1.440	9.683
	[数学投入=2.00]	1.128	.482	5.481	1	.019	3.088	1.202	7.938
	[数学投入=3.00]	.740	.515	2.068	1	.150	2.097	.764	5.750
	[数学投入=4.00]	0[b]	.	.	0	.	.	.	.
	[学生性别=1]	.886	.310	8.160	1	.004	2.425	1.321	4.453
	[学生性别=2]	0[b]	.	.	0	.	.	.	.
2.00	截距	-.642	.352	3.336	1	.068			
	[数学投入=1.00]	.790	.428	3.414	1	.065	2.203	.953	5.093
	[数学投入=2.00]	.839	.416	4.059	1	.044	2.313	1.023	5.231
	[数学投入=3.00]	.505	.445	1.288	1	.256	1.656	.693	3.959
	[数学投入=4.00]	0[b]	.	.	0	.	.	.	.
	[学生性别=1]	.662	.289	5.227	1	.022	1.938	1.099	3.419
	[学生性别=2]	0[b]	.	.	0	.	.	.	.

a. 参考类别为：^1。

b. 此参数冗余，因此设置为零。

图 4-3-8

4.4　有序回归模型

因变量有序与否，是判断回归模型是否为有序回归模型的重要因素。下面具体介绍有序回归模型及其操作流程。

4.4.1　有序回归模型简介

在 Logistic 回归模型中，当因变量大于 2 时可以考虑拟合因变量为多元 Logistic 回归模型。多元 Logistic 回归模型根据因变量水平是否有序又可以分为有序多分类 Logistic 回归模型和无序多分类 Logistic 回归模型。在分析过程中，我们会遇到诸如喜爱程度为非常不喜欢、不喜欢、一般、喜欢、非常喜欢；孤僻水平为轻度、中度、重度等有序多分类变量，在这种情况下，往往会采用有序多分类 Logistic 回归模型，模型公式如下：

$$\log \mathrm{i}\, t \frac{\pi_1 + \pi_2 + \ldots + \pi_i}{1 - (\pi_1 + \pi_2 + \cdots + \pi_i)} = -\alpha + \beta_1 x_1 + \cdots + \beta_p x_p$$

与二元 Logistic 回归模型相比，有序多分类 Logistic 回归模型可以计算存在有序取值水平的累积概率。该模型依次将因变量按照不同水平分割成两个等级，并对这两个等级建立二元 Logistic 回归模型。但与二元 Logistic 回归模型不同的是，在该模型中，各常量之间的符号为减号，原因在于此处的常量可以表示不同级别的对比情况，即 α 值会存在大小差异，而分析主要关注的是 β 值的变化，因而常量差异带来的影响不大。

4.4.2　有序回归分析案例：影响个人收入水平的因素

在对影响个人收入情况的综合调查研究中，影响个人收入水平的因素可能有民族、工作性质等。其中，因变量为个人全年收入水平，自变量为民族、工作性质，自变量之间无多重共线性关系。鉴于原始的调查数据存在大量的缺失值，因而这里使用的是对缺失值处理后的数据。

1．打开"有序回归"对话框

打开案例文件"CGSS2015.sav"，单击"分析"→"回归"→"有序"命令，如图 4-4-1 所示。

2．选择变量

在弹出的"有序回归"对话框中，将"全年收入水平"放入"因变量"列表框，将"您的民族""您目前工作的性质"放入"因子"列表框，如图 4-4-2 所示。

3．输出选项设置

单击"输出"按钮，在弹出的"有序回归：输出"对话框中，勾选"拟合优度统计""摘要统计""参数估算值""平行线检验"复选框，单击"继续"按钮，如图 4-4-3 所示。

图 4-4-1

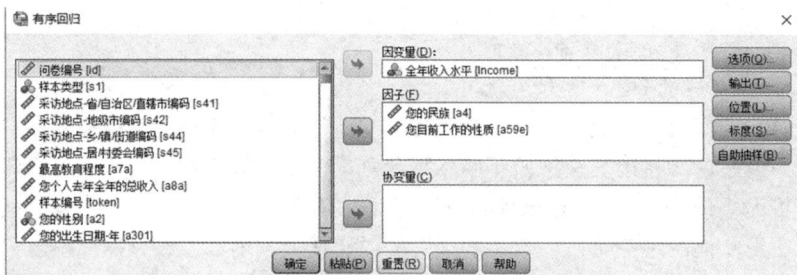

图 4-4-2

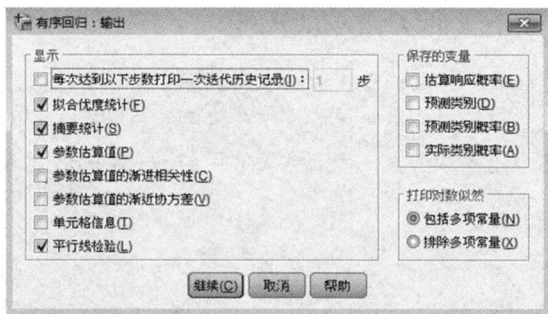

图 4-4-3

- "拟合优度统计"用于检验模型的拟合优度
- "摘要统计"用于显示模型的简介。
- "参数估算值"用于判断是否具有统计学意义。
- "平行线检验"用于判断是否符合有序回归模型的使用条件。

4. 输出结果

（1）模型拟合信息表如图 4-4-4 所示，其中展示了以"模型中所有自变量的偏回归系数是否全为 0" 为假设进行的似然比检验，显著性为 0.000，小于 0.05，说明此模型具有统计学意义。

模型拟合信息

模型	-2 对数似然	卡方	自由度	显著性
仅截距	354.545			
最终	190.888	163.657	9	.000

关联函数：分对数。

图 4-4-4

（2）拟合优度表如图 4-4-5 所示，输出结果为皮尔逊和偏差两种拟合优度检验结果。由于统计检验法自身的问题，这两种方法都不准确。根据相关研究报道，皮尔逊和偏差这两种统计量均对自变量取值水平组合的实际情况观察频数为 0 十分敏感，因而会存在不服从卡方分布的情况，所以基于卡方分布的显著性也同样不准确。该检验的原假设是所有纳入自变量的系数为 0，在本案例的皮尔逊检验结果中，显著性为 0.001，说明至少有一个变量系数不为 0，说明模型整体是有意义的。

（3）伪 R 方表如图 4-4-6 所示，伪 R 方表中输出了 3 种伪决定系数。

拟合优度

	卡方	自由度	显著性
皮尔逊	141.448	93	.001
偏差	65.616	93	.986

图 4-4-5

伪 R 方

考克斯-斯奈尔	.040
内戈尔科	.044
麦克法登	.018

图 4-4-6

（4）平行线检验表如图 4-4-7 所示，因变量为有序多分类 Logistic 回归模型的前提假设之一是各自变量对因变量的影响在两个回归方程中相同，因此，自变量的偏回归系数只有一个。偏回归系数的解释可以参考二元 Logistic 回归模型。此处显著性大于 0.05，说明模型接受原假设，即符合平行线检验。

平行线检验[a]

模型	-2 对数似然	卡方	自由度	显著性
原假设	190.888			
常规	172.586[b]	18.302[c]	45	1.000

原假设指出，位置参数（斜率系数）在各个响应类别中相同。[a]

a．关联函数：分对数。

b．达到最大逐步二分次数后，无法进一步增大对数似然值。

c．卡方统计的计算基于一般模型的最后一次迭代所获得的对数似然值。此检验的有效性不确定。

图 4-4-7

此外，根据研究，分类自变量的各哑变量的偏回归系数可能出现部分有统计学意义，而其他没有统计学意义的情况，在这种情况下建议保留该自变量。

5. 模型适用条件

根据张文彤等人对有序回归模型的适用条件的研究可以发现，通常采用平行线检验来验证有序回归模型的必要性与适用性。使用有序回归模型的一个前提条件是不管模型因变量位置是否变化，其自变量的系数 β 都保持不变。也就是说，各个回归方程是相互平行的，因而在 SPSS 中提供了平行线检验这一方法。

6. 平行线检验不能满足时的处理方法

有序回归模型有一定的适用条件。当条件不满足时，如显著性接近 0.05，则参数的估计会比较稳定。但是如果显著性过小，则无法保证分析的有效性。造成这样的结果主要是因为连接函数选择不准确。如果对模型拟合没有特殊要求，尤其是在因变量较少的情况下，一般使用默认的 Logistic 回归函数即可。此外，无序多分类 Logistic 回归分析需要先拟合模型，再根据系数估计值来判断下一步操作。

在实际操作中，有时还会遇到数据不满足平行线检验条件的情况，此时可以考虑以下两种操作。

- 进行无序多元 Logistic 回归分析，而非有序多元 Logistic 回归分析，并能接受因变量失去有序的属性。
- 用不同的分割点把因变量分割为二分类变量，分别进行二元 Logistic 回归分析。当然，也有可能是数据存在比例优势，如某一类选项比例过大，也会显示显著性小于 0.05。此时，可以尝试将因变量设置为哑变量，并拟合多个二元 Logistic 回归模型，通过观察自变量对各哑变量的 OR 值是否近似来判断。

4.5　本章小结

本章依次介绍了二元 Logistic 回归模型、多元 Logistic 回归模型和有序回归模型等常用的功能及操作思路。在实际操作中，研究者应根据需要选择合适的回归模型，因而应理解各回归模型的适用条件。

Logistic 回归分析的本质就是用事件发生的概率除以事件没有发生的概率再取对数。这个变换改变了取值区间，并使因变量和自变量之间呈线性关系。Logistic 回归分析解决了因变量不是连续变量该如何操作的问题。Logistic 回归分析有 3 个常见用途，即可以直接预测因变量相对于某一事件或者情况的发生概率、发现可能的危险因素，以前判断某种可能。

结合本章的学习，我们可以发现 Logistic 回归模型和线性回归模型有共通之处：

- 都是利用模型来筛选危险因素；
- 都可以校正混杂因素的影响；

- 都可以用来预测。

当然，二者也有诸多不同：

- Logistic 回归模型不要求因变量是正态分布的，而线性回归模型要求因变量是正态分布的；
- Logistic 回归模型要求因变量是分类变量，而线性回归模型要求因变量是连续变量；
- Logistic 回归模型不要求自变量和因变量之间存在线性关系，而线性回归模型要求自变量和因变量之间存在线性关系。

第 5 章

回归模型进阶：
其他回归模型

5.1　最优尺度回归模型

最优尺度回归模型是线性回归模型的一种，主要用于处理自变量为分类变量的情况，即对不连续的分类自变量的不同取值进行量化处理，找出更加合理的分类，并将该自变量纳入线性回归的分析中，又称为"分类回归"。

5.1.1　最优尺度回归模型简介

当自变量的类型为分类变量时，为了使回归模型更好地拟合数据，可以通过非线性变化与迭代，基于自变量内各水平对因变量影响的强弱来为分类自变量的每个类别指定一个最佳的量化值，即将分类变量量化，从而生成最优尺度回归模型。

这种将分类变量转换为数值变量的方法，扩大了我们选择统计方法的空间，让我们可以将分类变量按照数值变量进行分析。例如，对于性别这个分类变量，通过最优尺度回归分析，两种性别（男、女）分别被赋予了一个最佳量化值。量化后的性别变量，即可与其他数值变量一样，使用变量必须为数值变量的分析方法。

最优尺度回归分析也有预分析的功能，在分析的过程中，它能给出自变量变换前后的对照表和对应图，以此对变量的分类方式进行检验，并在此基础上重新分类或编码自变量（例如，有些类别可以合并，有些类别可以不分析），从而进行更准确的分析。

需要注意的是：

- 最优尺度回归分析只能选择一个因变量。
- 分类变量的指标必须为正整数，如果不是正整数，则可以通过重新编码进行转换。

例如，研究者为了调查某个学校中影响师生关系（连续变量）的因素，考查了学生性别（男为 1，女为 2）、是否班干部（是为 1，否为 2）、依恋类型（安全型依恋为 1，轻视型依恋为 2，倾注型依恋为 3，害怕型依恋为 4）、同伴关系（好为 1，较好为 2，较差为 3，差为 4）和学业成绩这 5 个自变量。原始数据如图 5-1-1 所示。

图 5-1-1

通过观测变量可知，影响师生关系的自变量是分类变量，不能采用一般线性回归分析，因此使用最优尺度回归分析。

5.1.2 最优尺度回归分析案例：师生关系的预测因素

1. 打开"分类回归"对话框

打开案例文件"师生关系的预测因素.sav"，单击"分析"→"回归"→"最优标度"命令，弹出如图 5-1-2 所示的"分类回归"对话框。

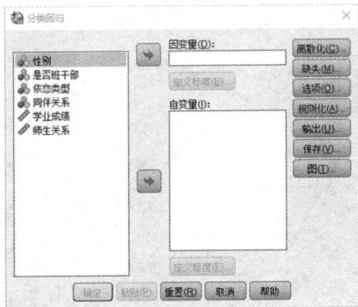

图 5-1-2

2. 设置因变量与自变量

SPSS 中提供了 5 种最优尺度水平，具体如下。

"有序样条"和"有序"：变换后的最优尺度变量中保留观测变量的分类顺序，但是"有序"变换结果比"有序样条"变换结果的适应性更好。

"名义样条"和"名义"：变换后的最优尺度变量中仅保留观测变量的信息，按照分类构成的对象分组，观测变量的分类顺序不保留，但是"名义"变换结果比"名义样条"变换结果的适应性更好。

"数字"：变换后的最优尺度变量中保留观测变量分数间的分类顺序和等距性。

如图 5-1-3 所示，将"师生关系"放入"因变量"列表框，单击"定义标度"按钮，弹出"分类回归：定义标度"对话框。因为"师生关系"是数值变量，所以这里选中"数字"单选框。

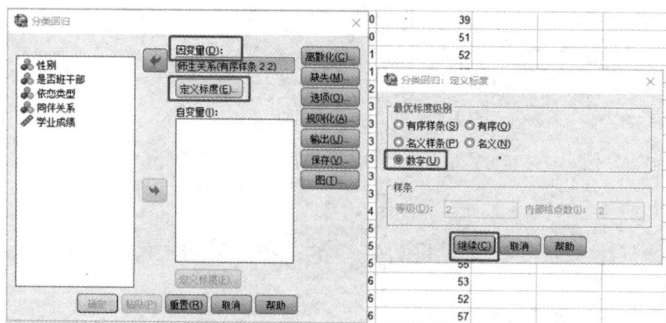

图 5-1-3

如图 5-1-4 所示，将"性别"放入"自变量"列表框，单击"定义标度"按钮，弹出"分类回归：定义标度"对话框。因为"性别"是名义变量，所以这里选中"名义"单选框。

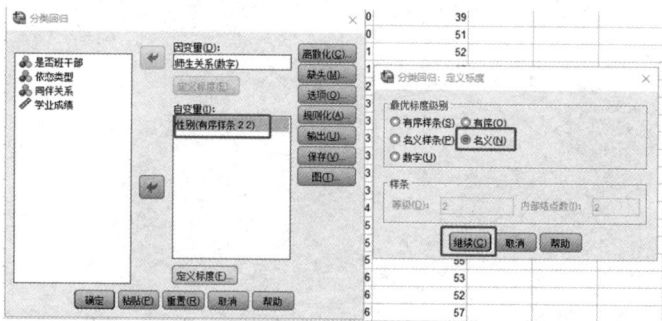

图 5-1-4

如图 5-1-5 所示，将"是否班干部"放入"自变量"列表框，单击"定义标度"按钮，弹出"分类回归：定义标度"对话框。因为"是否班干部"是名义变量，所以这里选中"名义"单选框。

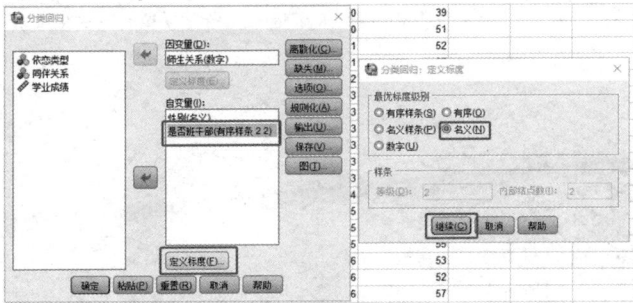

图 5-1-5

如图 5-1-6 所示，将"依恋类型"放入"自变量"列表框，单击"定义标度"按钮，弹出"分类回归：定义标度"对话框。因为"依恋类型"是名义变量，所以这里选中"名义"单选框。

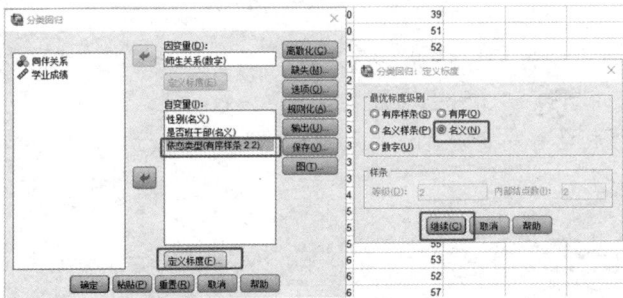

5-1-6

如图 5-1-7 所示，将"同伴关系"放入"自变量"列表框，单击"定义标度"按钮，弹出"分类回归：定义标度"对话框。因为"同伴关系"是有序变量，所以这里选中"有序"单选框。

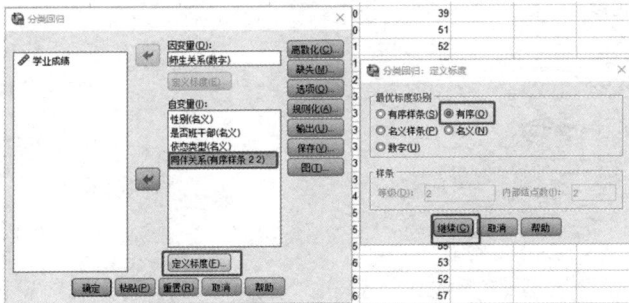

图 5-1-7

如图 5-1-8 所示，将"学业成绩"放入"自变量"列表框，单击"定义标度"按钮，弹出"分类回归:定义标度"对话框。因为"学业成绩"是连续变量,所以这里选中"数字"单选框。

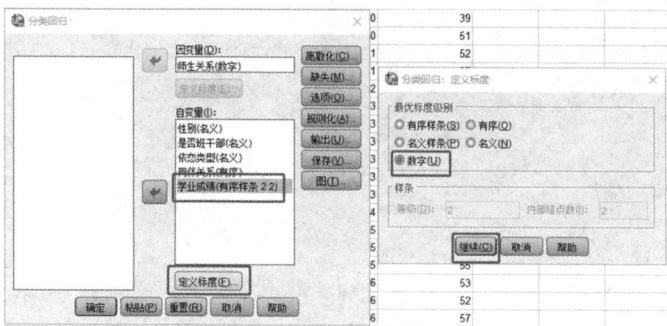

图 5-1-8

3. 选项设置

在"分类回归"对话框中单击"选项"按钮,弹出"分类回归:选项"对话框,如图 5-1-9 所示。在"初始配置"选区中,如果自变量包含有序变量,则这里选中"多个系统性起点"单选框;如果自变量不包含有序变量,则保持默认设置即可。

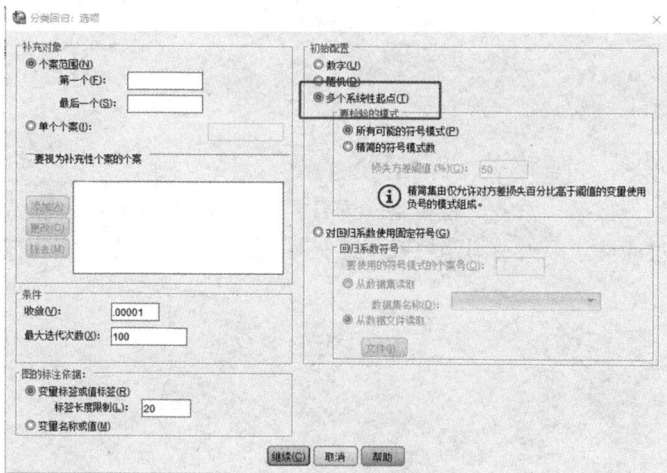

图 5-1-9

4. 保存设置

在"分类回归"对话框中单击"保存"按钮,弹出"分类回归:保存"对话框,如图 5-1-10 所示。勾选"将转换后变量保存到活动数据集"复选框,表示分类变量在被赋予一个量化值后,会被存储在案例文件"师生关系的预测因素.sav"中。

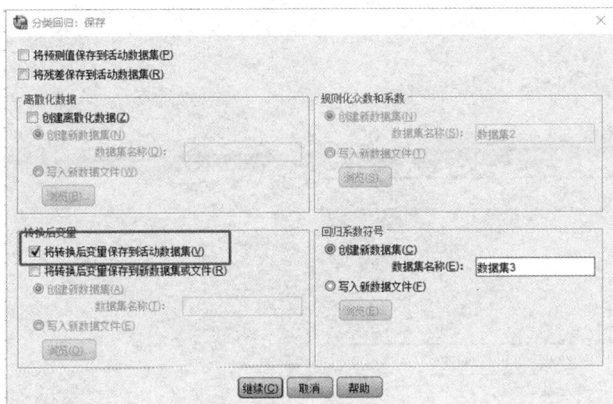

图 5-1-10

5. 图设置

在"分类回归"对话框中单击"图"按钮，弹出"分类回归：图"对话框，如图 5-1-11 所示，将所有被定义为有序变量和名义变量的自变量放入"转换图"列表框，这样我们就能以图的形式观察分类变量被赋值转换的情况。

6. 输出设置

在"分类回归"对话框中单击"输出"按钮，弹出"分类回归：输出"对话框，如图 5-1-12 所示。勾选"原始变量的相关性""转换后变量的相关性"复选框，这样在输出结果中我们就能具体地看到自变量转换前后的变化情况。

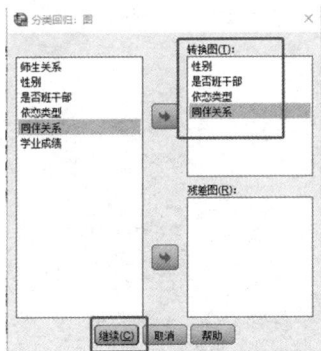

图 5-1-11

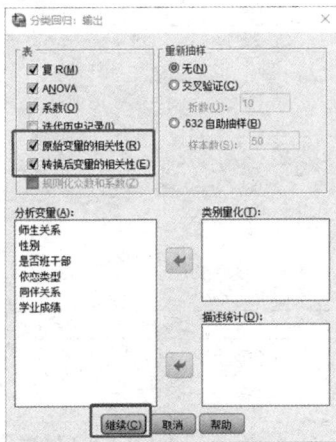

图 5-1-12

在"分类回归"对话框中单击"确定"按钮，输出结果。

7. 输出结果

模型摘要表和 ANOVA 表如图 5-1-13 所示。

模型摘要

	复R	R方	调整后R方	表观预测误差
标准化数据	.388	.151	.099	.849

ANOVA

	平方和	自由度	均方	F	显著性
回归	21.247	8	2.656	2.927	.005
残差	119.753	132	.907		
总计	141.000	140			

图 5-1-13

在模型摘要表中，调整后的 R 方值为 0.151，说明 5 个自变量对因变量"师生关系"的解释程度较低，仅为 15.1%。

在 ANOVA 表中，F 值为 2.927，显著性为 0.005，说明这个模型是显著的，并且至少有一个自变量可以显著地预测因变量"师生关系"。

如图 5-1-14 所示，经过最优尺度变换的自变量，部分之间的相关性有所降低，转换后的相关性变量符合线性回归的要求。

原始相关性变量

	性别	是否班干部	依恋类型	同伴关系	学业成绩
性别	1.000	-.022	-.021	.168	-.107
是否班干部	-.022	1.000	.044	-.180	-.314
依恋类型	-.021	.044	1.000	-.118	-.046
同伴关系	.168	-.180	-.118	1.000	.202
学业成绩	-.107	-.314	-.046	.202	1.000
维	1	2	3	4	5
特征值	1.499	1.136	.971	.758	.635

转换后的相关性变量

	性别	是否班干部	依恋类型	同伴关系	学业成绩
性别	1.000	-.022	-.064	-.128	.107
是否班干部	-.022	1.000	.022	.148	.314
依恋类型	-.064	.022	1.000	.039	.033
同伴关系	-.128	.148	.039	1.000	.062
学业成绩	.107	.314	.033	.062	1.000
维	1	2	3	4	5
特征值	1.380	1.161	.977	.824	.658

图 5-1-14

系数表如图 5-1-15 所示，通过查看"系数"表，可以知道每个自变量能否显著地预测因变量"师生关系"。

"性别""依恋类型""同伴关系"这 3 个自变量的显著性均小于 0.05，因此可以被纳入线性回归方程中，并且其偏回归系数分别为–0.270、–0.214 和–0.194，均对因变量"师生关系"有负向预测作用。

系数

| | 标准化系数 | | | | |
	Beta	标准误差的自助抽样（1000）估算	自由度	F	显著性
性别	-.270	.081	1	10.991	.001
是否班干部	-.101	.072	1	1.946	.165
依恋类型	-.214	.074	3	8.467	.000
同伴关系	-.194	.078	1	6.159	.014
学业成绩	.130	.087	1	2.242	.137

因变量：师生关系

图 5-1-15

如图 5-1-16 所示，分类变量"性别"被赋予了两个新的量化值，结合原数据文件新生成数据的第二列（图 5-1-17 中为性别量化后的数据）可知，性别 1（男）的模型对应系数值为 1.151，性别 2（女）的模型对应系数值为-0.66。

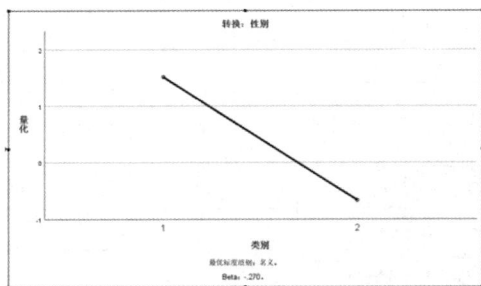

图 5-1-16

TRA1_1	TRA2_1	TRA3_1	TRA4_1	TRA5_1	TRA6_1
.43	- 66	- 84	- 53	-1.35	-1.60
.53	1.51	- 84	- 53	.85	-1.53
- 96	1.51	- 84	- 53	-1.35	-1.53
-1.06	- 66	- 84	1.88	.85	-1.46
.23	- 66	- 84	- 53	.85	1.39
.43	- 66	- 84	- 53	.43	-1.39
.33	- 66	- 84	- 53	-1.35	-1.39
- 17	- 66	- 84	1.88	.85	-1.39
.63	1.51	- 84	- 53	.85	-1.39
1.53	1.51	- 84	- 53	-1.35	-1.39
.63	- 66	- 84	- 53	.43	-1.32
- 26	- 66	- 84	- 53	.85	-1.25
- 76	- 66	- 84	1.88	-1.35	-1.25
.83	- 66	- 84	- 53	.85	-1.25
.63	- 66	- 84	- 53	-1.35	-1.18
.53	- 66	- 84	- 53	.85	-1.18
1.03	- 66	- 84	- 53	.43	-1.18
- 36	1.51	- 84	- 53	.43	-1.11
.13	- 66	- 84	1.88	.85	-1.04
- 76	- 66	1.20	- 53	-1.35	-1.04
-2.26	- 66	1.20	- 53	-1.35	-1.04

图 5-1-17

同理可得其他 4 个自变量的量化转换结果，经最优尺度变换后，变量为数值型，可用在更多分析方法中。

5.2 非线性回归模型

第 3 章系统地介绍了线性回归模型，并介绍了线性回归模型需要满足线性关联、样本独立、残差正态及方差齐性等要求。但是，在实际分析中，符合要求的线性模型并不多，此时就需要对变量进行变换使之符合模型要求，或者采用非线性回归模型处理相应的数据。虽然非线性回归模型与线性回归模型相比，能更充分地表达变量之间的关系，但是非线性回归模型的数学理论与计算方法比线性回归模型相比要复杂得多。

非线性回归模型的分析思路：如果实际问题的函数类型接近某些常见的函数曲线，可以用变量变换的方式将其线性化，则将其归结为多重线性回归问题来解决；如果变量之间的非线性关系难以用变量变换的方式将其线性化，则进行数值迭代的非线性回归分析。

5.2.1　曲线估计回归模型

1. 曲线估计回归模型简介

一些非线性回归问题可以通过简单的变量变换转换为线性回归问题来解决，该方法也被称为曲线直线化或曲线估计。

如表 5-2-1 所示，SPSS 的曲线估计模块提供了 11 种曲线估计回归模型，只需输入原始数据，并选择相应的回归模型，系统就会自动进行变量变换，生成曲线估计回归统计和相关的图，同时将预测值、残差和预测区间保存为新变量。

表 5-2-1

函 数 名 称	函 数 表 达 式
线性函数	$y = b_0 + b_1 x$
对数函数	$y = b_0 + b_1 \ln(x)$
逆函数	$y = b_0 + b_1/x$
指数函数	$y = b_0 e^{b_1 x}$ 或者 $\ln(y) = \ln(b_0) + (b_1 x)$
二次项函数	$y = b_0 + b_1 x + b_2 x^2$
立方函数	$y = b_0 + b_1 x + b_2 x^2 + b_3 x^3$
幂函数	$y = b_0 x^{b_1}$ 或者 $\ln(y) = \ln(b_0) + (b_1 \ln(x))$
增长函数	$y = e^{(b_0 + b_1 x)}$ 或者 $\ln(y) = b_0 + b_1 x$
复合函数	$y = b_0 b_1{}^x$ 或者 $\ln(y) = \ln(b_0) + \ln(b_1) x$
S 曲线	$y = e^{(b_0 + b_1/x)}$ 或者 $\ln(y) = b_0 + b_1/x$
Logistic 函数	$y = 1/(1/u + b_0 b_1{}^x)$ 或者 $\ln(1/y - 1/u) = \ln(b_0) + \ln(b_1) x$

2. 曲线估计回归分析

案例：静脉注射某药物 100 mg，测得各时间点的血药浓度，试拟合该药物的血药浓度与时间（time）的指数方程。原始数据如图 5-2-1 所示。

图 5-2-1

1）打开"曲线估计"对话框

打开案例文件"血药浓度.sav"，单击"分析"→"回归"→"曲线估计"命令。

2）曲线估计选项设置

在弹出的"曲线估计"对话框中，将"血药浓度"放入"因变量"列表框，将"time"放入"变量"列表框，如图 5-2-2 所示。

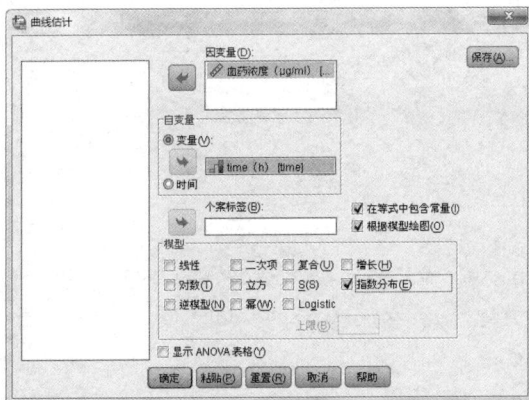

图 5-2-2

SPSS 的曲线估计模块提供了 11 种曲线估计回归模型，系统默认设置为"线性"。一般情况下，我们并不能确定哪种模型可以更好地拟合样本数据，因此建议选择多种模型，最后根据输出结果中的显著性检验及 R 方值来选择最优模型。由于已知本案例数据符合指数分布，所以勾选"指数分布"复选框，取消勾选"线性"复选框。

3）保存选项设置

单击"曲线估计"对话框中的"保存"按钮，弹出"曲线估计：保存"对话框，如图 5-2-3 所示。"保存变量"选区包含 3 个复选框："预测值""残差""预测区间"。保存变量后会在数据视图中创建相应的新变量。为了直观地比较本节拟合的回归模型与下一节介绍的非线性回归模型，这里勾选"预测值"复选框，单击"继续"按钮，返回"曲线估计"对话框。

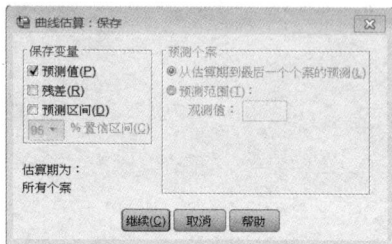

图 5-2-3

在"曲线估计"对话框中单击"确定"按钮，弹出如图 5-2-4 左图所示的对话框，单击"确定"按钮，保存模型的预测值，如图 5-2-4 右图所示。

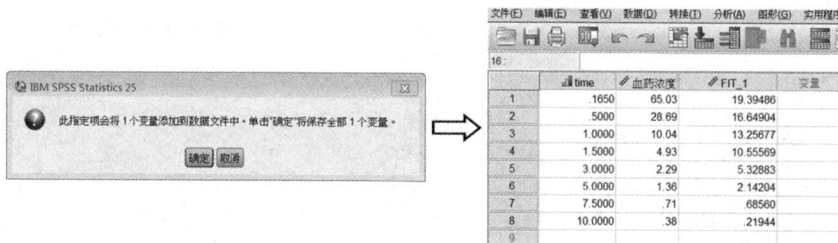

图 5-2-4

4）输出结果

如图 5-2-5 所示，该模型的 R 方值为 0.839，说明模型拟合效果一般。同时给出了模型的参数估计值，据此，可以写出相应的回归方程：$y = 20.909 \times e^{\text{time} \times (-0.456)}$。

模型汇总和参数估计值

因变量：血药浓度（μg/ml）

方程	模型汇总					常数	b_1
	R 方	F	df1	df2	Sig.		
指数	.839	31.178	1	6	.001	20.909	-.456

自变量为 time（h）

图 5-2-5

如图 5-2-6 所示，从模型预测值拟合图能更直观地看出该模型的拟合效果一般，尤其是在血药浓度较高的时间点，预测值与观测值偏差较大。

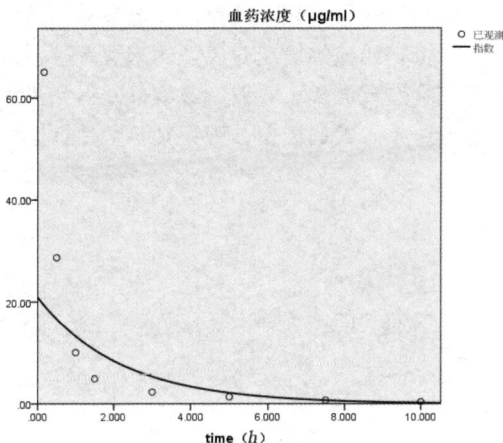

图 5-2-6

5.2.2 非线性回归模型简介

在 5.2.1 节中我们介绍了通过简单的变量变换，将曲线关系转换为线性关系，从而进一步拟合线性回归模型来解决问题。但是曲线直线化只适用于能够通过变量变换转换为线性关系的曲线关系，同时该方法只能构建一个自变量和因变量的回归模型。当曲线关系十分复杂时，这种方法就不适用了。非线性回归模型很好地解决了以上问题，我们可以根据自身需求，拟合出各种复杂的曲线模型。因此，非线性回归模型的实际应用范围更广。

非线性回归模型的因变量 y 与自变量（$x_1, x_2, \cdots, x_p$）一般可以表示为以下形式：

$$y = F(x_1, x_2, \cdots, x_p; \beta) + \varepsilon \tag{5.1}$$

其中，F 为已知表达式，$\beta = (\beta_1, \beta_2, \cdots, \beta_m)'$ 为未知的非线性函数，ε 为误差项。现将观察数据（$y_t, x_{1t}, x_{2t}, \cdots, x_{pt}$），$t = 1, 2, \cdots, n$ 代入式（5.1）即可得到非线性回归模型：

$$y_t = F(x_{1t}, x_{2t}, \cdots, x_{pt}; \beta) + \varepsilon_t, \quad t = 1, 2, \cdots, n$$

常记为 $Y = F(\beta) + E$。其中，$Y = (y_1, y_2, \cdots, y_n)'$ 为 y 的观察向量，$\beta = (\beta_1, \beta_2, \cdots, \beta_n)'$ 为非线性回归系数，$E = (\varepsilon_1, \varepsilon_2, \cdots, \varepsilon_n)'$ 为观察误差向量，F 为未知参数 β 的函数向量。非线性回归分析就是利用最小二乘法来估计回归系数 β，使在 $\beta = \hat{\beta}$ 处残差平方和达到最小。

$$Q(\beta) = \sum_{t=1}^{n} (Y - F(\beta))^2 \tag{5.2}$$

对于不能直线化的非线性回归模型，不能直接采用经典的最小二乘法估计其参数，而是需要运用其他估计方法，如使用泰勒级数展开法进行线性逼近，即首先为未知参数 β 选择一个近似初始值，然后将原方程按泰勒级数展开，并使用一阶导数构建一个正交矩阵，建立一个最优搜索方向，接着采用最小二乘法对该模型的参数进行估计，用得出的参数估计值替代初始值，将方程再次展开，从而可以求出一批参数估计值。如此反复，直至参数估计值收敛为止。显然，这一方法的计算非常复杂，而且近似初始值的设定对模型的求解影响很大。一个好的初始值不应该偏离真实参数值太远，否则会造成迭代不收敛，或者只能得到模型的局部最优解。因此，在选择初始值时，建议先拟合一个大致的模型，观察其参数估计值，然后在此基础上逐步优化目标模型。

非线性回归分析

1）打开"非线性回归"对话框

打开案例文件"血药浓度.sav"，单击"分析"→"回归"→"非线性"命令，弹出"非线性回归"对话框，如图 5-2-7 所示。

2）非线性回归选项设置

由于非线性回归模型的函数表达式较为复杂，所以 SPSS 的非线性回归模块直接提供了软键盘及函数组功能，我们可以根据实际问题自行定义非线性回归模型的函数表达式。在本案例中，将"血药浓度"放入"因变量"列表框，在"函数组"列表框中选择"算术"选项，在"函数和特殊变量"列表框中选择"Exp"选项，此时在"模型表达式"列表框中会出现"EXP()"，补全函数表达式为"a*EXP(b*time)"。

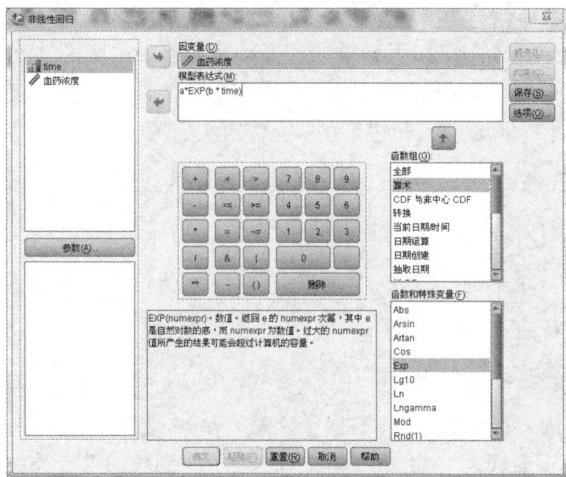

图 5-2-7

3）参数选项设置

单击"非线性回归"对话框中的"参数"按钮，弹出如图 5-2-8 所示的"非线性回归：参数"对话框。我们可以先将所有未知参数的初始值均设置为 1，在得出一批参数估计值后，替代初始值再重新设置。将"名称"设置为 a，将"初始值"设置为 90，单击"添加"按钮。同理，设置 b 的初始值为 0，单击"继续"按钮，返回"非线性回归"对话框。

4）保存选项设置

单击"非线性回归"对话框中的"保存"按钮，弹出如图 5-2-9 所示的"非线性回归：保存"对话框。在该对话框中主要包含 3 个复选框："预测值""残差""导数"。保存参数后会在数据视图中创建相应的变量。为了直观地比较本节拟合的回归模型与 5.2.1 节中的曲线估计回归模型，本案例勾选"预测值"复选框，单击"继续"按钮，返回"非线性回归"对话框，单击"确定"按钮。

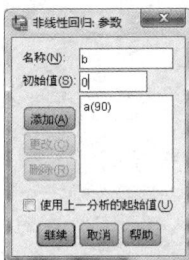

图 5-2-8

图 5-2-9

5）输出结果

迭代历史记录表如图 5-2-10 所示，经过 10 次迭代后，模型达到收敛标准，找到了最佳解。

迭代历史记录[b]

迭代编号[a]	残差平方和	参数	
		a	b
1.0	49567.466	90.000	.000
1.1	3757.013	27.601	-.042
2.0	3757.013	27.601	-.042
2.1	2125.796	30.436	-.206
3.0	2125.796	30.436	-.206
3.1	1141.805	42.141	-.548
4.0	1141.805	42.141	-.548
4.1	316.440	62.510	-1.232
5.0	316.440	62.510	-1.232
5.1	31.945	84.852	-2.003
6.0	31.945	84.852	-2.003
6.1	13.222	93.331	-2.262
7.0	13.222	93.331	-2.262
7.1	13.013	94.319	-2.293
8.0	13.013	94.319	-2.293
8.1	13.012	94.379	-2.296
9.0	13.012	94.379	-2.296
9.1	13.012	94.383	-2.296
10.0	13.012	94.383	-2.296
10.1	13.012	94.384	-2.296

将通过数字计算来确定导数。

a. 主迭代号在小数点左侧显示，次迭代号在小数点右侧显示。

b. 由于连续残差平方和之间的相对减小量最多为 SSCON = 1.000E-8，因此运行在 20 次模型评估和 10 次导数评估后停止。

图 5-2-10

参数估计值表如图 5-2-11 所示，据此，可以写出相应的回归方程：$y = 94.384 \times e^{time \times (-2.296)}$。

参数估算值

参数	估算	标准 错误	95% 置信区间	
			下限	上限
a	94.384	3.334	86.225	102.542
b	-2.296	.120	-2.589	-2.003

图 5-2-11

ANOVA 表如图 5-2-12 所示，R 方值为 0.996，模型的拟合效果非常好。

ANOVA[a]

源	平方和	自由度	均方
回归	5171.854	2	2585.927
残差	13.012	6	2.169
修正前总计	5184.866	8	
修正后总计	3576.570	7	

因变量：血药浓度[a]

a. R 方 = 1 - (残差平方和) / (修正平方和) = .996。

图 5-2-12

如图 5-2-13 所示，模型的预测值已保存在数据表中。

	time	血药浓度	PRED_	变量
1	.1650	65.03	64.62	
2	.5000	28.69	29.95	
3	1.0000	10.04	9.50	
4	1.5000	4.93	3.01	
5	3.0000	2.29	.10	
6	5.0000	1.36	.00	
7	7.5000	.71	.00	
8	10.0000	.38	.00	
9				

图 5-2-13

5.2.3 曲线估计回归模型与非线性回归模型的比较

5.2.1 节和 5.2.2 节分别使用曲线估计回归模型与非线性回归模型拟合某药物的血药浓度与时间的指数方程，均得到了模型表达式的参数估计值，但是这两个值相差很大。需要注意的是，虽然非线性回归模型的决定系数明显高于曲线估计回归模型的决定系数，但是二者不具有可比性，因为曲线估计回归模型得出的决定系数为曲线直线化后的线性回归的决定系数。因此，为了比较两个模型，我们分别保存两个模型的预测值，并在 SPSS 中使用"图形"→"旧对话框"→"折线图"命令绘制折线图，如图 5-2-14 所示。非线性回归模型的拟合效果非常好，但是随着血药浓度的降低，拟合误差略微增加；在血药浓度较高的时间点，曲线估计回归模型的拟合误差较大，其预测值明显低于实际的血药浓度值。

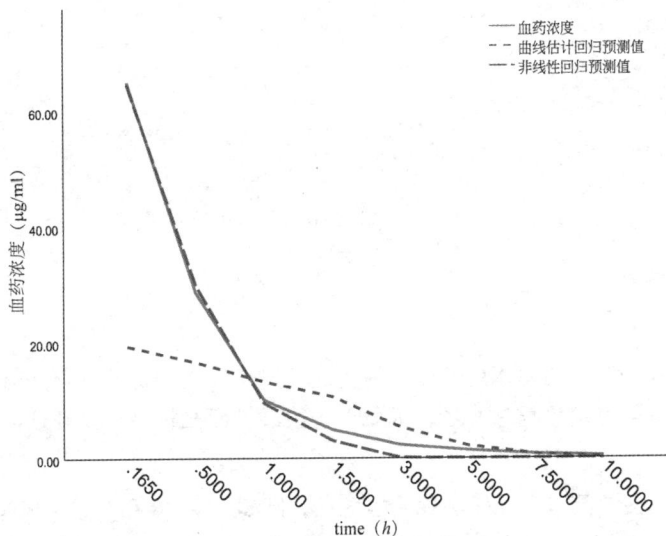

图 5-2-14

5.3 多层线性模型

多层线性模型主要用于处理带有层级结构的数据，例如，自变量中包含了学校水平的几个变量、班级水平的几个变量及学生个体水平的几个变量。想要分析这些包含几个水平的自变量对因变量的预测作用，建议优先选择多层线性模型，因为它能够考查不同水平的自变量变异，并对变异的来源进行更精细的分解，下面通过案例进行讲解。

案例：某研究为了分析能预测初中生语文成绩的因素，对某市 38 所学校的同一年级的学生进行了统一大规模预测，自变量包含两个水平，其中，学生个体水平的变量包括学生性别、家庭社会经济地位和语文兴趣，学校水平的变量包括学校类型、学校语文师生比和学校文化氛围，因变量为语文成绩。原始数据如图 5-3-1 所示。

此外，除使用 SPSS 进行分析外，多层线性模型也有专门的分析软件——HLM 软件，其操作和结果解释更加简洁，读者可以自行下载该软件。

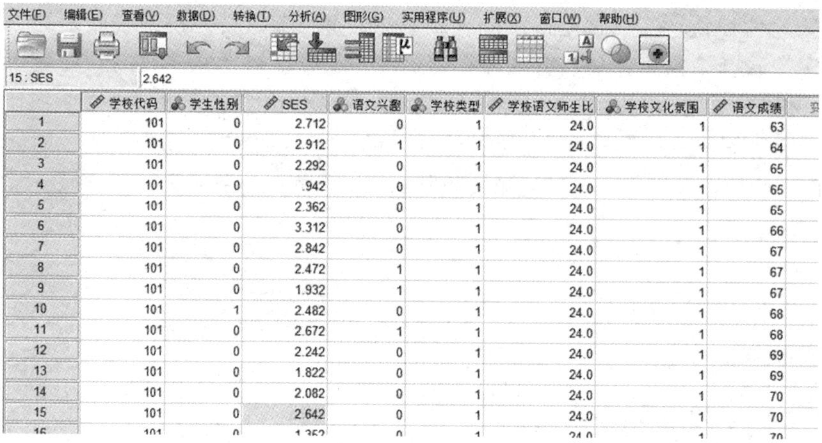

	学校代码	学生性别	SES	语文兴趣	学校类型	学校语文师生比	学校文化氛围	语文成绩
1	101	0	2.712	0	1	24.0	1	63
2	101	0	2.912	1	1	24.0	1	64
3	101	0	2.292	0	1	24.0	1	65
4	101	0	.942	0	1	24.0	1	65
5	101	0	2.362	0	1	24.0	1	65
6	101	0	3.312	0	1	24.0	1	66
7	101	0	2.842	0	1	24.0	1	67
8	101	0	2.472	1	1	24.0	1	67
9	101	0	1.932	1	1	24.0	1	67
10	101	1	2.482	0	1	24.0	1	68
11	101	0	2.672	1	1	24.0	1	68
12	101	0	2.242	0	1	24.0	1	69
13	101	0	1.822	0	1	24.0	1	69
14	101	0	2.082	0	1	24.0	1	70
15	101	0	2.642	0	1	24.0	1	70
16	101	0	1.352	0	1	24.0	1	70

图 5-3-1

5.3.1 多层线性模型简介

在使用一般线性回归模型时，有基本的假设：残差或观测个体之间相互独立。当观测变量是多水平嵌套变量时，其残差就不再独立了，因此，一般线性回归模型在处理这类具有嵌套关系的数据时有失偏颇。

多层线性模型适用于自变量具有不同嵌套关系的情况。例如，从 38 所学校中收集 68 个班级的 1999 个学生的成绩数据，自变量可能包含了学校水平、班级水平和学生个体水平的多个变量。来自同一个教学水平班级的学生成绩可能比来自不同教学水平班级的学生成绩更相关，即观测个体之间不相互独立，这种数据适合使用多层线性模型来分析。

因变量为连续变量“语文成绩”，学校水平的变量有 3 个：“学校类型”（1-公办，2-民办）、“学校语文师生比”（学生人数比语文老师人数）和“学校文化氛围”（由量表测量并标准化后得到）。学生个体水平的变量有 3 个：“性别”（1-女生，2-男生）、“SES”（家庭社会经济地位，由量表测量并标准化后得到）和“语文兴趣”（1-感兴趣，2-不感兴趣）。共有 38 个学校参与此次研究，代码为 101~138。

分析思路

先构造零模型，即不加入任何第一水平和第二水平的变量。主要考查Y_{ij}的总变异有多大比例是由第二水平的变异带来的。如果零模型显著，则说明第二水平的变异确实对因变量产生了影响，应继续使用多层线性模型来分析。

依次构造随机效应协方差模型（只加入第一水平的变量），非随机变动斜率模型（在加入第一水平的变量后，再加入第二水平的变量）。

最后通过构造自变量的相乘项来构造全模型。

5.3.2 多层线性模型（零模型）案例：语文成绩预测因素

1．打开"线性混合模型"对话框

打开案例文件"语文成绩预测因素.sav"，单击"分析"→"混合模型"→"线性"命令，弹出如图 5-3-2 所示的"线性混合模型：指定主体和重复"对话框。

2．主体设置

如图 5-3-3 所示，将"学校代码"放入"主体"列表框，这里的主体代表的是第二水平的变量。由于本案例中没有重复测量的变量，所以不在"重复"列表框中放入变量，单击"继续"按钮，弹出"线性混合模型"对话框。

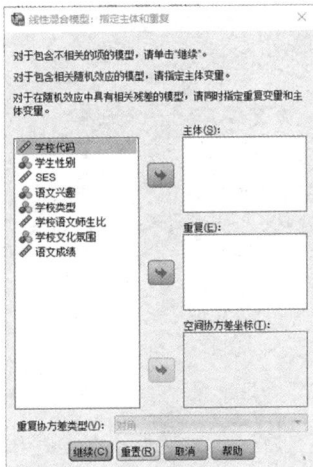

图 5-3-2

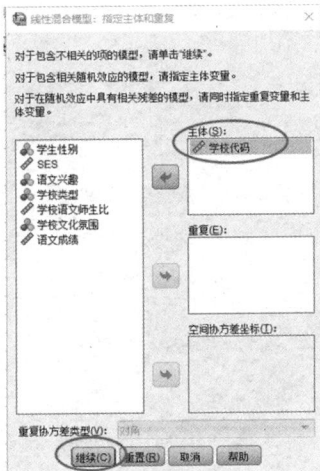

图 5-3-3

3．其他设置

如图 5-3-4 所示，将"语文成绩"放入"因变量"列表框，由于是零模型，所以其他列表框内不放入任何变量。

图 5-3-4

单击"随机"按钮，进入"线性混合模型：随机效应"对话框，如图 5-3-5 所示，将"协方差类型"设置为"非结构化"，勾选"包括截距"复选框，将"主体"列表框中的"学校代码"放入右侧的"组合"列表框，表示用"学校代码"进行分组。设置完成后，单击"继续"按钮，回到"线性混合模型"对话框。

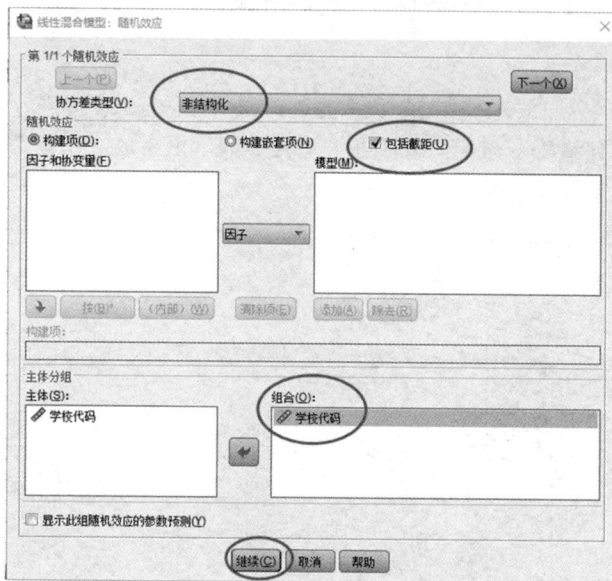

图 5-3-5

单击图 5-3-4 中的"统计"按钮，弹出"线性混合模型：统计"对话框，对要输出的统计结果进行设置。如图 5-3-6 所示，勾选"固定效应的参数估算值""协方差参数检验"复选框，得到对固定部分和随机部分的参数估计结果。单击"继续"按钮，回到"线性混合模型"对话框，单击"确定"按钮。

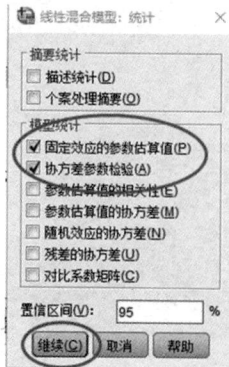

图 5-3-6

4. 输出结果

固定效应估算表如图 5-3-7 所示，这里显示的是对多层线性模型的截距项的估计结果，其中，显著性小于 0.01，说明模型的截距项是显著的，即不同学校的语文成绩存在差异。

固定效应估算[a]

参数	估算	标准误差	自由度	t	显著性	95% 置信区间 下限	95% 置信区间 上限
截距	79.439721	.367684	37.153	216.054	.000	78.694827	80.184616

a. 因变量：语文成绩。

图 5-3-7

如图 5-3-8 所示，"残差"代表的是第一水平的变异，即现有因素无法解释的部分，"截距[主体=学校代码]方差"代表的是第二水平的变异，学校之间的语文成绩变异为 4.226。

协方差参数估算值[a]

参数	估算	标准误差	瓦尔德 Z	显著性	95% 置信区间 下限	95% 置信区间 上限
残差	51.658142	1.583620	32.620	.000	48.645711	54.857121
截距 [主体 = 学校代码] 方差	4.226243	1.192002	3.546	.000	2.431505	7.345710

a. 因变量：语文成绩。

图 5-3-8

综合零模型（不加入第一水平和第二水平的任何变量）的固定效应与随机效应估算结果可知，此零模型是显著的。说明学校间的语文成绩不同，学校水平的变量对学生个体水平的变量会产生不同的影响。另外，数据是嵌套的，因此应使用多层线性模型。

5.3.3 多层线性模型（全模型）案例：语文成绩预测因素

1. 打开"线性混合模型"对话框

打开案例文件"语文成绩预测因素.sav"，单击"分析"→"混合模型"→"线性"命令，弹出如图 5-3-2 所示的"线性混合模型：指定主体和重复"对话框。

2. 主体设置

如图 5-3-9 所示，将"学校代码"放入"主体"列表框，这里的"主体"代表的是第二水平的变量。由于本案例没有重复测量的变量，所以不在"重复"列表框中放入变量。单击"继续"按钮，弹出"线性混合模型"对话框。

如图 5-3-10 所示，将"语文成绩"放入"因变量"列表框，将"语文兴趣"和"学校语文师生比"放入"协变量"列表框。

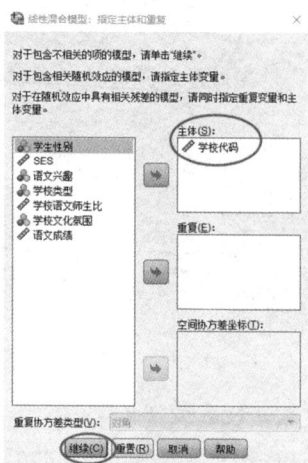

图 5-3-9

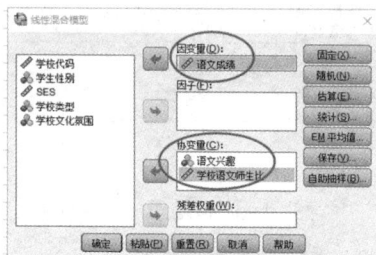

图 5-3-10

单击"固定"按钮，弹出"线性混合模型：固定效应"对话框，如图 5-3-11 所示。在"因子和协变量"列表框中选中"语文兴趣"和"学校语文师生比"选项，单击"添加"按钮，右侧"模型"列表框中会出现"语文兴趣""学校语文师生比"和"语文兴趣*学校语文师生比" 3 个变量，勾选"包括截距"复选框，单击"继续"按钮，回到"线性混合模型"对话框。

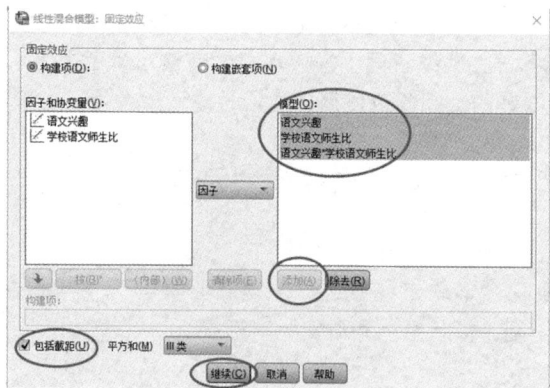

图 5-3-11

单击"随机"按钮，弹出"线性混合模型：随机效应"对话框，如图 5-4-12 所示。在"协方差类型"下拉框中，选中"非结构化"选项。在"随机效应"选区中，勾选"包括截距"复选框。将"因子和协变量"列表框中的"语文兴趣"添加到右侧的"模型"列表框中，表示在模型的随机部分加入了变量"语文兴趣"。将"主体"列表框中的"学校代码"放入右侧的"组合"列表框中，表示用"学校代码"进行分组。设置完成后，单击"继续"按钮，回到"线性混合模型"对话框。

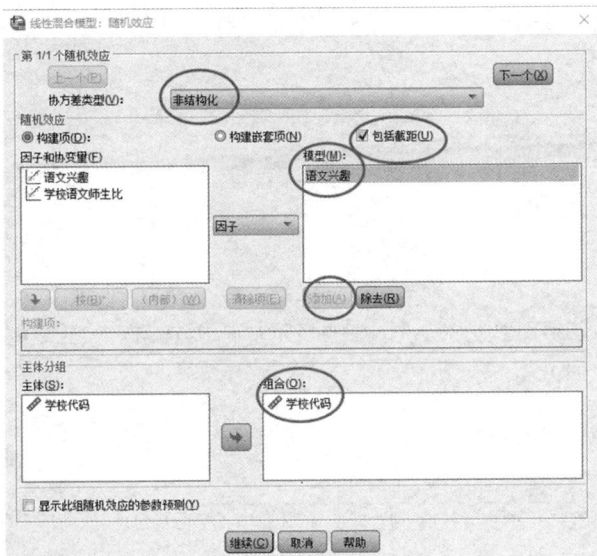

图 5-3-12

单击"统计"按钮，进入"线性混合模型：统计"对话框，对要输出的统计结果进行设置。如图 5-3-13 所示，勾选"固定效应的参数估算值""协方差参数检验"复选框，单击"继续"按钮，回到"线性混合模型"对话框，单击"确定"按钮。

图 5-3-13

2. 输出结果

在多层线性模型中，我们主要关注两个表，一个是固定效应估算表，它给出了固定部分的拟合结果，另一个是协方差参数估算值表，它给出了随机部分的拟合结果。

如图 5-3-14 所示，显著性均小于 0.05，说明模型的截距是显著的。

固定效应估算[a]

参数	估算	标准误差	自由度	t	显著性	95% 置信区间	
						下限	上限
截距	89.794554	2.879963	28.247	31.179	.000	83.897536	95.691571
语文兴趣	-6.360238	3.307104	36.191	-1.923	.062	-13.066127	.345651
学校语文师生比	-.577293	.152630	28.320	-3.782	.001	-.889782	-.264805
语文兴趣 * 学校语文师生比	.434600	.175904	36.527	2.471	.018	.078029	.791171

a. 因变量：语文成绩。

图 5-3-14

如图 5-3-15 所示，UN(1,1)表示截距的方差，UN(2,1)表示"语文兴趣"和截距的协方差，UN(2,2)表示"语文兴趣"斜率的方差。

协方差参数估算值[a]

参数		估算	标准误差	瓦尔德 Z	显著性	95% 置信区间	
						下限	上限
残差		50.732329	1.570384	32.306	.000	47.745941	53.905508
截距 + 语文兴趣 [主体 = 学校代码]	UN (1,1)	3.737461	1.368086	2.732	.006	1.823884	7.658722
	UN (2,1)	.654356	1.021601	.641	.522	-1.347945	2.656657
	UN (2,2)	1.277169	1.519930	.840	.401	.123952	13.159631

a. 因变量：语文成绩。

图 5-3-15

5.4 对数线性模型

5.4.1 对数线性模型简介

在对列联表资料进行处理分析时，卡方检验是首选方法，但是它仅能研究两个分类变量之间是否相关，无法系统地评价变量间的联系及变量之间相互作用的大小。当列联表维数较高，即需要同时研究更多分类变量之间的关系时，卡方检验就无法使用了。而对数线性模型则是处理此类问题的最优选择。

对数线性模型是用于统计分析离散型数据或整理成列联表格式数据的方法。在对数线性模型中，所有用作分类的因素均为独立变量。在 SPSS 中可以设置对数线性模型的 3 个过程：general 过程、logit 过程和 model selection 过程。general 过程使用的是最简单的一种对数线性模型，该模型为拟合饱和模型，即分类变量的各自效应及其相互间的效应均包含在对数线性模型中，它的一大特点是不区分自变量和因变量，只考虑因素之间是否相关，不考虑谁是因谁是果。拟合饱和模型的实际频数完全等于理论频数，拟合优度卡方值等于 0。这是因为拟合饱和模型中独立参数的个数等于列联表的单元格数，如果各单元格的频数无变化，则自由度为 0。

5.4.2 对数线性模型案例：不同学历人员的收入水平数据

为研究不同的学历水平与收入水平的高低是否有关，随机抽取 161 人，原始数据如图 5-4-1 所示。

学历	收入水平	人数
1	1	52
1	2	23
1	3	9
2	1	11
2	2	21
2	3	45

图 5-4-1

1．打开"加权个案"对话框

打开案例文件"学历水平与收入水平.sav"，单击"数据"→"个案加权"命令，弹出如图 5-4-2 所示的"个案加权"对话框。选中"个案加权系数"单选框，将"人数"放入"频率变量"列表框，单击"确定"按钮。

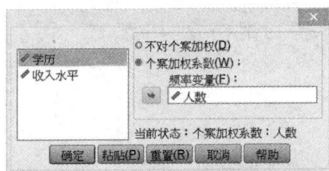

图 5-4-2

2．打开"常规"对话框

单击"分析"→"对数线性"→"常规"命令，弹出"常规"对话框。

3．对数线性界面设置

如图 5-4-3 所示，将"学历"和"收入水平"放入"因子"列表框。一般情况下，假定每个单元的观察频数服从多项分布，因此选中"多项"单选框。

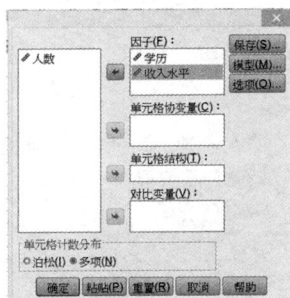

图 5-4-3

4．选项设置

单击图 5-4-3 中的"选项"按钮，弹出如图 5-4-4 所示的对话框，勾选"频率""残差""估算值"复选框，单击"继续"按钮，回到"常规"对话框，单击"确定"按钮。

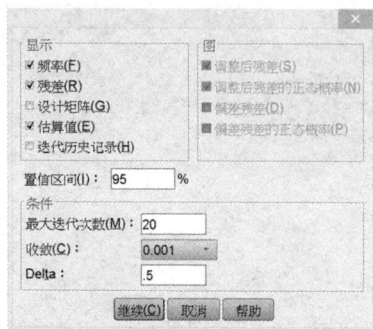

图 5-4-4

5．输出结果

如图 5-4-5 所示，模型的拟合优度检验结果与前面关于拟合饱和模型的描述一致。拟合优度卡方值等于 0，各单元格的频数无变化，自由度为 0。

拟合优度检验 a,b

	值	自由度	显著性
似然比	.000	0	.
皮尔逊卡方	.000	0	.

a. 模型：多项

b. 设计：常量 ＋ 学历 ＋ 收入水平 ＋ 学历＊收入水平

图 5-4-5

如图 5-4-6 所示，其中显示了各单元格的实测频数、期望频数及其占总样本数的比例，符合关于拟合饱和模型的描述，各单元格的实测频数和期望频数完全一致。

单元格计数和残差 a,b

学历	收入水平	实测 计数	实测 %	期望 计数	期望 %	残差	标准化残差	调整后残差	偏差
本科	低	52.500	32.0%	52.500	32.0%	.000	.000		.000
	中	23.500	14.3%	23.500	14.3%	.000	.000	.000	.000
	高	9.500	5.8%	9.500	5.8%	.000	.000	.000	.000
研究生	低	11.500	7.0%	11.500	7.0%	.000	.000		.000
	中	21.500	13.1%	21.500	13.1%	.000	.000		.000
	高	45.500	27.7%	45.500	27.7%	.000	.000		.000

a. 模型：多项

b. 设计：常量 ＋ 学历 ＋ 收入水平 ＋ 学历＊收入水平

图 5-4-6

如图 5-4-7 所示，参数估算值为对数线性模型的关键输出内容，参数 1 为常量，参数 2 为学历的主效应项，参数 4 为收入水平的主效应项，参数 7 为学历和收入水平的交互效应项。通过各参数对应的显著性，可以判断对应的参数估算值是否具有统计学意义。如果显著性小于 0.05，则表明对应的参数项具有统计学意义，反之则无统计学意义。

本次数据的模型方程为：

$$
\text{Ln}\left(\text{各单元格期望频数}\right)
$$

$$
= 3.818 - 1.566 \times \text{本科学历} - 1.375 \times \text{低收入水平} - 0.75 \times \text{中度收入水平}
$$

$$
+ 3.085 \times \text{本科学历} \times \text{低收入水平} + 1.655 \times \text{本科学历} \times \text{中等收入水平}
$$

参数估算值 [c,d]

参数	估算	标准 错误	z	显著性	95% 置信区间 下限	上限
常量	3.818[a]					
[学历 = 1]	-1.566	.357	-4.391	.000	-2.266	-.867
[学历 = 2]	0[b]	.	.	.	.	.
[收入水平 = 1]	-1.375	.330	-4.167	.000	-2.022	-.728
[收入水平 = 2]	-.750	.262	-2.865	.004	-1.263	-.237
[收入水平 = 3]	0[b]	.	.	.	.	.
[学历 = 1] * [收入水平 = 1]	3.085	.483	6.388	.000	2.138	4.031
[学历 = 1] * [收入水平 = 2]	1.655	.465	3.559	.000	.744	2.567
[学历 = 1] * [收入水平 = 3]	0[b]	.	.	.	.	.
[学历 = 2] * [收入水平 = 1]	0[b]	.	.	.	.	.
[学历 = 2] * [收入水平 = 2]	0[b]	.	.	.	.	.
[学历 = 2] * [收入水平 = 3]	0[b]	.	.	.	.	.

a. 在多项假设下，常量不是参数。因此，不会计算其标准误差。
b. 此参数冗余，因此设置为零。
c. 模型：多项
d. 设计：常量 + 学历 + 收入水平 + 学历 * 收入水平

图 5-4-7

5.5 本章小结

本章简要介绍了最优尺度回归模型、非线性回归模型、多层线性模型，以及对数线性模型的理论及案例。虽然本章属于回归模型的进阶内容，数学理论及计算方法比线性回归模型复杂，但是每个模型在各自领域内都有极为广泛的应用潜力。同时，在计算机与统计软件应用十分普遍的今天，这些模型的基本统计分析已经与线性回归模型一样切实可行。这些模型都有着共同的作用：可以阐明因果关系、量化因果、去伪存真。正如哈佛大学医学院陈常中教授所言："一朝习得回归术，一式破尽世间法"。希望读者能多加练习，在实际操作过程中体会回归建模的魅力。

第 6 章

简化多变量复杂关系：
主成分分析与因子分析

6.1　主成分分析

6.1.1　主成分分析简介

主成分分析（Principal Components Analysis，PCA）又称为主分量分析，指利用降维的思想，把多指标转换为少数几个综合指标进行分析的一种方法。

在统计学中，主成分分析是一种简化数据集的线性变换方法，它可以把数据变换到一个新的坐标系统中，使得任何数据投影的第一大方差都在第一个坐标（第一主成分）上，第二大方差都在第二个坐标（第二主成分）上，依次类推。主成分分析可以减少数据集的维数，同时保持数据集对方差贡献的最大特征。这是通过保留低阶主成分，忽略高阶主成分做到的。

1. 基本思想

在实证研究中，为了全面、系统地分析问题，我们必须考虑众多的影响因素。这些影响因素一般被称为指标，在多元统计分析中也被称为变量。因为每个变量都在不同程度上反映了所研究问题的某些信息，并且指标之间具有一定的相关性，因而所得的统计数据反映的信息在一定程度上有所重叠。在用统计方法研究多变量问题时，变量太多会增加计算量和待分析问题的复杂性，人们希望在进行定量分析的过程中涉及的变量较少，而得到的信息量较多。主成分分析正是适应这一要求而产生的，它是解决这类问题的理想工具。

2. 基本原理

主成分分析是一种降维的统计方法，它借助于一个正交变换，将分量相关的原随机向量转换成分量不相关的新随机向量。在代数上表现为将原随机向量的协方差矩阵变换成对角矩阵，在几何上表现为将原坐标系变换成新的正交坐标系，使之指向样本点散布最开的 P 个正交方向，然后对高维变量系统进行降维处理，使之能以一个较高的精度转换成低维变量系统，再通过构建适当的价值函数，进一步把低维变量系统转换成一维变量系统。

主成分分析的原理是设法将原来的变量重新组合成一组新的相互无关的综合变量，同时根据实际需要从中取出几个综合变量，使它们尽可能多地反映原来变量的信息，这也是在数学上进行数据降维的一种方法。通常，数学上的处理就是将原来的 P 个指标进行线性组合，作为新的综合指标。最经典的做法就是用 $F1$（选取的第一个线性组合，是第一个综合指标）的方差来表达，即 $Var(F1)$ 越大，表示 $F1$ 包含的信息越多。因此，在所有的线性组合中，选取的 $F1$ 应该是方差最大的，故称 $F1$ 为第一主成分。如果第一主成分不足以代表原来 P 个指标的信息，则考虑选取 $F2$（选取的第二个线性组合）的方差。为了有效地反映原来变量的信息，$F1$ 已有的信息不需要再出现在 $F2$ 中，用数学语言表达就是要求 $Cov(F1,F2)=0$，$F2$ 被称为第二主成分，依次类推，可以构造出第三、第四、……第 P 主成分。

3．主要作用

总体来说，主成分分析的主要作用如下。

（1）减少数据空间的维数。即用 m 维的 Y 空间代替 p 维的 X 空间（$m<p$），而低维的 Y 空间代替高维的 X 空间所损失的信息很少。即使只有一个主成分 $Y1$（即 $m=1$），这个 $Y1$ 仍是使用全部 X 变量（p 个）得到的。例如，要计算 $Y1$ 的均值，就需要使用全部 X 变量的均值。在所选的前 m 个主成分中，如果某个 X_i 的系数全部近似于零，那么就可以删除这个 X_i，这也是一种删除多余变量的方法。

（2）通过因子载荷 a_{ij}，厘清 X 变量之间的某些关系。

（3）多维数据的一种图形表示方法。当维数大于 3 时通常是不能画出几何图形的，而在多元统计研究问题中，变量大都多于 3 个，所以很难用图形把要研究的问题表示出来。然而，经过主成分分析后，我们可以选取前两个主成分或其中某两个主成分，根据主成分的得分，画出 n 个样品在二维平面上的分布情况，通过图形可以直观地看出各样品在主成分中所占的百分比，进而对样本进行分类处理，通过图形发现远离大多数样本点的离群点。

（4）由主成分分析法构造回归模型，即把各主成分作为新的自变量替代原来的自变量进行回归分析。

（5）筛选回归变量。回归变量的选择有着重要的意义，它使得模型本身易于做结构分析、控制和预测，便于模型从原始变量所构成的子集合中选择最佳变量，构成最佳变量集合。主成分分析筛选可以用较少的计算量来选择回归变量，从而得到最佳变量集合。

6.1.2 主成分分析案例：各省市特征指标的降维

通过收集各省市中 8 个特征指标，试对其进行主成分分析。

1．打开"因子分析"对话框

（1）打开案例文件"中国 31 个省市特征指标的降维.sav"，如图 6-1-1 所示。单击"分析"→"降维"→"因子"命令，弹出"因子分析"对话框，如图 6-1-2 所示。将 6 个特征指标（人均 GDP、固定资产投资、社会消费品零售总额、农村人均纯收入、科研机构数量、教育机构数量）放入"变量"列表框。

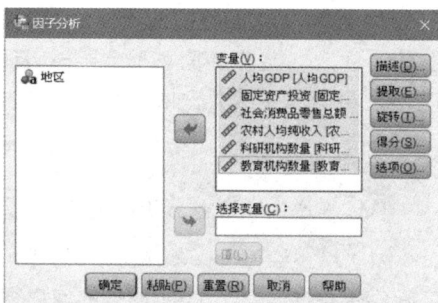

图 6-1-1　　　　　　　　　　　　　　　　　　　图 6-1-2

（2）在图 6-1-2 中，单击"描述"按钮，弹出"因子分析：描述"对话框，如图 6-1-3 所示。勾选"系数"复选框，其他采取默认设置即可，单击"继续"按钮，返回图 6-1-2 所示的对话框。

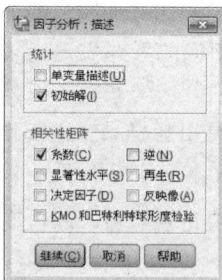

图 6-1-3

（3）单击图 6-1-2 中的"确定"按钮，输出结果。

2．输出结果

（1）图 6-1-4 为 6 个特征指标之间的相关系数矩阵，从中可以看出，特征指标之间存在较大的相关性，表明在原始数据中存在一定的信息重叠，该结果也表明有必要对原始变量的信息进行浓缩。

相关性矩阵

		人均GDP	固定资产投资	社会消费品零售总额	农村人均纯收入	科研机构数量	教育机构数量
相关性	人均GDP	1.000	.455	.755	.921	.283	-.048
	固定资产投资	.455	1.000	.287	.476	.681	.596
	社会消费品零售总额	.755	.287	1.000	.849	.294	.170
	农村人均纯收入	.921	.476	.849	1.000	.430	.144
	科研机构数量	.283	.681	.294	.430	1.000	.768
	教育机构数量	-.048	.596	.170	.144	.768	1.000

图 6-1-4

（2）图 6-1-5 中提供了各个指标的方差百分比和累积贡献率，有两个主成分的总计大于 1，因此提取这两个主成分。这两个主成分的累积贡献率为 85.804%。

总方差解释

成分	初始特征值			提取载荷平方和		
	总计	方差百分比	累积 %	总计	方差百分比	累积 %
1	3.408	56.799	56.799	3.408	56.799	56.799
2	1.740	29.005	85.804	1.740	29.005	85.804
3	.479	7.985	93.789			
4	.242	4.028	97.817			
5	.085	1.424	99.241			
6	.046	.759	100.000			

提取方法：主成分分析法。

图 6-1-5

（3）如图 6-1-6 所示，其中列出了主成分的成分矩阵，通过该图可以看出主成分在各变量上的载荷。

成分矩阵[a]

	成分	
	1	2
人均GDP	.804	-.527
固定资产投资	.753	.408
社会消费品零售总额	.782	-.435
农村人均纯收入	.892	-.405
科研机构数量	.725	.577
教育机构数量	.510	.782

提取方法：主成分分析法。[a]

a. 提取了 2 个成分。

图 6-1-6

6.2 因子分析

6.2.1 因子分析简介

因子分析（Factor Analysis）也被称为降维分析，其基本思想是根据各变量之间的相关强度，对变量进行分组组合，使组内的变量彼此相关较强，不同组的变量之间相关较弱。每一组变量代表了一个不可直接测量的潜在变量，叫作公共因子（Common Factor）。

因子分析的目的是对较多变量的测量结果用较少的几个其他形式的变量来解释。例如，学生的数学、物理、化学、语文、英语、历史、地理等多个学科的成绩可能反映了学生的知识的记忆性和逻辑性组织，因而，知识的记忆性和逻辑性组织就是两个主要的因子。

因子分析的步骤如下：相关矩阵（Correlation Matrix）计算、因子提取（Factor Extraction）、因子旋转（Factor Rotation）和结果解释（Interpretation）。SPSS 能自动完成相关矩阵计算，之后与进行回归分析的过程相似：

（1）系统先确定使用哪些变量的组合，使得它们的相关关系能够最大比例地解释所有变量的总变异，完成第一个因子的提取。

（2）接下来提取下一个因子，选择和确定变量的组合，其相关关系能够最大比例地解释所有变量的总差异中第一个因子未能解释的差异，依次类推。理论上，有多少个变量就可以提取多少个因子。

SPSS 在提取因子时，对每一个变量都先赋予 1 个单位的共同度（Communality），表示公共因子对具体变量变异的解释的最初比例。在提取过程中，共同度在 0 和 1 之间变化，0 表示具体变量的变异没有得到公共因子的解释，1 表示具体变量的变异得到了公共因子的完全解释。因子载荷指变量与因子之间的相关强度。

6.2.2 因子分析案例：学生知识结构状况

某初中三年级 28 名学生的 9 门学科成绩部分数据如图 6-2-1 所示。下面分析其主要知识结构状况。

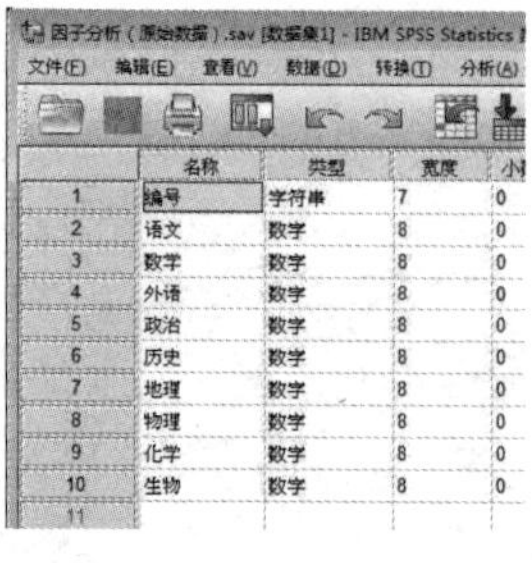

	名称	类型	宽度	小
1	编号	字符串	7	0
2	语文	数字	8	0
3	数学	数字	8	0
4	外语	数字	8	0
5	政治	数字	8	0
6	历史	数字	8	0
7	地理	数字	8	0
8	物理	数字	8	0
9	化学	数字	8	0
10	生物	数字	8	0
11				

图 6-2-1

1．打开"因子分析"对话框

打开案例文件"学生知识结构状况.sav"。单击"分析"→"降维"→"因子"命令，弹出"因子分析"对话框，如图 6-2-2 所示。选中左侧列表框中的 9 门学科名，单击右侧第一个箭头按钮，将这些选中的变量名移到右侧的"变量"列表框，如图 6-2-3 所示。

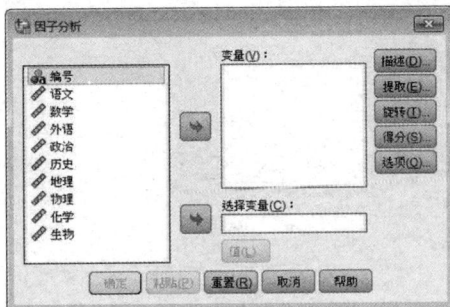

图 6-2-2

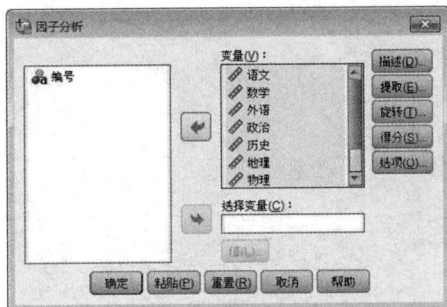

图 6-2-3

单击"描述"按钮，弹出"因子分析：描述"对话框，如图 6-2-4 所示。勾选"单变量描述"复选框，统计结果将列出参与因子分析的变量名称、平均数标准差和变量名标签。系统默认勾选"初始解"复选框，确保显示变量名、初始共同度、因子、特征值，以及因子载荷平方和累积方差解释比率。勾选"系数"复选框，统计结果将提供各变量的相关矩阵；勾选"显著性水平"复选框，可以为每一个相关系数提供显著性水平；勾选"KMO 和巴特利特球形度检验"复选框，可以获得相关检验结果，如图 6-2-5 所示。单击"继续"按钮，返回"因子分析"对话框。

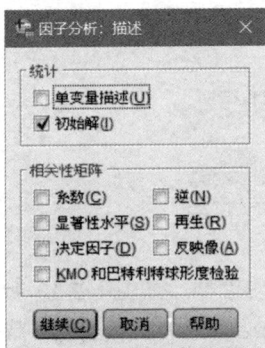

图 6-2-4

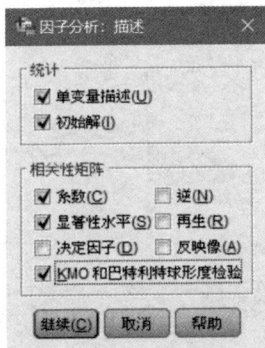

图 6-2-5

单击图 6-2-3 中的"提取"按钮，弹出"因子分析：提取"对话框，如图 6-2-6 所示。在"方法"下拉菜单中提供了多种因子提取方法，其中，系统默认选择"主成分"选项。如图 6-2-7 所示，选中"相关性矩阵"单选框，系统将根据相关性矩阵做因子分析。选中"基于特征值"单选框，并在其右侧的文本框中输入提取因子的特征值下限，例如输入数字 1，此时结果将列出特征值大于 1 的因子。如果不勾选"未旋转因子解"复选框，则可以显示因子旋转结果。勾选"碎石图"复选框，结果将显示碎石图。碎石图可以形象地表现因子分析结果。单击"继续"按钮，返回"因子分析"对话框。

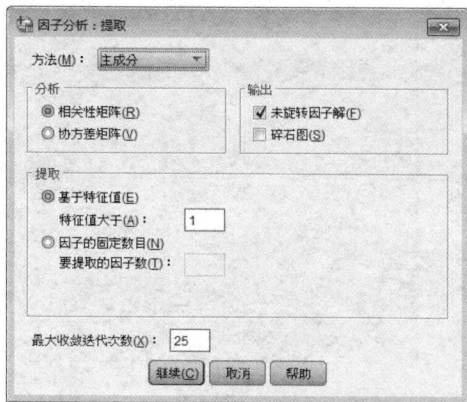

图 6-2-6

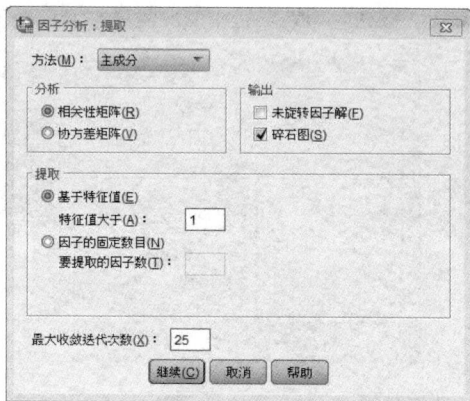

图 6-2-7

单击图 6-2-3 中的"旋转"按钮，弹出"因子分析：旋转"对话框，如图 6-2-8 所示。选中"最大方差法"单选框，勾选"载荷图"复选框，以确保显示旋转后的因子结构坐标图，其他采取默认设置，如图 6-2-9 所示。单击"继续"按钮，返回"因子分析"对话框。

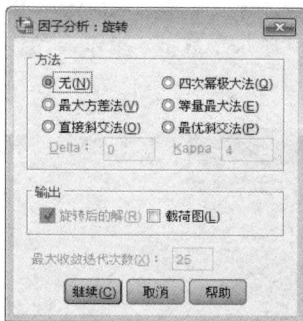

图 6-2-8

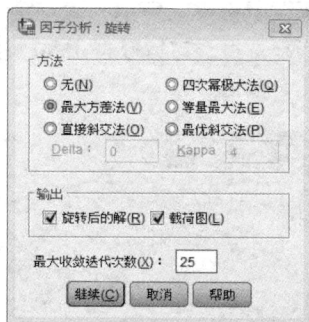

图 6-2-9

单击图 6-2-3 中的"选项"按钮，弹出"因子分析：选项"对话框，如图 6-2-10 所示。选中"成列排除个案"单选框，勾选"按大小排序"复选框，使结果中的变量按因子载荷大小顺序显示，如图 6-2-11 所示。单击"继续"按钮，返回"因子分析"对话框，单击"确定"按钮。

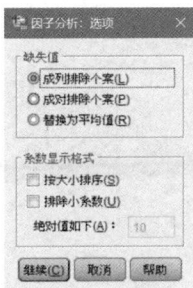
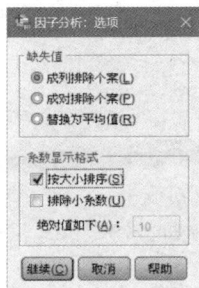

图 6-2-10　　　　　　　　　图 6-2-11

2．输出结果

如图 6-2-12 所示，描述统计表中列出了各变量的平均值和标准偏差。

描述统计

	平均值	标准偏差	分析个案数
语文	81.39	19.378	28
数学	91.32	17.222	28
外语	76.50	27.535	28
政治	81.39	8.359	28
历史	72.36	9.397	28
地理	84.86	8.897	28
物理	77.14	11.520	28
化学	67.25	14.165	28
生物	78.00	9.549	28

图 6-2-12

如图 6-2-13 所示，相关性矩阵表中列出了变量之间的相关性矩阵及其显著性水平矩阵。

相关性矩阵

		语文	数学	外语	政治	历史	地理	物理	化学	生物
相关性	语文	1.000	.130	-.355	-.202	.424	.024	.108	-.038	.441
	数学	.130	1.000	-.172	.010	-.177	-.012	.148	.068	.239
	外语	-.355	-.172	1.000	.069	-.013	.026	.011	.018	.128
	政治	-.202	.010	.069	1.000	-.382	-.134	.321	-.269	-.375
	历史	.424	-.177	-.013	-.382	1.000	-.093	-.070	.233	.163
	地理	.024	-.012	.026	-.134	-.093	1.000	.092	-.086	-.031
	物理	.108	.148	.011	.321	-.070	.092	1.000	-.201	-.049
	化学	-.038	.068	.018	-.269	.233	-.086	-.201	1.000	.195
	生物	.441	.239	.128	-.375	.163	-.031	-.049	.195	1.000
显著性（单尾）	语文		.255	.032	.152	.012	.451	.292	.424	.009
	数学	.255		.191	.480	.184	.476	.226	.366	.110
	外语	.032	.191		.363	.474	.449	.479	.463	.257
	政治	.152	.480	.363		.022	.249	.048	.083	.025
	历史	.012	.184	.474	.022		.318	.361	.116	.204
	地理	.451	.476	.449	.249	.318		.321	.332	.438
	物理	.292	.226	.479	.048	.361	.321		.152	.401
	化学	.424	.366	.463	.083	.116	.332	.152		.160
	生物	.009	.110	.257	.025	.204	.438	.401	.160	

图 6-2-13

如图 6-2-14 所示，在 KMO 和巴特利特检验表中，"KMO 取样适切性量数" 的数值表示各变量间相关系数是否适合进行因子分析。

- 大于或等于 0.9，表示极好。
- 大于或等于 0.8 且小于 0.9，表示很好。
- 大于或等于 0.7 且小于 0.8，表示可以接受。
- 大于或等于 0.6 且小于 0.7，表示勉强可以接受。
- 大于或等于 0.5 且小于 0.6，表示不好。
- 小于 0.5，表示不可接受，不能进行因子分析。

在图 6-2-14 中，该值为 0.404，小于 0.5，表示不可接受。"巴特利特球形度检验" 的检验结果表示从变量间相互独立的角度看数据是否可以进行因子分析。如果显著性大于 0.05，就不适合进行因子分析。在本案例中，显著性为 0.333，大于 0.05，说明不适合进行因子分析。

KMO 和巴特利特检验

KMO 取样适切性量数。		.404
巴特利特球形度检验	近似卡方	39.096
	自由度	36
	显著性	.333

图 6-2-14

如图 6-2-15 所示，在总方差解释表中，"成分" 表示各因子编号。"初始特征值" 的 "总计" 列中列出了各因子的特征值。其中，前 5 个因子的特征值大于 1，该结果在 "碎石图" 中有显示。"旋转载荷平方和" 的 "总计" 列中列出了各主要因子旋转后的因子载荷平方和。

总方差解释

成分	初始特征值			提取载荷平方和			旋转载荷平方和		
	总计	方差百分比	累积 %	总计	方差百分比	累积 %	总计	方差百分比	累积 %
1	2.164	24.040	24.040	2.164	24.040	24.040	1.833	20.365	20.365
2	1.513	16.812	40.852	1.513	16.812	40.852	1.567	17.406	37.771
3	1.168	12.973	53.825	1.168	12.973	53.825	1.323	14.696	52.467
4	1.103	12.255	66.080	1.103	12.255	66.080	1.180	13.117	65.584
5	1.038	11.528	77.608	1.038	11.528	77.608	1.082	12.024	77.608
6	.805	8.948	86.556						
7	.531	5.898	92.454						
8	.468	5.195	97.649						
9	.212	2.351	100.000						

图 6-2-15

图 6-2-16 为旋转后的成分矩阵表。其中，成分 1 和语文交叉的单元格的分数为 0.814，说明成分旋转后，语文在成分 1 上的因子载荷接近 1。成分 1 主要由 4 个变量（语文、历史、政治、生物）决定，而成分 2 主要由 3 个变量（物理、化学、政治）决定，依次类推。

旋转后的成分矩阵[a]

	成分				
	1	2	3	4	5
语文	.814	.165	.208	-.322	.044
历史	.783	-.195	-.309	.032	-.137
物理	.119	.788	.194	.114	.018
化学	.093	-.651	.200	.139	-.208
政治	-.455	.642	-.048	.000	-.335
数学	-.090	.039	.877	-.180	-.028
生物	.552	-.192	.570	.333	.053
外语	-.115	.023	-.101	.949	.012
地理	-.039	.067	-.010	.015	.950

提取方法：主成分分析法。

　旋转方法：凯撒正态化最大方差法。[a]

a. 旋转在 7 次迭代后已收敛。

图 6-2-16

注意：判断该变量是否合理，不是看成分矩阵表，而是看旋转后的成分矩阵表，表中的每一行表示该变量在不同因子上的载荷，如果这些载荷都小于 0.3（建议值），则考虑删除或修改该变量。只要这些载荷大于或等于 0.3，就可以认为该变量与这个成分存在对应关系。至于载荷的方向是正向还是负向，则需要通过专业知识结合变量的实际意义进行合理解释。

（6）图 6-2-17 为经过正交旋转后的成分转换矩阵表。

成分转换矩阵

成分	1	2	3	4	5
1	.817	-.521	.235	-.064	.038
2	.231	.668	.542	-.446	.090
3	-.342	-.233	.798	.436	-.041
4	.199	.261	-.092	.537	.771
5	.350	.401	-.073	.564	-.627

提取方法：主成分分析法。

旋转方法：凯撒正态化最大方差法。

图 6-2-17

（7）图 6-2-18 是因子旋转后的组件图。图中坐标轴指的方向就是两个因子的含义所在，可以根据具体示例做出相应的解释。

因子分析表明，从 28 名学生的 9 门学科中共提取出 5 个主要因子。这 5 个主要因子能够解释全部学科成绩的 77.608 %。

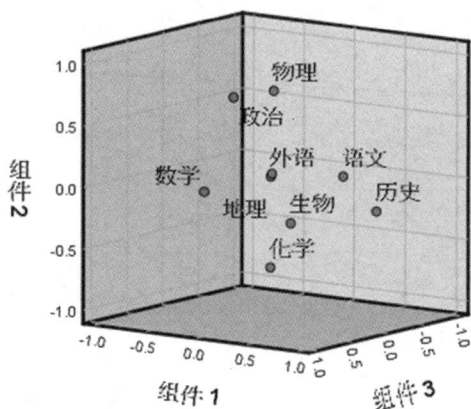

图 6-2-18

6.3 本章小结

本章简要介绍了主成分分析和因子分析的理论及具体操作，并通过两个案例，帮助读者理解相关知识点。另外，主成分分析和因子分析之间的区别如表 6-3-1 所示。

表 6-3-1

	主成分分析	因子分析
原理	利用降维的思想，在损失少量信息的前提下把多个指标转化成几个不相关的综合指标（主成分），从而达到简化系统结构，抓住问题实质的目的	利用降维的思想，从研究原始变量相关矩阵内部依赖关系的角度出发，把一些具有复杂关系的变量转换成少数的公共因子和仅对某个变量有作用的特殊因子的线性组合
线性表示方向	主成分分析是把主成分表示为各变量的线性组合	因子分析是把变量表示为各公共因子的线性组合
假设条件	不需要假设	需要一些假设。假设包括：各公共因子之间不相关，各特殊因子之间不相关，公共因子和特殊因子之间也不相关
求解方法	从协方差矩阵出发（协方差矩阵已知），从相关矩阵出发（相关矩阵已知），采用的方法只有主成分法	求解因子载荷的方法有主成分法、主轴因子法、极大似然法、最小二乘法和因子提取法
主成分和因子的变化	当给定的协方差矩阵或者相关矩阵的特征值唯一时，主成分一般是固定的、独特的	因子不是固定的，可以通过旋转得到不同的因子

	主成分分析	因子分析
因子数量与主成分的数量	主成分的数量是一定的，一般有几个变量就有几个主成分，在实际应用中会根据碎石图提取前几个主成分	因子数量由分析者指定，当指定的因子数量不同时，结果也不同
解释重点	重点在于解释各变量的总方差	重点在于解释各变量之间的协方差
算法	协方差矩阵的对角元素是变量的方差	所采用的协方差矩阵的对角元素不再是变量的方差，而是和变量对应的共同度
优点	（1）如果仅想把现有的变量转换成少数几个新的变量并进入后续分析，则可以使用主成分分析，不过一般情况下也可以使用因子分析。 （2）通过计算综合主成分得分，对客观现象进行科学评价。 （3）在应用上侧重于信息贡献影响力综合评价。 （4）应用范围广。主成分分析不要求数据来自正态分布的总体，其技术来源是矩阵运算、矩阵对角化和矩阵的谱分解，因此凡是多维数的问题，都可以用主成分分析降维	（1）可以使用旋转技术，使得因子能被更好地解释，也就是说，在解释主成分方面，因子分析更占优势。 （2）因子分析不是对原有变量的取舍，而是对原始信息进行重新组合，找出影响变量的共同因子，化简数据
应用场景	主成分分析既可以对系统运营状态进行评估，也可以对经济效益、经济发展水平、经济发展竞争力、生活水平和生活质量的评价进行研究。 一般情况下，主成分分析侧重于信息贡献、影响力等综合性评价，多用于探索性分析，很少单独使用。用主成分来分析数据，可以让我们对数据有一个大致地了解。下面介绍两种常用的组合分析模式： • 主成分分析+判别分析，适用于变量多而记录数不多的情况。 • 主成分分析+回归分析，主成分分析可以辅助判断变量之间是否存在共线性关系，并进一步处理共线性问题	因子分析可以看成是优化后的主成分分析，可用于信息浓缩、权重计算和综合竞争力研究。例如，在建立地区经济发展的因子模型后，我们希望知道每个地区经济发展的情况，以便给区域经济划分类别，哪些地区发展较快，哪些地区发展较慢，此时就需要将潜在因子用变量的线性组合来表示。下面介绍几个常用的组合分析模式。 • 因子分析+回归分析，可以利用因子分析解决共线性问题，寻找变量之间的潜在结构。 • 因子分析+聚类分析，可以通过因子分析寻找聚类变量，从而达到简化聚类变量的目的。 此外，因子分析还可以用于内在结构证实等

第 7 章
数据归约技术：
聚类分析

7.1 聚类分析简介

聚类分析是数据挖掘中的一种重要算法，它并不是一种纯粹的统计技术，其方法基本上与分布理论和显著性检验无关，一般不用于从样本推断总体的研究。聚类分析是一个把数据对象划分成子集的过程，每个子集是一个簇（Cluster），簇中的对象彼此相似，但与其他簇中的对象不相似。正是有了聚类分析这样的数据挖掘算法，我们才能从庞大的社会信息中提取出对我们有用的信息，以更好地回馈社会。

在科学研究和社会生产的许多领域（如模式识别、机器学习、数据挖掘、图像处理和市场分析等）都渗透着聚类分析的研究和应用。聚类分析的典型应用如下。

- 在商业方面，可以帮助市场研究人员发现拥有不同特征的顾客组群，并且利用购买模式为他们描述商品。
- 在生物方面，可以用来获取动物或植物群体内存在的层次结构，此外，能根据基因功能对其进行分类，深入了解群体的固有结构。
- 在地理信息方面，通过利用地球观测数据库，帮助读者识别具有相似土地使用情况的区域。
- 在互联网数据挖掘方面，可以帮助研究者分类和识别互联网上的文档，以便发现潜在的信息。

作为数据挖掘的一项功能，聚类分析还可以作为一个单独的工具使用，用来分析数据的分布、了解数据的特征，找出感兴趣的数据子集并进一步分析。此外，聚类分析可以作为其他算法的预处理步骤。

作为统计学的一个分支，聚类分析已有多年的研究历史，这些研究主要集中在基于距离的聚类分析方面。现在许多统计分析软件（如 S-Plus、SPSS 和 SAS 等）都包含基于均值、基于中心等的聚类分析工具。总之，掌握这种方法对运用统计手段认识世界具有非常重要的意义。

在聚类分析中，"性质"是由一组变量来代表的。某两个观察对象的"差异"程度由它们之间的距离来度量，根据距离定义的不同，这种差异又分为多种情况。

- 当对所有的观测记录进行分类时，聚类分析会把性质相近的观测记录分在同一个类，把性质差异较大的观测记录分在不同的类，这被称为 Q 型聚类。
- 当把变量作为分类对象时，就被称为 R 型聚类。R 型聚类用于变量数目较多，且相关性较强的情况。目的是将性质相近的变量聚为同一个类，并从中找出代表变量，从而减少变量个数，达到降维的目的。

另外，根据聚类的过程聚类分析可以分为 K 均值聚类、系统聚类和二阶聚类，本章重点介绍这 3 种聚类。

- K 均值聚类：适用于较大样本的样品聚类，聚类变量通常为数值变量。
- 系统聚类：适用于小样本的样品聚类，聚类变量既可以是数值变量，也可以是分类变量，但最好不是二者的混合变量集合。
- 二阶聚类：适用于特大样本的样品聚类，在聚类变量中可以同时包含数值变量和分类变量。

7.2　K 均值聚类

7.2.1　K 均值聚类简介

K 均值聚类也被称为快速聚类，它允许事先指定聚类个数，也可以指定聚类中止的条件，比如迭代次数等。参与聚类的变量必须是数值变量，且至少有一个。为了清楚地表明各观测值最后聚到哪一类，还应指定一个标识变量，如编号、姓名等；聚类个数必须大于或等于 2，但不能大于数据集中的观测量个数。

假设有 n 个数值变量参与快速聚类，它们组成了一个 n 维空间，我们把每个观测量都看作空间中的一个点，设最后要求的聚类个数为 k。下面简要介绍快速聚类的过程。

（1）选择 k 个观测量作为聚类的初始种子，它们就是 k 个初始聚类中心。

（2）把每个观测量都分派到与这 k 个中心距离最近的那个类中，得到第一次迭代形成的 k 个类。

（3）根据组成每一类的观测量计算各变量的均值，每一类的 n 个均值在 n 维空间中又形成 k 个点，这就是第二次迭代的类中心。

（4）按照这种方法依次迭代，直至达到指定的迭代次数或其他聚类中止的条件，聚类过程结束。

从上述分析过程可以看出，K 均值聚类不仅是快速样本聚类，而且是逐步聚类分析，即先对被聚对象进行初始分类，然后通过逐步调整得到最终分类。

7.2.2　*K* 均值聚类案例：土壤样本聚类

用 ICP-MS 技术检测一批被重金属污染的土壤样本。土壤样本采集 40 个点，共检测出 8 个重金属指标，分别是镉、汞、砷、铅、铬、铜、镍和锌。将得到的数据输入 SPSS 25.0 软件中，用 SPSS 25.0 软件对该数据进行样本聚类（原始数据如图 7-2-1 所示）。

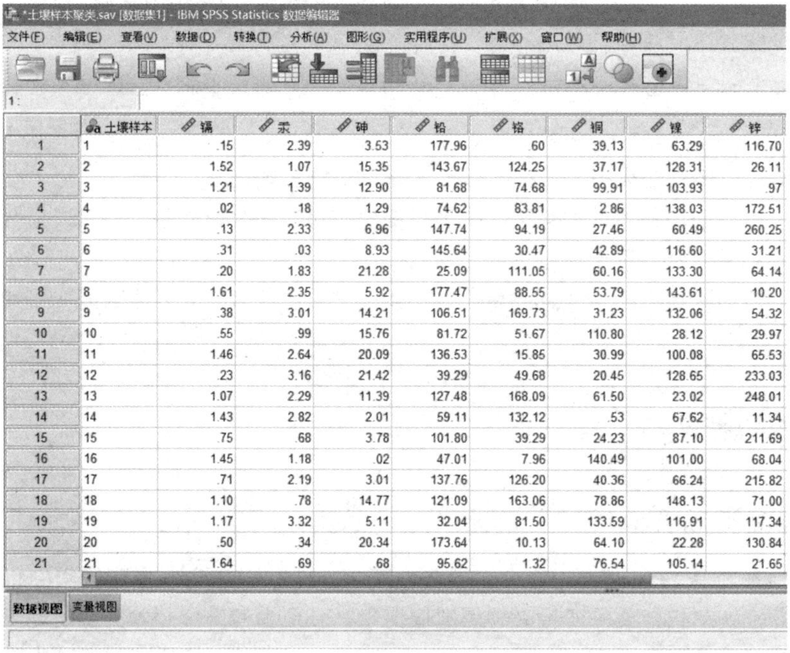
*土壤样本聚类.sav [数据集1] - IBM SPSS Statistics 数据编辑器

文件(F)　编辑(E)　查看(V)　数据(D)　转换(T)　分析(A)　图形(G)　实用程序(U)　扩展(X)　窗口(W)　帮助(H)

	土壤样本	镉	汞	砷	铅	铬	铜	镍	锌
1	1	.15	2.39	3.53	177.96	.60	39.13	63.29	116.70
2	2	1.52	1.07	15.35	143.67	124.25	37.17	128.31	26.11
3	3	1.21	1.39	12.90	81.68	74.68	99.91	103.93	.97
4	4	.02	.18	1.29	74.62	83.81	2.86	138.03	172.51
5	5	.13	2.33	6.96	147.74	94.19	27.46	60.49	260.25
6	6	.31	.03	8.93	145.64	30.47	42.89	116.60	31.21
7	7	.20	1.83	21.28	25.09	111.05	60.16	133.30	64.14
8	8	1.61	2.35	5.92	177.47	88.55	53.79	143.61	10.20
9	9	.38	3.01	14.21	106.51	169.73	31.23	132.06	54.32
10	10	.55	.99	15.76	81.72	51.67	110.80	28.12	29.97
11	11	1.46	2.64	20.09	136.53	15.85	30.99	100.08	65.53
12	12	.23	3.16	21.42	39.29	49.68	20.45	128.65	233.03
13	13	1.07	2.29	11.39	127.48	168.09	61.50	23.02	248.01
14	14	1.43	2.82	2.01	59.11	132.12	.53	67.62	11.34
15	15	.75	.68	3.78	101.80	39.29	24.23	87.10	211.69
16	16	1.45	1.18	.02	47.01	7.96	140.49	101.00	68.04
17	17	.71	2.19	3.01	137.76	126.20	40.36	66.24	215.82
18	18	1.10	.78	14.77	121.09	163.06	78.86	148.13	71.00
19	19	1.17	3.32	5.11	32.04	81.50	133.59	116.91	117.34
20	20	.50	.34	20.34	173.64	10.13	64.10	22.28	130.84
21	21	1.64	.69	.68	95.62	1.32	76.54	105.14	21.65

数据视图　变量视图

图 7-2-1

1. 打开“描述”对话框

（1）打开案例文件“土壤样本聚类.sav”，单击“分析”→“描述统计”→“描述”命令，弹出“描述”对话框，如图 7-2-2 所示。将 8 个变量放入“变量”列表框，勾选“将标准化值另存为变量”复选框，单击“确定”按钮。这里是对待分析数据进行预处理，即将待分析变量进行标准化，然后对标准化后的变量进行聚类分析。

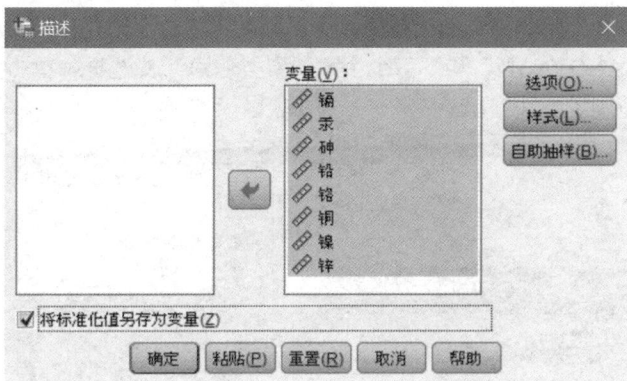

图 7-2-2

（2）单击"分析"→"分类"→"K 均值聚类"命令，弹出"K 均值聚类分析"对话框，如图 7-2-3 所示。这里将标准化后的分析变量放入"变量"列表框，将"土壤样本"放入"个案标注依据"列表框。

图 7-2-3

（3）将"聚类数"文本框中默认的数字"2"更改为需要分类的数值，本案例为"3"。

单击"迭代"按钮，弹出"K-均值聚类分析：迭代"对话框，如图 7-2-4 所示。因为本案例数据较少，所以取默认值"10"为最大迭代次数。如果数据较多，比如有数百个样品，则可以将迭代次数改为"100"，单击"继续"按钮。

（4）弹出如图 7-2-5 所示的"K-均值聚类：保存"对话框，勾选"聚类成员""与聚类中心的距离"复选框，单击"继续"按钮。

（5）回到图 7-2-3，单击图 7-2-3 中的"选项"按钮，弹出如图 7-2-6 所示的"K-均值聚类分析：选项"对话框，勾选"ANOVA 表"和"每个个案的聚类信息"复选框，单击"继续"按钮，回到图 7-2-3，单击"确定"按钮。

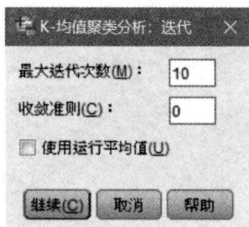

图 7-2-4

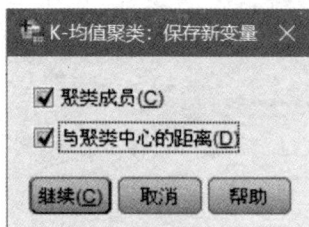

图 7-2-5

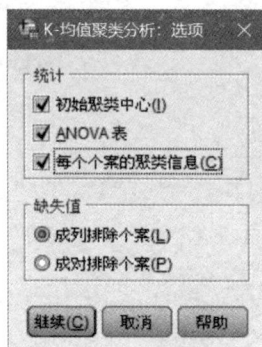

图 7-2-6

2．输出结果

初始聚类中心表如图 7-2-7 所示，其中列出了每一类别初始定义的中心点，实际上是数据集中的某一样品。

迭代历史记录表如图 7-2-8 所示，可以看出每一次迭代过程中类别中心点的变化，整个迭代过程到第 4 步终止。

初始聚类中心

	聚类		
	1	2	3
Zscore(镉)	-.64165	-1.16544	1.29833
Zscore(汞)	-1.40715	1.44816	1.42791
Zscore(砷)	1.21404	1.36310	-1.15014
Zscore(铅)	1.38006	-1.22725	.50442
Zscore(铬)	-1.29486	-.54055	1.16375
Zscore(铜)	-.05866	-1.18361	1.17350
Zscore(镍)	-1.40382	1.08903	-.73192
Zscore(锌)	.13978	1.47594	-1.14409

图 7-2-7

迭代历史记录

聚类中心中的变动

迭代	1	2	3
1	1.935	2.294	2.183
2	.186	.396	.118
3	.207	.000	.149
4	.000	.000	.000

图 7-2-8

聚类成员表如图 7-2-9 所示，每个聚类中的个案数目表如图 7-2-10 所示。根据图 7-2-9 可以判断每个样品属于哪一类。由图 7-2-10 可知，1 类中有 14 个样品，2 类中有 7 个样品，3 类中有 19 个样品。

（4）ANOVA 表如图 7-2-11 所示，根据方差大小，可以判断各个变量对聚类结果的重要程度为镉＞镍＞铅＞砷＞汞＞锌＞铬＞铜。

聚类成员

个案号	土壤样本	聚类	距离
1	1	1	2.462
2	2	3	2.513
3	3	3	1.787
4	4	2	3.126
5	5	1	2.548
6	6	1	2.512
7	7	2	1.597
8	8	2	2.564
9	9	2	2.514
10	10	1	2.334
11	11	3	2.689
12	12	2	2.300
13	13	3	3.026
14	14	3	2.686
15	15	1	2.196
16	16	3	3.007
17	17	3	2.498
18	18	2	2.703
19	19	3	2.573
20	20	1	1.987
21	21	3	2.776
22	22	1	1.344
23	23	1	2.829
24	24	3	1.948

图 7-2-9

每个聚类中的个案数目

聚类	1	14.000
	2	7.000
	3	19.000
有效		40.000
缺失		.000

图 7-2-10

ANOVA

	聚类		误差			
	均方	自由度	均方	自由度	F	显著性
Zscore(镉)	11.284	2	.444	37	25.408	.000
Zscore(汞)	3.250	2	.878	37	3.700	.034
Zscore(砷)	4.280	2	.823	37	5.203	.010
Zscore(铅)	4.471	2	.812	37	5.503	.008
Zscore(铬)	2.810	2	.902	37	3.115	.056
Zscore(铜)	.744	2	1.014	37	.733	.487
Zscore(镍)	4.566	2	.807	37	5.657	.007
Zscore(锌)	2.939	2	.895	37	3.284	.049

图 7-2-11

7.3 系统聚类

7.3.1 系统聚类简介

根据分析过程的不同，系统聚类又分为分解法和凝聚法两种方向相反的聚类方法。

- 分解法指在聚类开始时先把所有个体都视为一个大类，然后根据距离或相似性原则逐步分解，直到参与聚类的每个个体都成功聚类为止。
- 凝聚法指在聚类开始时把参与聚类的每个个体都视为单独的一类，然后根据两类之间的距离或相似性原则逐步合并，直到成为一个单独的大类为止。

119

系统聚类过程能实现 Q 型聚类或 R 型聚类，且无须事先确定聚类个数，系统会自动将所有的观测值纳入计算过程，自行选择执行不同的聚类算法。

在聚类之前，通常应先用 Proximities 对原始变量做一些诸如标准化的预处理，并计算它们之间的相似性测度或距离测度，然后用聚类过程对转换后的数据进行聚类分析。

在系统聚类过程中，可以同时执行 Proximities 和聚类，输出的统计量能帮助我们确定最好的分类结果，而且通过“聚类过程”的“绘制选项”还能输出两种统计图（树形图和系谱图），直观地对聚类结果进行分析。

另外，在系统聚类过程中，变量的类型可以是定量的、二分类的或者是计数型的，而且变量的取值范围非常重要，它可以极大地影响分类结果。如果多个变量所采用的度量方式不同，则应该在聚类前做一定的标准化处理。

7.3.2 系统聚类案例：土壤指标聚类

用 ICP-MS 技术检测一批被重金属污染的土壤样本，土壤样本采集 40 个点，共检测出 8 个重金属指标，分别是镉、汞、砷、铅、铬、铜、镍和锌。将得到的数据输入 SPSS 25.0 软件中，用 SPSS 25.0 软件对该数据进行土壤指标聚类（原始数据如图 7-3-1 所示）。

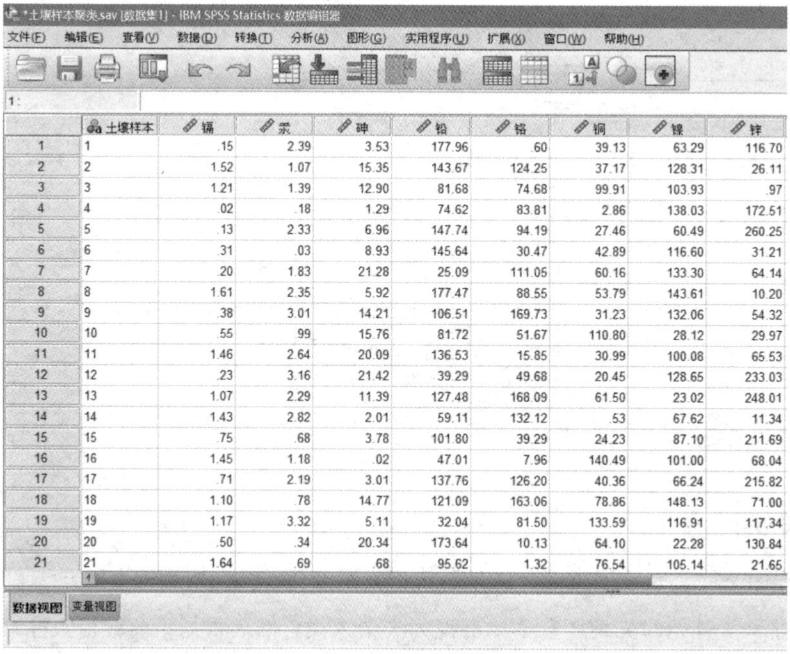

	土壤样本	镉	汞	砷	铅	铬	铜	镍	锌
1	1	.15	2.39	3.53	177.96	.60	39.13	63.29	116.70
2	2	1.52	1.07	15.35	143.67	124.25	37.17	128.31	26.11
3	3	1.21	1.39	12.90	81.68	74.68	99.91	103.93	.97
4	4	.02	.18	1.29	74.62	83.81	2.86	138.03	172.51
5	5	.13	2.33	6.96	147.74	94.19	27.46	60.49	260.25
6	6	.31	.03	8.93	145.64	30.47	42.89	116.60	31.21
7	7	.20	1.83	21.28	25.09	111.05	60.16	133.30	64.14
8	8	1.61	2.35	5.92	177.47	88.55	53.79	143.61	10.20
9	9	.38	3.01	14.21	106.51	169.73	31.23	132.06	54.32
10	10	.55	.99	15.76	81.72	51.67	110.80	28.12	29.97
11	11	1.46	2.64	20.09	136.53	15.85	30.99	100.08	65.53
12	12	.23	3.16	21.42	39.29	49.68	20.45	128.65	233.03
13	13	1.07	2.29	11.39	127.48	168.09	61.50	23.02	248.01
14	14	1.43	2.82	2.01	59.11	132.12	.53	67.62	11.34
15	15	.75	.68	3.78	101.80	39.29	24.23	87.10	211.69
16	16	1.45	1.18	.02	47.01	7.96	140.49	101.00	68.04
17	17	.71	2.19	3.01	137.76	126.20	40.36	66.24	215.82
18	18	1.10	.78	14.77	121.09	163.06	78.86	148.13	71.00
19	19	1.17	3.32	5.11	32.04	81.50	133.59	116.91	117.34
20	20	.50	.34	20.34	173.64	10.13	64.10	22.28	130.84
21	21	1.64	.69	.68	95.62	1.32	76.54	105.14	21.65

图 7-3-1

1．打开"系统聚类分析"对话框

（1）打开案例文件"土壤指标聚类.sav"，单击"分析"→"分类"→"系统聚类"命令，弹出"系统聚类分析"对话框，如图7-3-2所示。

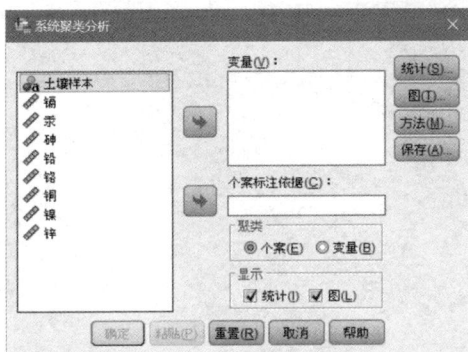

图7-3-2

（2）将镉、汞、砷、铅、铬、铜、镍和锌放入"变量"列表框，选中"变量"单选框，也就是说，把"变量"作为指标进行聚类分析。单击"统计"按钮，弹出如图7-3-3所示的"系统聚类分析：统计"对话框，勾选"集中计划"复选框，单击"继续"按钮，回到图7-3-2所示对话框。

（3）单击"图"按钮，弹出如图7-3-4所示的"系统聚类分析：图"对话框，勾选"谱系图"复选框，单击"继续"按钮，回到图7-3-2所示对话框。

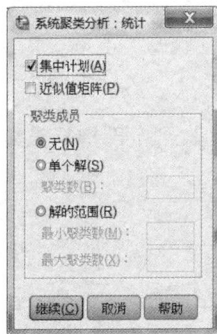

图7-3-3

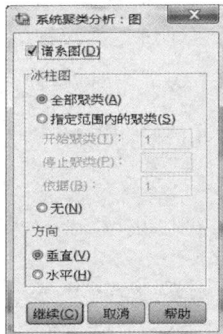

图7-3-4

（4）单击"方法"按钮，弹出如图7-3-5所示的"系统聚类分析：方法"对话框。选中"区间"单选框，其右侧的下拉列表框中有"余弦"和"皮尔逊相关性"两个选项，本案例中选择"余弦"选项。在"标准化"下拉菜单中选择"Z得分"选项，并选中"按变量"单选框，单击"继续"按钮，回到图7-3-2所示对话框，单击"确定"按钮。

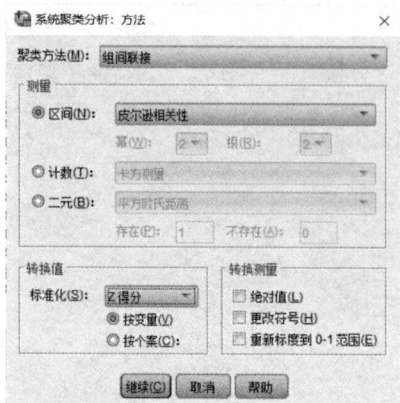

图 7-3-5

2．输出结果

（1）图 7-3-6 所示为个案处理摘要表，其中列出了有效个案数、缺失个案数及各自所占的百分比。

个案处理摘要

	个案					
	有效		缺失		总计	
个案数	百分比	个案数	百分比	个案数	百分比
40	100.0%	0	0.0%	40	100.0%

图 7-3-6

（2）图 7-3-7 为集中计划表，显示了系统聚类过程的详细步骤。

第 1 步，将指标 2（汞）和指标 5（铬）先聚为一类。

第 2 步，将指标 1（镉）和指标 6（铜）聚为一类，依次类推，直到全部指标被聚为一类。

集中计划

	组合聚类			首次出现聚类的阶段		
阶段	聚类 1	聚类 2	系数	聚类 1	聚类 2	下一个阶段
1	2	5	.319	0	0	4
2	1	6	.202	0	0	7
3	3	8	.177	0	0	4
4	2	3	.011	1	3	6
5	4	7	-.014	0	0	6
6	2	4	-.053	4	5	7
7	1	2	-.089	2	6	0

图 7-3-7

（3）图 7-3-8 为冰柱图，冰柱图横轴为要分析的指标（变量），纵轴是聚类的数目。冰柱图反映了聚类的过程，在具体解读时应从下往上看。例如，在图 7-3-8 中，上面有指标的横轴可被视作"屋檐"，以"屋檐冰柱"逐渐融合的现象反映"物以类聚"的具体过程和步骤。镉、汞、砷、铅、铬、铜、镍和锌

第 1 步，汞和铬合并。

第 2 步，铅和镍合并。

第 3 步，镉和铜合并。

第 4 步，砷和锌合并。

第 5 步，汞、铬与铅与镍合并。

第 6 步，汞、铬、铅、镍与砷、锌合并。

第 7 步，汞、铬、铅、镍、砷、锌与镉、铜合并。

图 7-3-9 所示为使用平均联接（组间）的谱系图，如果将指标分成两大类，则一类指标包括汞、铬、铅、镍、砷、锌，另一类指标包括镉、铜。如果将指标分成三大类，则第一类指标包括汞、铬、铅、镍，第二类指标包括砷、锌，第三类指标包括镉、铜。

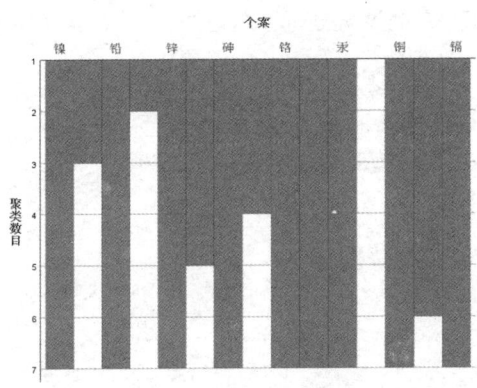

图 7-3-8

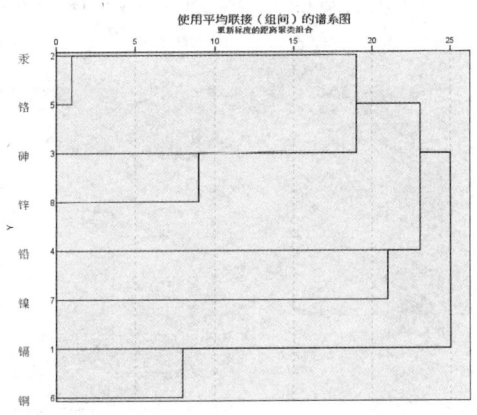

图 7-3-9

需要注意的是，聚类分析的结果并不是唯一的，即聚类分析的结果具有不确定性，我们可以根据实际情况对分类结果进行解释和分析。

7.4 二阶聚类

7.4.1 二阶聚类简介

二阶聚类会假设各个分析变量是相互独立的，连续变量服从正态分布，分类变量服从多

项式分布。它使用的距离度量方式有欧氏距离测度和似然距离测度两种。经验表明，参与分析的变量时常违反这些假设，但是二阶聚类能够很好地适应由此造成的干扰。

二阶聚类既可以输出判别聚类个数所使用的准则（AIC 或 BIC）和最终聚类的描述性统计信息等，也可以输出与聚类频数有关的饼图、条形图及变量重要性图等。

二阶聚类的优势如下。

- 能够同时处理分类变量和连续变量。
- 通过指定的判别准则，自动选择最优的聚类个数。
- 可以有效地分析大样本数据。
- 可以自行设置用于计算的内存容量。

7.4.2 二阶聚类案例：潮间带大型动物的群落结构

为了调查某近海区域潮间带大型动物的群落结构，研究人员按 4 个季节测定了 4 个近海断面的数据，共计 48 个样本，下面对这些样本进行二阶聚类。

1. 打开“二阶聚类”对话框

（1）打开案例文件“潮间带大型动物的群落.sav”，如图 7-4-1 所示（部分数据），单击“分析”→“分类”→“二阶聚类”命令，弹出“二阶聚类分析”对话框，如图 7-4-2 所示。

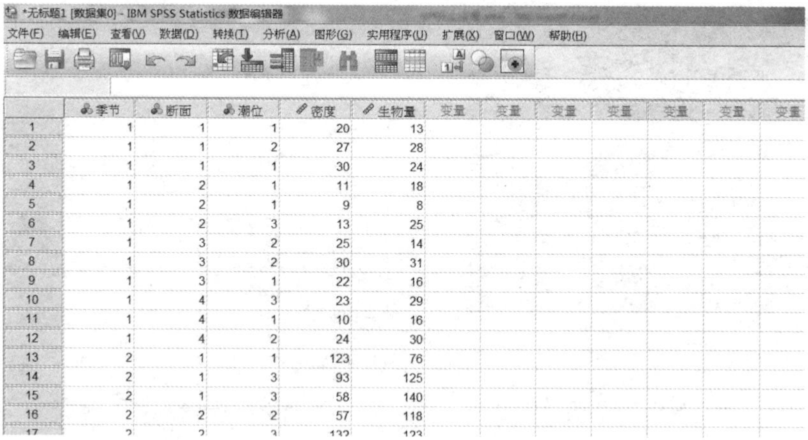

	季节	断面	潮位	密度	生物量
1	1	1	1	20	13
2	1	1	2	27	28
3	1	1	1	30	24
4	1	2	1	11	18
5	1	2	1	9	8
6	1	2	3	13	25
7	1	3	2	25	14
8	1	3	2	30	31
9	1	3	1	22	16
10	1	4	3	23	29
11	1	4	1	10	16
12	1	4	2	24	30
13	2	1	1	123	76
14	2	1	3	93	125
15	2	1	3	58	140
16	2	2	2	57	118

图 7-4-1

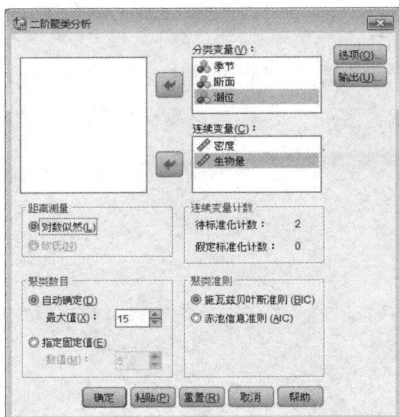

图 7-4-2

（2）将"季节""断面""潮位"放入"分类变量"列表框，将"密度""生物量"放入"连续变量"列表框，选中"对数似然"单选框，其他采用系统默认设置即可，单击"确定"按钮。

2．输出结果

（1）双击输出结果，激活"模型查看器"窗口，查看详细的分析结果，如图 7-4-3 所示。可见本案例被分为两类，刚好各占 50%，都是 24 例。

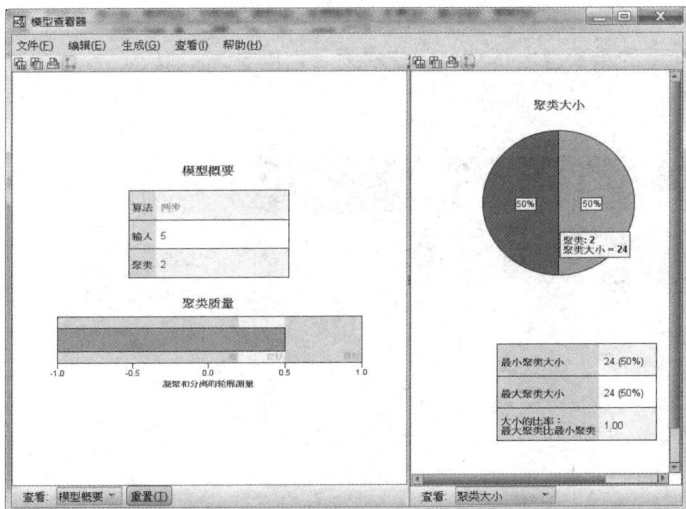

图 7-4-3

（2）单击图 7-4-3 中的"模型概要"下拉列表框，选择"聚类"选项，如图 7-4-4 所示，可以看到各变量的分布特征和这些变量在聚类分析中的重要性。5 个变量的重要程度从高到低依次为"密度" > "季节" > "生物量" > "潮位" > "断面"。

（3）单击图 7-4-4 中的任意一个变量，即可显示该变量在当前类别中的分布及该变量在总体中的分布，据此可以进行进一步的解释和讨论。图 7-4-5 是密度变量在分类 2 中的分布示意图。

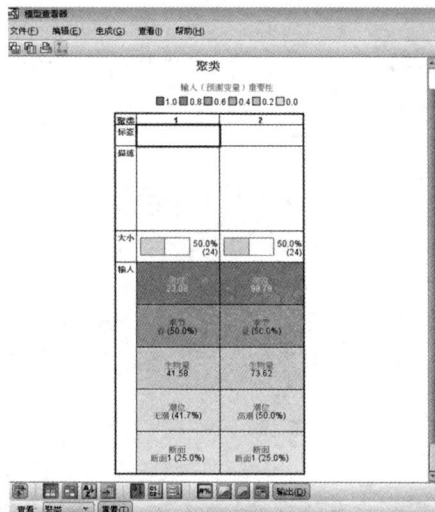

图 7-4-4

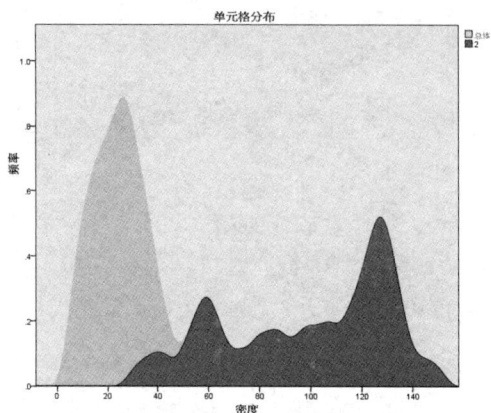

图 7-4-5

（4）单击图 7-4-3 中的"查看"下拉列表框，选择"预测变量的重要性"选项，显示如图 7-4-6 所示。此时 5 个变量的重要程度从高到低依次为"密度" > "季节" > "生物量" > "潮位" > "断面"。

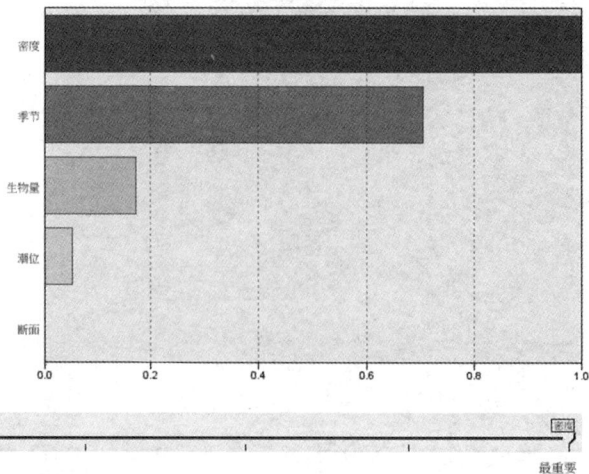

图 7-4-6

7.5 本章小结

　　本章介绍了聚类分析的概念、原理、类型和应用，并且介绍了 3 种聚类类型：K 均值聚类、系统聚类和二阶聚类，并详细介绍了它们的适用范围和具体操作步骤。读者既可以根据案例进行操作，也可以用自己收集的数据进行操作。注意，不同聚类分析的适用范围不同，操作步骤也不同。

第 8 章
建立分组预测模式：判别分析

8.1　Fisher 判别分析

　　判别分析产生于 20 世纪 30 年代，其原理为利用已知类别的样本总结出客观事物的分类规律，以此建立判别公式、判别准则和判别模型。判别分析是用来判断未知样本所属类别的一种方法。近年来，判别分析在自然科学、社会学及经济管理学中都有着广泛的应用。

8.1.1　Fisher 判别分析简介

　　Fisher（费希尔）判别分析是于 1936 年被提出的，其主要原理是将多维数据投影到某个方向上，将总体与总体之间尽可能地分开，然后选择合适的判别规则，对新的样品进行分类。它是以距离为判别准则来分类的，即样本与哪个类别的距离最短就分到哪类。

8.1.2　Fisher 判别分析案例：鸢尾花分类

　　Iris 鸢尾花数据集是一个经典数据集，在该数据集内包含 3 类共 150 条记录，每类各 50 条记录，每条记录都有 4 个特征：Sepal.Length（花萼长度）、Sepal.Width（花萼宽度）、Petal.Length（花瓣长度）和 Petal.Width（花瓣宽度）。我们通过这 4 个特征可以预测鸢尾花属于 iris-setosa、iris-versicolour 和 iris-virginica 中的哪一种。原始数据如图 8-1-1 所示。

	Sepal.Length	Sepal.Width	Petal.Length	Petal.Width	type
1	5.1	3.5	1.4	1
2	4.9	3.0	1.4	1
3	4.7	3.2	1.3	1
4	4.6	3.1	1.5	1
5	5.0	3.6	1.4	1
6	5.4	3.9	1.7	1
7	4.6	3.4	1.4	1
8	5.0	3.4	1.5	1
9	4.4	2.9	1.4	1
10	4.9	3.1	1.5	1
11	5.4	3.7	1.5	1
12	4.8	3.4	1.6	1

图 8-1-1

1．设置变量选项

如图 8-1-2 所示，打开案例文件 "iris.sav"，单击 "分析" → "分类" → "判别式" 命令，弹出 "判别分析" 对话框。将 "type" 放入 "分组变量" 列表框；将鸢尾花的 4 个尺寸变量放入 "自变量" 列表框，选中 "一起输入自变量" 单选框。如果需要对自变量进行筛选，则需要选中 "使用步进法" 单选框。在选中 "使用步进法" 单选框后，"方法" 按钮将被激活，进而可以选择距离计算的方式。单击 "定义范围" 按钮，弹出 "判别分析：定义范围" 对话框，将最小值为 1，最大值设为 3，因为在本案例中，鸢尾花的 3 个品种代码分别为 1、2、3。

2．设置统计选项

如图 8-1-3 所示，单击 "统计" 按钮，在弹出的 "判别分析：统计" 对话框中勾选 "未标准化" 复选框，单击 "继续" 按钮，回到 "判别分析" 对话框。

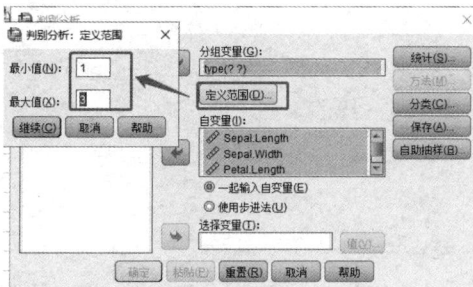

图 8-1-2

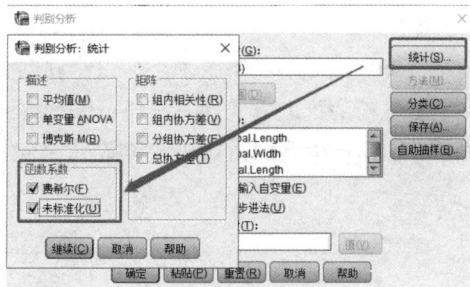

图 8-1-3

费希尔：给出的是 Bayes 线性判别函数的系数。注意，该选项给出的并不是费希尔判别函数的系数。该复选框的名称之所以命名为费希尔，是因为按判别函数值最大进行归类的思想是由 Fisher 提出来的。这里极易混淆，请读者注意辨别。

未标准化：给出未标准化的典型判别系数，即费希尔投影函数。SPSS 默认给出标准化的 Fisher 判别函数系数。

3．设置分类选项

单击图 8-1-3 中的"分类"按钮，弹出"判别分析：分类"对话框，如图 8-1-4 所示。"显示"选区中的内容是判别分析的结果表格，勾选"个案结果""摘要表""留一分类"复选框。在"图"选区中可供选择的图形有 3 种，这里勾选"合并组""领域图"复选框，单击"继续"按钮。"合并组"和"分组"的区别在于因变量的 3 个类型是放入一张图显示，还是分成三张图显示。

4．设置保存选项

单击图 8-1-3 中的"保存"按钮，弹出"判别分析：保存"对话框，如图 8-1-5 所示，勾选"预测组成员""判别得分""组成员概率"复选框，这样在分析结束后，会在数据中生成 3 个新的变量。单击"继续"按钮，回到"判别分析"对话框，单击"确定"按钮。

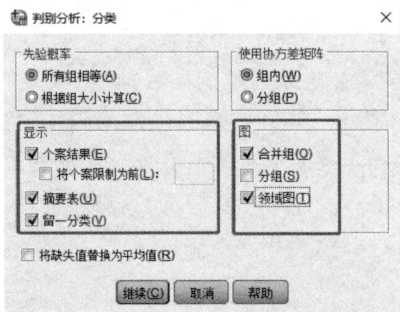

图 8-1-4

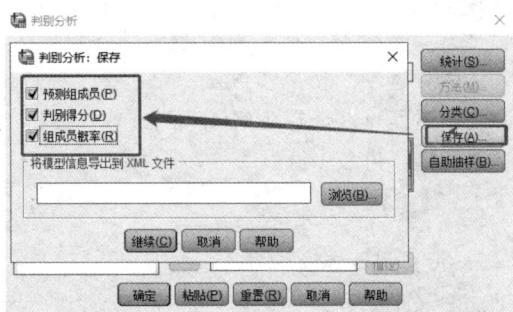

图 8-1-5

5．输出结果

（1）特征值表如图 8-1-6 所示，判别分析与因子分析的原理类似，判别函数的提取方式和因子分析的提取方式是一样的，因此解读方式也是一样的。在本案例中，只提取了两个判别函数，第一个判别函数能够解释 98.5% 的原始变量信息。

特征值

函数	特征值	方差百分比	累积百分比	典型相关性
1	37.819	98.5	98.5	.987
2	.567	1.5	100.0	.601

图 8-1-6

（2）威尔克 Lambda 表如图 8-1-7 所示。威尔克 Lambda 表为判别函数特征值显著性检验的结果，其原假设是各分组的均值向量相等，也就是说，不同分组之间的重心完全重合，无法进行判别区分。从威尔克 Lambda 表可知，3 个品种的鸢尾花的尺寸重心在判别函数 1 和判别函数 2 的坐标轴上没有重合（即显著性 $P=0.000$，小于 0.05），因此两个判别函数都有意义。

威尔克 Lambda

函数检验	威尔克 Lambda	卡方	自由度	显著性
1 直至 2	.016	597.697	8	.000
2	.638	65.325	3	.000

图 8-1-7

（3）标准化典则判别函数系数表如图 8-1-8 所示，由此可以了解各变量对判别函数的影响的大小，同时可以写出标准化的判别函数式。

（4）结构矩阵表如图 8-1-9 所示，这是判别得分与自变量间的相关系数。结果中用星号标出与两个判别函数相关性更大的自变量。由结果可知，判别函数 1 主要与花萼宽度和花瓣宽度相关，判别函数 2 主要与花萼长度和花瓣长度相关。由前面的特征值可知，判别函数 1 携带的自变量信息更多，因此可以推断出花瓣宽度变量在判别分析中起主要作用。

标准化典则判别函数系数

	函数	
	1	2
Sepal.Length	.586	.659
Sepal.Width	-.510	.106
Petal.Length	-.305	.735
Petal.Width	1.240	-.370

图 8-1-8

结构矩阵

	函数	
	1	2
Petal.Width	.651*	-.112
Sepal.Width	.206*	.148
Sepal.Length	.452	.704*
Petal.Length	-.106	.651*

判别变量与标准化典则判别函数之间的汇聚组内相关性
变量按函数内相关性的绝对大小排序。
*. 每个变量与任何判别函数之间的最大绝对相关性

图 8-1-9

（5）组质心处的函数表如图 8-1-10 所示，其中显示了 3 个鸢尾花品种在两个判别函数上的坐标。在获得 3 个鸢尾花品种的重心后，只需比较某个案离哪个重心距离更近，就将该个案判别为哪个类别。

组质心处的函数

type	函数	
	1	2
1.00	-8.131	.347
2.00	1.613	-1.035
3.00	6.518	.689

按组平均值进行求值的未标准化典则判别函数

图 8-1-10

（6）领域图如图 8-1-11 所示，两个判别函数构成了领域图的两个坐标轴，而 3 个鸢尾花品种的重心用星号表示。整个领域图被两条分界线分成了三部分，个案的判别得分处于哪一部分，该个案就属于哪个品种。

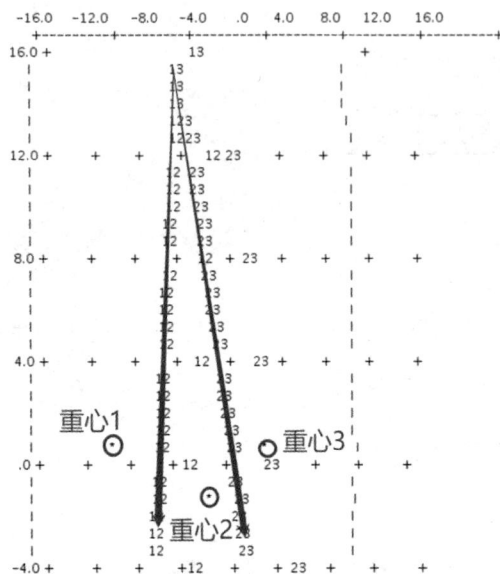

图 8-1-11

（7）判别函数的散点图如图 8-1-12 所示，可以看出，3 个鸢尾花品种在两个判别函数坐标系内被明显划分，效果较优。

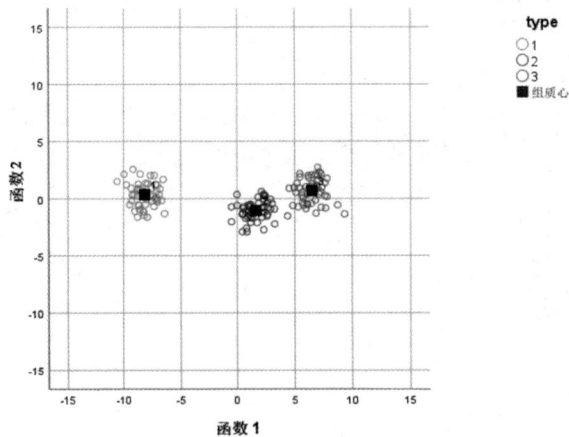

图 8-1-12

（8）分类结果表如图 8-1-13 所示，从结果可知，150 个个案均被正确分类，说明该判别分析可以用于预测。

分类结果[a,c]

		type	预测组成员信息 1.00	2.00	3.00	总计
原始	计数	1.00	50	0	0	50
		2.00	0	50	0	50
		3.00	0	0	50	50
	%	1.00	100.0	.0	.0	100.0
		2.00	.0	100.0	.0	100.0
		3.00	.0	.0	100.0	100.0
交叉验证[b]	计数	1.00	50	0	0	50
		2.00	0	50	0	50
		3.00	0	0	50	50
	%	1.00	100.0	.0	.0	100.0
		2.00	.0	100.0	.0	100.0
		3.00	.0	.0	100.0	100.0

a. 正确地对 100.0% 个原始已分组个案进行了分类。

b. 仅针对分析中的个案进行交叉验证。在交叉验证中，每个个案都由那些从该个案以外的所有个案派生的函数进行分类。

c. 正确地对 100.0% 个进行了交叉验证的已分组个案进行了分类。

图 8-1-13

8.2　Bayes 判别分析

8.2.1　Bayes 判别分析简介

Bayes 判别分析以概率为判别准则，使得每一类中的每一个样本都以最大概率进入该类。在分析过程中，给定一个 m 模式类$(\omega_1, \omega_2, \ldots, \omega_m)$的分类任务及各类在这 n 维特征空间的统计分布，要区分出待识别样本x属于这 m 类样本中的哪一类问题。Bayes 判别分析在理论和处理方法上均比 Fisher 判别分析更加完善，不仅能解决多类判别分析，而且在分析时也考虑了数据的分布状态，提高了判别分析的效能。

8.2.2　Bayes 判别分析案例：鸢尾花分类

1. 设置变量选项

如图 8-2-1 所示，打开案例文件"iris.sav"，单击"分析"→"分类"→"判别式"命令，弹出"判别分析"对话框。将"type"放入"分组变量"列表框，将鸢尾花的 4 个尺寸变量放入"自变量"列表框，选中"一起输入自变量"单选框。

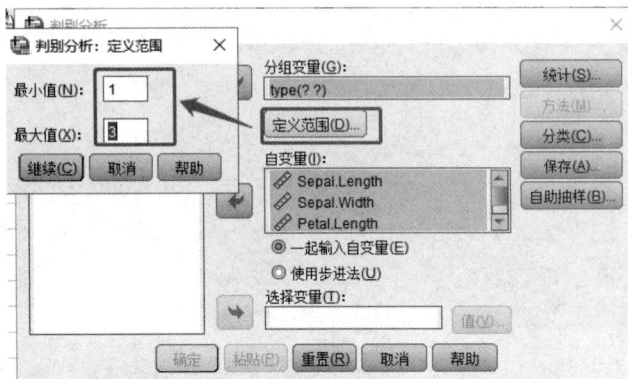

图 8-2-1

2．设置统计选项

如图 8-2-2 所示，单击"统计"按钮，弹出"判别分析：统计"对话框，勾选"费希尔"复选框，单击"继续"按钮，回到"判别分析"对话框。

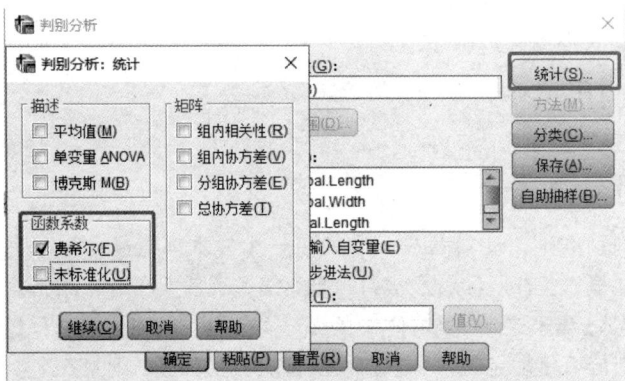

图 8-2-2

3．分类选项设置

在图 8-2-2 中，单击"分类"按钮，弹出"判别分析：分类"对话框，勾选"个案结果""摘要表""留一分类"复选框，如图 8-2-3 所示。单击"继续"按钮，回到"判别分析"对话框。

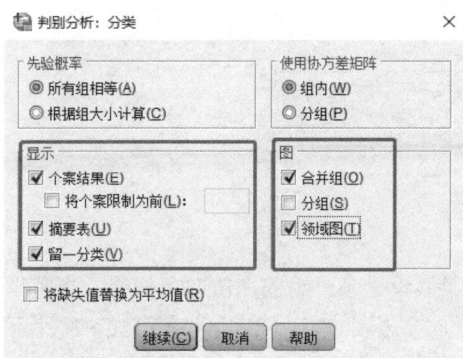

图 8-2-3

4. 保存选项设置

如图 8-2-4 所示，单击"保存"按钮，在弹出的"判别分析：保存"对话框勾选"预测组成员""判别得分""组成员概率"复选框，单击"继续"按钮，回到"判别分析"对话框，单击"确定"按钮，输出结果。

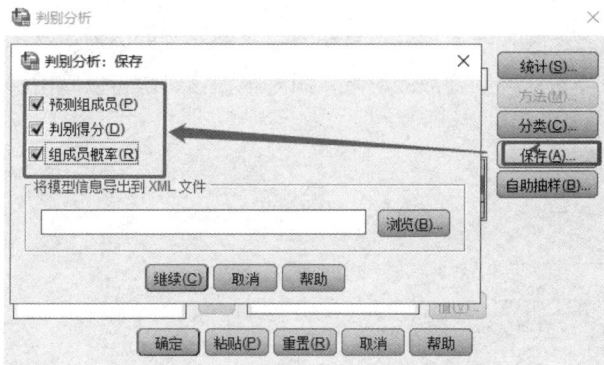

图 8-2-4

5. 输出结果

（1）特征值表如图 8-2-5 所示，判别分析与因子分析的原理类似，其提取方式均是对原始变量进行线性组合，因此对输出结果的解读也是一样的。特征值代表携带原始变量的信息量的大小，从特征值可以计算得到方差解释度（方差百分比）。在本案例中，只提取了两个判别函数，第一个判别函数能够解释 98.5% 的原始变量信息。

特征值

函数	特征值	方差百分比	累积百分比	典型相关性
1	37.819ᵃ	98.5	98.5	.987
2	.567ᵃ	1.5	100.0	.601

a. 在分析中使用了前 2 个典则判别函数。

图 8-2-5

（2）威尔克 Lambda 表如图 8-2-6 所示，原假设是各分组的均值向量相等，也就是说，不同分组之间的重心完全重合，无法进行判别区分。从威尔克 Lambda 表可知，3 个品种的鸢尾花的尺寸重心在判别函数 1 和判别函数 2 的坐标轴上没有重合（显著性为 0.000，小于 0.05），因此两个判别函数都有意义。

威尔克 **Lambda**

函数检验	威尔克 Lambda	卡方	自由度	显著性
1 直至 2	.016	597.697	8	.000
2	.638	65.325	3	.000

图 8-2-6

（3）标准化典则判别函数系数表如图 8-2-7 所示，其中显示了两个判别函数由各个变量组成的标准化系数，由此可以了解变量对判别函数的影响，同时根据该影响可以写出标准化的判别函数式。

标准化典则判别函数系数

	函数	
	1	2
Sepal.Length	.586	.659
Sepal.Width	-.510	.106
Petal.Length	-.305	.735
Petal.Width	1.240	-.370

图 8-2-7

（4）结构矩阵表如图 8-2-8 所示。星号表示为与两个判别函数相关性更大的自变量。判别函数 1 主要与花萼宽度和花瓣宽度相关，判别函数 2 主要与花萼长度和花瓣长度相关。由前面的特征根可知，判别函数 1 携带的自变量信息更多，因此可以推断花瓣宽度这个变量在判别分析中起主要作用。

（5）组质心处的函数表如图 8-2-9 所示，该表中列出了 3 个鸢尾花品种在两个判别函数上的坐标。前面的判别函数检验是检验 3 个鸢尾花品种在两个判别函数上的取值是否相等。在获得 3 个鸢尾花品种的重心后，只需比较个案离哪个重心距离更近，就将该个案判别为哪个类别。

结构矩阵

	函数	
	1	2
Petal.Width	.651*	-.112
Sepal.Width	.206*	.148
Sepal.Length	.452	.704*
Petal.Length	-.106	.651*

判别变量与标准化典则判别函数之间的汇聚组内相关性
变量按函数内相关性的绝对大小排序。

*. 每个变量与任何判别函数之间的最大绝对相关性

图 8-2-8

组质心处的函数

	函数	
type	1	2
1.00	-8.131	.347
2.00	1.613	-1.035
3.00	6.518	.689

按组平均值进行求值的未标准化典则判别函数

图 8-2-9

（6）领域图如图 8-2-10 所示，两个判别函数构成了领域图的两个坐标轴，3 个鸢尾花品种的重心用星号表示。整个领域图被两条分界线分成了三部分，个案的判别得分处于哪一部分，该个案就属于哪个品种。

（7）判别函数的散点图如图 8-2-11 所示，可以看出，3 个品种的鸢尾花在两个判别函数坐标系内被明显划分，效果很不错。

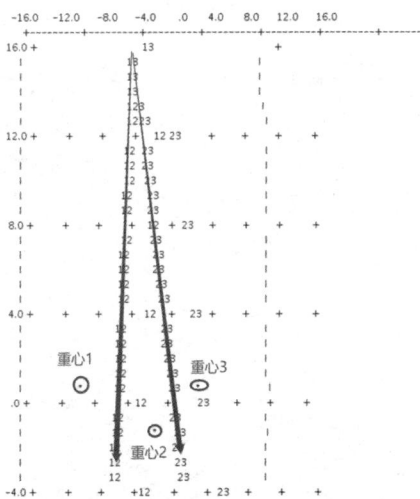

图 8-2-10

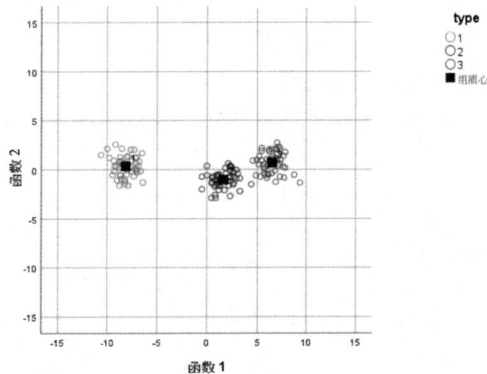

图 8-2-11

（8）分类结果表如图 8-2-12 所示，从结果可知，150 个个案均被正确分类。而使用"留一分类"方法得到的结果是 150 个个案都被正确判断，说明该判别分析可以用于预测。

分类结果[a,c]

		type	预测组成员信息			总计
			1.00	2.00	3.00	
原始	计数	1.00	50	0	0	50
		2.00	0	50	0	50
		3.00	0	0	50	50
	%	1.00	100.0	.0	.0	100.0
		2.00	.0	100.0	.0	100.0
		3.00	.0	.0	100.0	100.0
交叉验证[b]	计数	1.00	50	0	0	50
		2.00	0	50	0	50
		3.00	0	0	50	50
	%	1.00	100.0	.0	.0	100.0
		2.00	.0	100.0	.0	100.0
		3.00	.0	.0	100.0	100.0

a．正确地对 100.0% 个原始已分组个案进行了分类。

b．仅针对分析中的个案进行交叉验证。在交叉验证中，每个个案都由那些从该个案以外的所有个案派生的函数进行分类。

c．正确地对 100.0% 个进行了交叉验证的已分组个案进行了分类。

图 8-2-12

8.3　本章小结

　　Fisher 判别分析的缺点是随着总体变量个数的增加，判别式也将增加，因此计算起来比较麻烦。Bayes 判别分析对多个总体的判别考虑的不是建立判别式，而是计算新样本属于各总体的概率，并将新样本判给概率最大的总体。一般来说，用 Fisher 判别分析即可。如果考虑概率及误判损失最小，则可以选择用 Bayes 判别分析。在解决实际问题时，如果涉及变量较多，则一般先筛选出有统计意义的变量，再结合实际情况选择判别方法。

9.1 决策树简介

决策树是迄今发展最为成熟的一种算法，它具有分类精度高、生成的模式简单和对噪声数据有很好的稳健性等优点，因而是目前应用最为广泛的归纳推理算法之一。

决策树产生于 20 世纪 60 年代，是由 Hunt 等人在研究人类概念建模时建立的概念学习系统（Concept Learning System，CLS）。

20 世纪 70 年代末，J.Ross Quinlan 提出了 ID3 算法，此算法的目的在于减少树的深度，但是忽略了对叶子数目的研究。

1975 年和 1984 年，分别有人提出了 CHAID（Chi-squared Automatic Interaction Detection）算法和 CART（Classification and Regression Tree）算法（又称为 BFOS 算法）。

1986 年，J. C. Schlimmer 提出了 ID4 算法。

1988 年，P. E. Utgoff 提出了 ID5R 算法。

1993 年，Quinlan 以 ID3 算法为基础研究出了 C4.5 算法和 C5.0 算法。C4.5 算法在 ID3 算法的基础上，对预测变量的缺失值处理、剪枝技术和派生规则等做了较大的改进，既适用于分类问题，也适用于回归问题。

9.2 C4.5 算法

C4.5 算法是 ID3 算法的一种改进。ID3 算法是决策树的一个经典构造算法，在一段时期内曾是同类研究工作的标杆，但是在应用一段时间后，ID3 算法暴露出许多问题，具体如下。

- 信息增益的计算依赖于特征数较多的特征，而属性取值最多并不一定最优。
- ID3 算法是非递增算法。
- ID3 算法是单变量决策树（在分支节点上只考虑单个属性），对复杂的概念表达困难，属性相互关系强调不够，容易导致在决策树中重复出现子树，或有些属性在决策树的某一路径上被检验多次。
- 抗噪性差，在训练中正例和反例的比例难以控制。

基于以上种种问题，Quinlan 提出了 ID3 算法的改进算法——C4.5 算法。C4.5 算法继承了 ID3 算法的优点，并在以下几方面对 ID3 算法进行了改进。

- 用信息增益率选择属性，克服了在用信息增益选择属性时偏向选择取值多的属性的不足。
- 在树构造过程中进行剪枝。
- 能够完成对连续属性的离散化处理。
- 能够对不完整的数据进行处理。
- 不仅可以处理离散描述属性，还可以处理连续描述属性。

C4.5 算法的优点是产生的分类规则易于理解，准确率较高。缺点是在构造树的过程中，需要对数据集进行多次的顺序扫描和排序，因而较为低效。

此外，C4.5 算法只适用于能够存储在内存中的数据集，当训练集大到无法在内存中存储时，程序无法运行。

9.2.1　构造决策树

在构造决策树时，输入的是一组带有类别标记的训练数据集，构造的结果是一棵二叉树或多叉树。二叉树的内部节点（非叶子节点）一般表示为一个逻辑判断，如形式为 $a=a_j$ 的逻辑判断。其中，a 是属性，a_j 是该属性的所有取值。树的边是逻辑判断的分支结果，多叉树（基于 ID3 算法）的内部节点是属性，边是该属性的所有取值，有几个属性值就有几条边，树的叶子节点是类别标记。

当数据表示不当、有噪声或者有重复的子树时会导致构造的决策树过大，因此，简化决策树是一个不可或缺的环节。寻找一棵最优决策树，主要应解决以下 3 个最优化问题。

（1）生成最少数目的叶子节点。

（2）生成的每个叶子节点的深度最小。

（3）生成的决策树叶子节点数最少且每个叶子节点的深度最小。

决策树的分类过程就是把训练集划分为越来越小的子集的过程。理想的结果是决策树的叶子节点的样本都有同类标记，这时，决策树的分支就应该停止了，因为所有的类别都已经被分开了。

9.2.2 决策树剪枝

树一旦生成，便进入第二阶段——剪枝。在实际应用 C4.5 算法构造决策树时，剪枝是必须进行的操作，其原则是正确、准确、高效。

1. 预剪枝

剪枝可以分为两种：预剪枝（Pre-Pruning）和后剪枝（Post-Pruning）。预剪枝是在构建决策树的同时进行剪枝工作，当发现分类有偏差时就及早停止，一旦停止，该节点就成为叶子节点。

预剪枝的方法有很多，具体如下。

- 提前设定决策树的高度，当达到这个高度时，就停止决策树的生长。
- 当某个节点的实例具有相同的特征向量时，就停止决策树的生长。
- 提前设定某个阈值，当某个节点的样例个数小于该阈值时，就停止决策树的生长。这种方法的缺点是对数据量的要求较大，无法处理数据量较小的训练样例。
- 同样是提前设定某个阈值，但每次在扩展决策树后都计算该阈值对系统性能的增益。如果小于该阈值，就停止决策树的生长。

预剪枝的显著缺点是视野效果。因为剪枝是伴随着构建决策树同时进行的，构建者无法预知下一步可能会发生的事情。在相同的标准下，有时由于当前决策树不能满足最开始的构建要求，构建者进行了剪枝，但实际上在进一步构建后，决策树又满足了要求，在这种情况下，预剪枝会过早停止决策树的生长。也就是说，有些分支的当前划分虽然不能提升泛化性能，甚至可能导致泛化性能暂时下降，但在其基础上进行的后续划分却有可能显著提高泛化性能。C4.5 算法通常选择用后剪枝的方法消除决策树的过拟合。

2. 后剪枝

后剪枝是人们普遍关注的决策树剪枝策略。与预剪枝相反，后剪枝的执行步骤是先构造完整的决策树，再通过某些条件遍历树并进行剪枝。其主要思路是通过删除节点的分支并用叶子节点替换，即剪去完全成长的树的子树。而这个节点所标识的类别通过大多数原则确定（即删除一些子树，用叶子节点代替。这个叶子节点所表示的类别用这棵子树中的大多数训练样本的所属类别进行标识），其类别被称为 Majority Class。

目前常用的后剪枝算法有 4 种：悲观错误剪枝（Pessimistic Error Pruning，PEP）算法、最小错误剪枝（Minimum Error Pruning，MEP）算法、基于错误剪枝（Error-Based Pruning，EBP）算法和代价复杂度剪枝（Cost-Complexity Pruning，CCP）算法。C4.5 算法采用悲观错误剪枝算法，所以本节重点介绍这一算法的工作原理，对其他 3 种算法只作简单介绍。

在介绍剪枝算法之前，首先对接下来可能会出现的符号进行解释。

$T_{\max}$：由 C4.5 算法生成的未剪枝的完全决策树。

T_t：以内部节点 t 为根的子树。

$n(t)$：达到节点 t 的所有样本数目。

$n_i(t)$：达到节点 t 且属于第 i 类的样本数目。

$e(t)$：达到节点 t 但不属于节点 t 所标识的类别的样本数目。

$r(t)$：错分样本率，其值为 $e(t)/n(t)$。

悲观错误剪枝算法

悲观错误剪枝（PEP）算法是 Quinlan 于 1987 年提出的，通过比较剪枝前和剪枝后的错分样本率来判断是否进行剪枝。需要明确的是，利用 C4.5 算法或其他算法构建出来的决策树在对不同测试集进行分类时，错分样本率并不相同。之所以剪枝，是避免过拟合或者决策树太过庞大带来的可能产生冗余的工作量，而并非为了降低错分样本率。

此外，需要注意的是，悲观错误剪枝算法的特点是不需要独立的剪枝集，而是既使用训练集生成决策树，又使用它进行剪枝，类似于用 A 来验证 A，因此，产生的错分样本率 $r(t)$ 会偏向于训练集——或者说对准确率的评估"过于乐观"，无法得到最优的剪枝树。为此，需要加上一个惩罚来调节从训练集得到的错误率。Quinlan 选择引入一个基于二项分布的连续校正公式，对在训练集中产生的错分样本率进行校正，连续校正后的错分样本率为 $r'(t) = [e(t) + 0.5]/n(t)$。简单起见，接下来将采用错分样本数进行讲解。

经过连续较正之后，对节点 t 进行剪枝产生的错分样本数为 $e'(t) = e(t) + 1/2$；非剪枝的错分样本数为 $e'(T_t) = \sum[e(s) + 0.5]$。其中，$s \in \{T_t$ 子树的所有叶子节点$\}$。进一步，由于误差可近似看成是二项式分布，根据 $u = np$，$\sigma^2 = npq$，可引入子树 T_t 的服从二项式分布的标准差，即 $\mathrm{SE}(e'(T_t)) = [e'(T_t) \cdot (n(t) - e(T_t))/n(t)]^{1/2}$。引入标准差的原因是，我们目前所求的错分样本数只是该训练集在这个决策树模型下的错分样本数，并不是决策树的错分数——我们所做的只是利用某一个或某几个训练集产生的错分样本数对整体进行估计，最终得到错分样本数在某一置信水平下的置信区间。我们是根据剪枝之后的新的错分样本数是否满足我们对错分样本数范围的要求来判断是否进行剪枝。

基于上述思想，我们可以获得根据训练集兼剪枝集估计的错分样本数的置信区间上限为 $e'(T_t) + \mathrm{SE}(e'(T_t))$。PEP 算法采用自顶向下的顺序遍历完全决策树 $T_{\max}$，对每个内部节点 t 都注意比较其 $e'(t)$ 与 $e'(T_t) + \mathrm{SE}(e'(T_t))$ 两者间的大小，如满足 $e'(t) \leqslant e'(T_t) + \mathrm{SE}(e'(T_t))$，就进行剪枝——删除以 t 为根节点的子树，用一个叶子节点代替。

PEP 算法存在一些局限性，但是在实际应用中 PEP 算法表现出了较高的精度。此外，PEP 算法不需要分离训练集合和验证集合，对于数据量较少的情况十分有利。而且，因为在剪枝过程中，树中的每棵子树最多被访问一次，即使是在最坏的情况下，它的计算时间复杂度也只与非剪枝树的非叶子节点数目呈线性关系，与其他算法相比，效率更高。

最小错误剪枝算法

最小错误剪枝（MEP）算法是 Niblett 与 Bratko 于 1986 年提出的。它利用拉普拉斯（Laplace）概率估计来提高 ID3 算法在噪声域中的性能。

基于错误剪枝算法

基于错误剪枝（EBP）算法可以被认为是对 PEP 算法的改进。在剪枝过程中，EBP 算法无须专用的剪枝集，同样将训练集用于生成决策树及修剪决策树。

EBP 算法与 PEP 算法的不同之处是，EBP 算法是自底向上进行剪枝的，大致可以分为 3 步。

第 1 步，计算叶子节点的错分样本率估计的置信区间的上限。

第 2 步，计算叶子节点的预测错分样本数。

第 3 步，判断是否剪枝及如何剪枝——分别计算 3 种预测错分样本数。

（1）计算以节点 t 为根的子树 T_t 的所有叶子节点的预测错分样本数之和，记为 E_1。

（2）计算子树 T_t 被剪枝并以叶子节点代替时的预测错分样本数，记为 E_2。

（3）计算子树 T_t 的最大分支的预测错分样本数，记为 E_3。

对这 3 个值进行比较：当 E_2 最小时，把子树 T_t 剪掉并用一个叶子节点替代；当 E_3 最小时，采用"嫁接"策略，即用这个最大分支替代子树 T_t；当 E_1 最小时，不进行剪枝。

代价复杂度剪枝算法

在 Breimen 等人开发的 CART 系统中可实现代价复杂度剪枝（CCP）算法，本文仅作简单说明。

CCP 算法定义了代价和复杂度，以及一个可以由我们自己设置的衡量代价与复杂度之间的关系参数 α，$\alpha = \left[R(t) - R(T_t) \right] / \left(|N_t| - 1 \right)$。其中，$R(t)$ 是子树 T_t 被剪枝并用叶子节点替换后产生的错误样本数，$R(T_t)$ 表示没有被剪枝时的错误样本数。

CCP 算法的主要步骤是对完全决策树的每个非叶子节点计算 α 值，剪掉具有最小 α 值的子树，直到只剩下根节点，在这一步骤中可以得到一系列的剪枝树。之后用新的剪枝集对上一步骤中的各个剪枝树进行评估，并找出最佳剪枝树作为结果。

9.3 SPSS Modeler 的 C5.0 算法实现

9.3.1 SPSS Modeler 简介

SPSS Modeler 的原名是 Clementine，是业界领先的数据挖掘平台。SPSS Modeler 以图形

化的界面、简单的拖曳方式来快速构建数据挖掘分析模型而著称，它包括了来自统计学、机器学习、人工智能等方面的分析算法和数据模型，如关联、分类、预测等完整的统计挖掘分析功能。

在 SPSS Statistics 中，只能选择 ID3 算法、CART 算法和 CHAID 算法，而在 SPSS Modeler 中，我们可以建立 C5.0 决策树（C5.0 算法的分类规则与 C4.5 算法相同，只是在执行效率和内存使用上有所改进，适用于大数据集）。

9.3.2　C5.0 算法分析案例：患者用药策略

本节我们引用名为"DRUG1n"的数据文件，这是关于身患同一疾病的一组患者的数据。在治疗过程中，每位患者均对 5 种药物中的一种有明显反应。下面我们通过数据挖掘找出适用于患有此疾病患者的药物。数据样本共有 200 个，拟按照训练集与测试集 7∶3 的比例进行划分，即有 140 个样本用于建立模型，有 60 个样本用于测试模型，原始数据如图 9-3-1 所示。为了防止过拟合，在有监督机器学习中通常会对样本进行拆分，一般为 7∶3 或 4∶3∶3，实际数据在分割时按随机种子的不同会有细微调整。

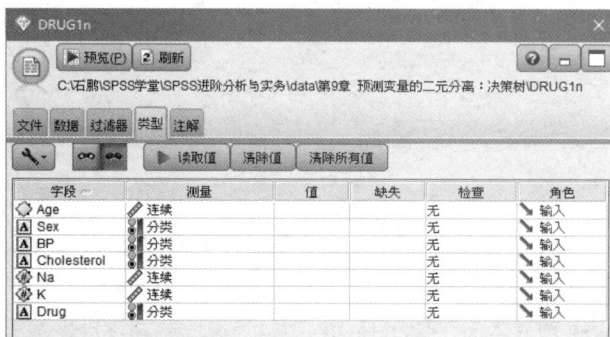

图 9-3-1

本节使用的软件版本为 SPSS Modeler 18.0。具体操作如下。

1．读取文本数据

如图 9-3-2 所示，新建空白流，单击"收藏夹"或"源"选项卡中的"变量文件"节点，将其拖到空白处，然后双击新添加的节点，弹出"变量文件"对话框。

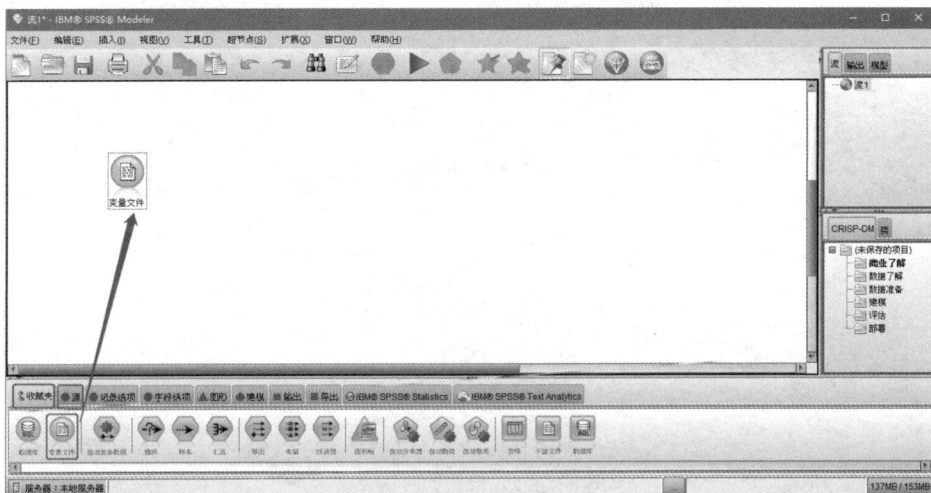

图 9-3-2

如图 9-3-3 所示，单击"文件"框右侧的"..."按钮，在弹出的"打开"对话框中选择 DRUG1n 文件。勾选"从文件中读取字段名"复选框。注意，DRUG1n 文件已加载此对话框中的字段和值。

图 9-3-3

单击图 9-3-4 所示的"数据"选项卡，指定覆盖或更改某个字段的存储。

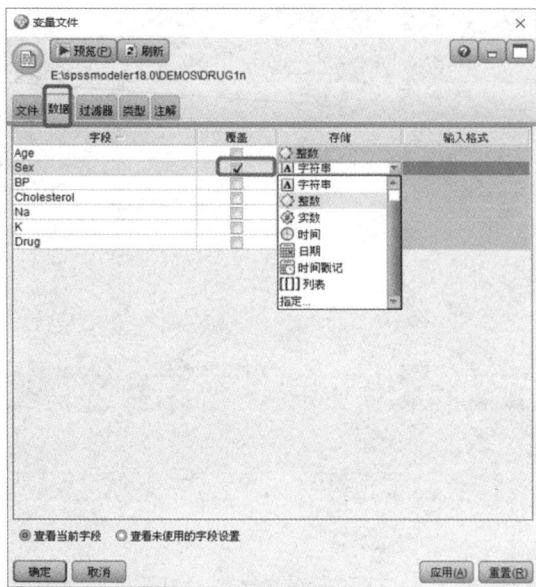

图 9-3-4

2. 数据审核

先单击"DRUG1n"按钮，再双击下方"输出"选项卡中的"数据审核"按钮，如图 9-3-5 所示。画布上会出现与"DRUG1n"节点连接的"7 字段"节点。

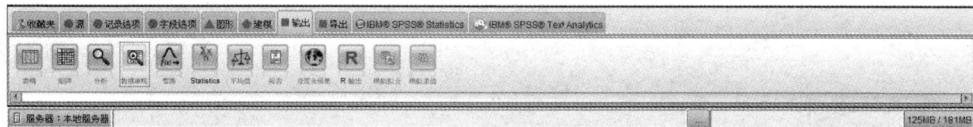

图 9-3-5

双击"7 字段"节点，在弹出的对话框中单击"运行"按钮，如图 9-3-6 所示。

输出结果如图 9-3-7 和图 9-3-8 所示，分别为对统计量的描述，以及对缺失值和离群点的审核。本案例数据无离群点。

SPSS 进阶分析与实务

146

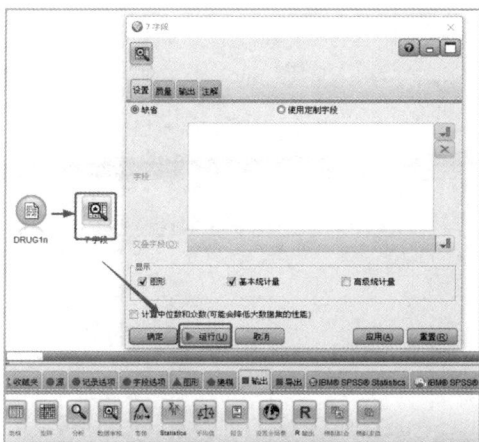

图 9-3-6

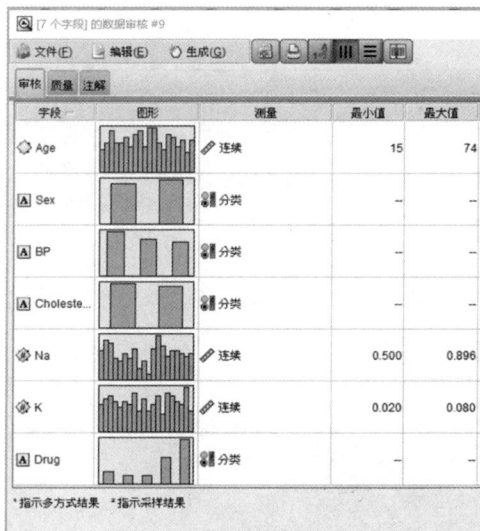

图 9-3-7

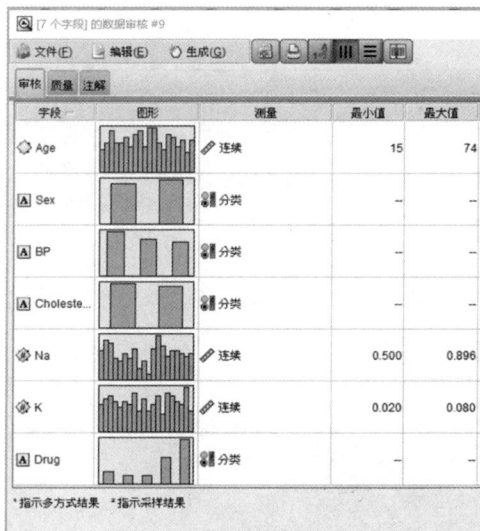

图 9-3-8

3. 数据分区

分割训练集和测试集。如图 9-3-9 所示，双击"字段选项"选项卡中的"分区"按钮，生成"分区"节点。

图 9-3-9

双击画布中的"分区"节点，在弹出的"分区"对话框中设置训练集和测试集的比例。设置完成后，单击"确定"按钮即可完成对数据的分割，如图 9-3-10 所示。

图 9-3-10

4．数据规整

如图 9-3-11 所示，双击"字段选项"选项卡中的"类型"按钮，生成"类型"节点。

图 9-3-11

双击"类型"节点，在弹出的"类型"对话框中可以看到数据中的更多字段类型。单击"读取值"按钮可以查看各个字段的实际值。"角色"列可以区分因变量与自变量，此处我们将因变量的角色设置为"目标"，如图 9-3-12 所示。

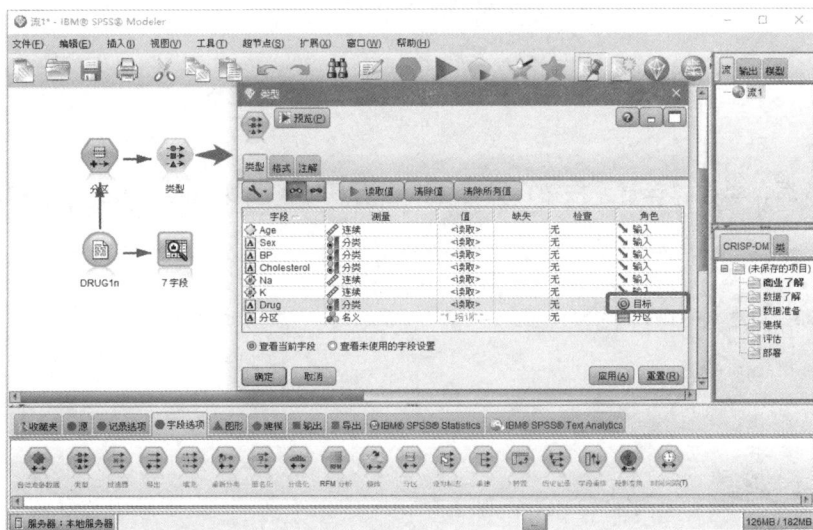

图 9-3-12

5．建模

下面正式进入建模阶段，双击"建模"选项卡中的"C5.0"按钮，如图 9-3-13 所示，即可生成"C5.0"决策树建模节点。

图 9-3-13

双击"C5.0"决策树建模节点，在弹出的"Drug"对话框中设置参数。如果要设置剪枝，则单击"模型"选项卡，选中"专家"单选框，再进行相应的参数设置即可。这里使用默认参数，如图 9-3-14 所示。

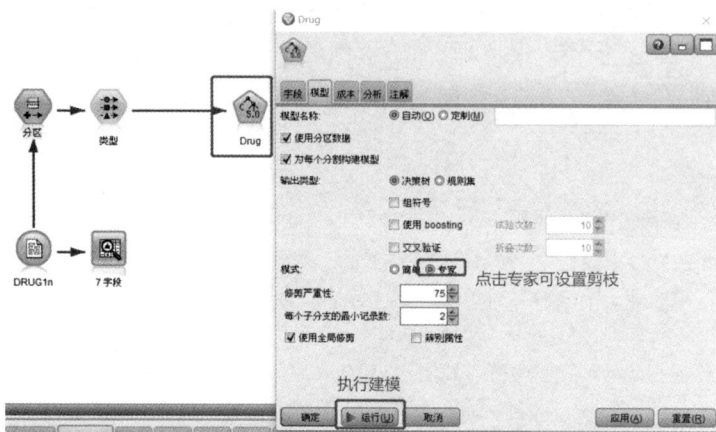

图 9-3-14

在设置参数后，单击"运行"按钮，即可生成含有具体模型规则的"Drug"节点，如图 9-3-15 所示。

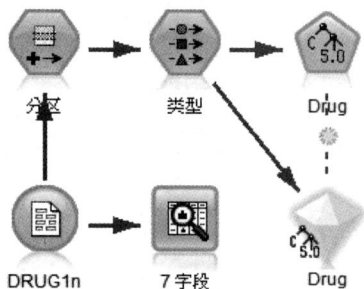

图 9-3-15

双击"Drug"节点，在弹出的"Drug"对话框中单击"模型"选项卡，可以看到具体的规则和预测变量重要性的排序图，如图 9-3-16 所示。

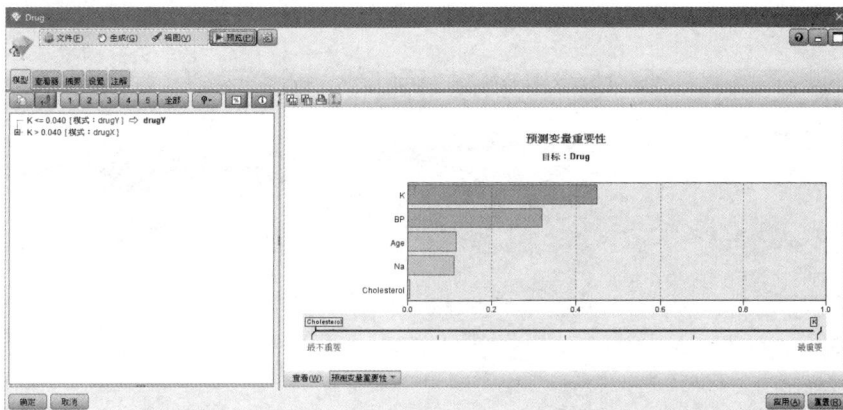

图 9-3-16

单击规则前面的小"+"号，可以查看具体规则，如图 9-3-17 所示。

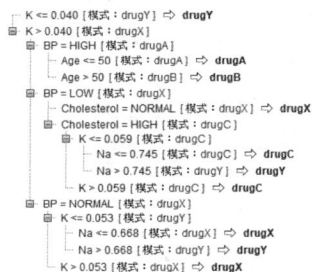

图 9-3-17

单击图 9-3-16 中的"查看器"选项卡，可以看到具体的决策树图形，如图 9-3-18 所示。

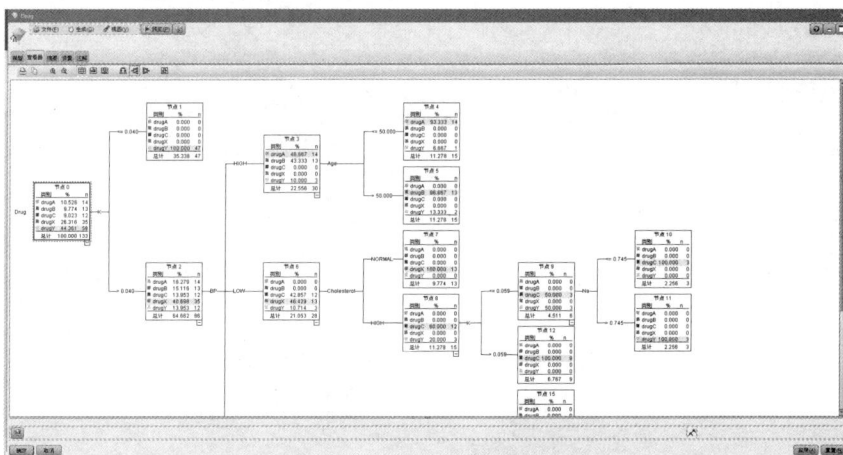

图 9-3-18

6. 模型评估

单击图 9-3-13 "输出"选项卡中的"分析"按钮，可以生成"分析"节点，如图 9-3-19 所示。

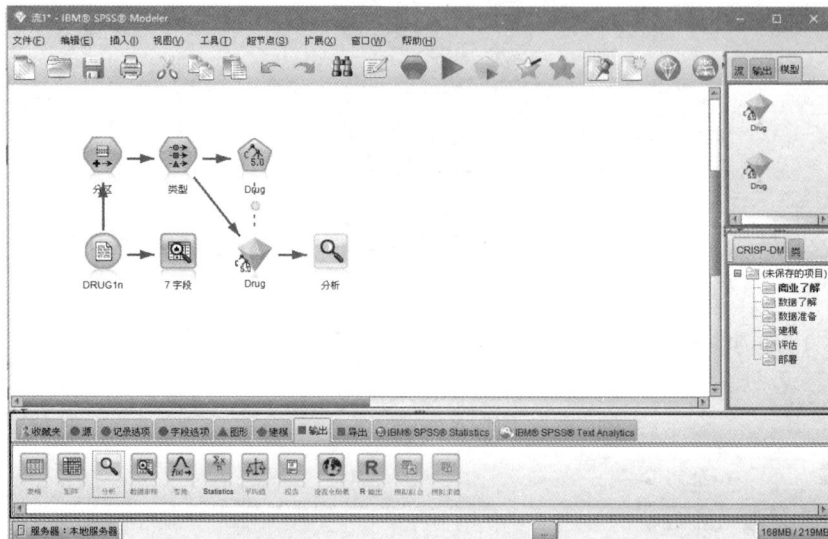

图 9-3-19

双击"分析"节点，在弹出的如图 9-3-20 所示的"分析"对话框中可以自行选择分析指标。单击"运行"按钮，在弹出的如图 9-3-21 所示的"Drug 的分析#1"对话框中，单击"分析"选项卡，此时显示的便是对模型准确性的评估。

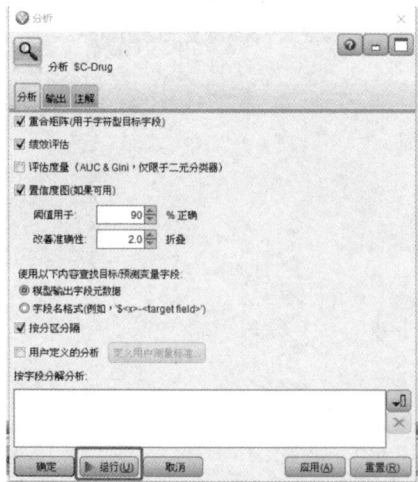

图 9-3-20

图 9-3-21

SPSS 进阶分析与实务

7．结果分析

数据集的划分情况如图 9-3-22 所示，培训集准确率为 97.74%，测试集准确率为 82.09%。

"分区"	1_培训		2_测试	
正确	130	97.74%	55	82.09%
错误	3	2.26%	12	17.91%
总计	133		67	

9-3-22

通过图 9-3-23 可以看出，重要性最强的特征为 K，其次是 BP 和 Age，再次是 Na，Cholesterol 是重要性最弱的特征。

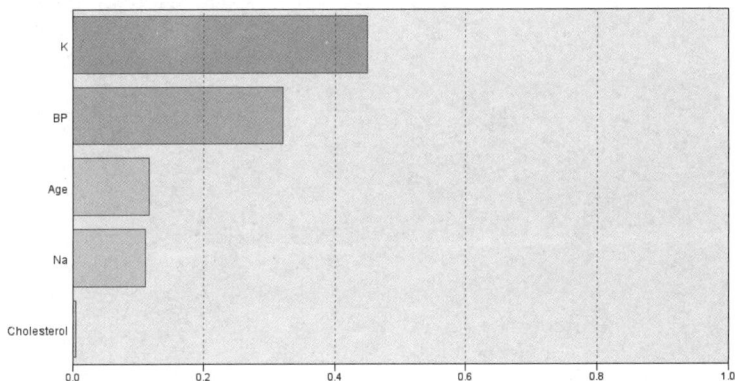

图 9-3-23

从图 9-3-24 中可以看出具体决策流程和分类规则，越处于上游的分支节点，重要性越强。

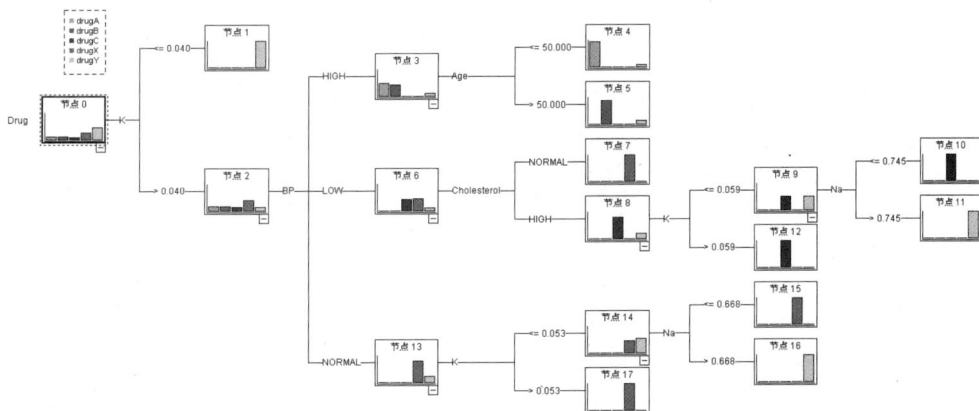

图 9-3-24

9.4 本章小结

决策树算法具有分类精度高、生成的模式简单和对噪声数据有很好的稳健性等优点，因而是目前应用最为广泛的归纳推理算法之一，在数据挖掘中受到研究者的广泛关注。C4.5 算法采用信息增益率作为选择分支属性的标准，既能够对连续属性进行离散化处理，也能够对不完整数据进行处理，因此已成为最常用的决策树算法之一，被广泛应用于经济、工业、医疗和农业等各个领域。但是 C4.5 算法仍有较多不足，很多研究学者致力于对 C4.5 算法进行改进，在未来的研究学习过程中，我们将有机会学习到更高效、更简洁的决策树分类算法。

第 10 章
自适应、自学习：神经网络

10.1　神经网络简介

人工神经网络（Artificial Neural Network，ANN）是一种模仿生物神经网络结构和功能的数学模型（计算模型），简称神经网络。神经网络作为一门信息处理科学，是对人脑若干基本特性的抽象和模拟。它是以人的大脑工作模式为基础，研究自适应及非程序的信息处理方法。神经网络的特点是通过网络中大量神经元的作用来体现它自身的处理功能，从模拟人脑的结构和单个神经元功能出发，达到模拟人脑处理信息的目的。

神经网络具有广阔的应用领域和发展前景，其应用领域主要有信息领域、自动化领域、工程领域和经济领域等。虽然其自身仍存在诸多缺点，但它仍是当今人们研究的热点方向。在现实场景中，反向神经网络的应用更为广泛，它具有神经网络的基本特征。

10.2　神经网络模型

人工神经元模型模拟了生物神经元的功能和结构，是对生物神经元的形式化描述。作为神经网络的基本处理单元，人工神经元的功能是：对每个输入的信号进行处理，以确定其强度（加权）、所有输入信号的组合效果（求和），以及输出（转移特性）。通常来说，它是一个多输入/单输出的非线性器件。

设神经元 j 的输入向量为 $\boldsymbol{X_i} = (x_1, x_2, ..., x_n)^{\mathrm{T}}$，$\boldsymbol{X_i}$（$i=1,2,3,\cdots,n$）表示第 i 个神经元输入，是神经元 j 的多个输入之一，n 表示输入神经元的个数。输入神经元节点连接到神经元节点 j 的加权向量为 $W_j = (w_{1j}, w_{2j}, ..., w_{nj})^{\mathrm{T}}$，$W_{ij}$（$i=1,2,3,\cdots,n$）表示从输入神经元节点 i 到节点 j 的加权值（神经元节点 i 与神经元节点 j 的连接强度），μ_i 是由输入信号线性组合后的

输出，是神经元 i 的净输入。θ_i 为神经元的阈值，v_i 为经偏差调整后的值，又称为神经元的局部感应区。

$$u_i = \sum_{i=1}^{n} w_{ij} x_j \qquad (10.1)$$

$$v_i = \mu_i + \theta_i \qquad (10.2)$$

$f(x)$ 是激励函数，模拟的是生物神经元在接受一定的刺激之后会产生兴奋信号，如果刺激不够，则神经元保持抑制状态的这种现象。y_i 是神经元 i 的输出。

$$y_i = f\left(\sum_{i=1}^{n} w_{ij} x_j + \theta_i\right) \qquad (10.3)$$

10.2.1 激励函数表达方式

1. Sigmoid 函数

Sigmoid 函数有两种：单极性 Sigmoid 函数和双极性 Sigmoid 函数。

单极性 Sigmoid 函数：

$$f(x) = \frac{1}{1 + e^{-x}} \qquad (10.4)$$

其图像如图 10-2-1 所示。

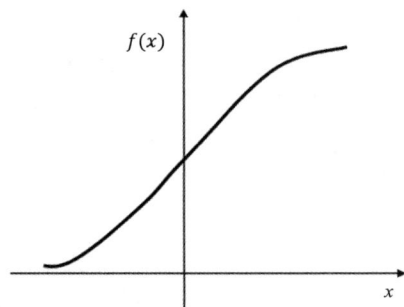

图 10-2-1

双极性 Sigmoid 函数：

$$f(x) = \frac{1 - e^{-x}}{1 + e^{-x}} \qquad (10.5)$$

其图像如图 10-2-2 所示。

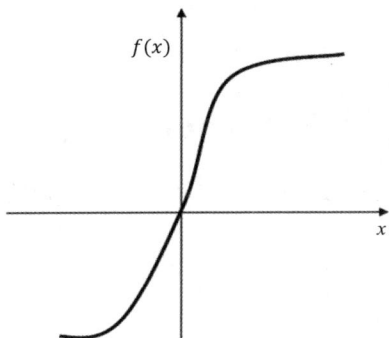

图 10-2-2

从它们的值域来看，两者名称里的极性指的是正负号。从导数来看，它们的导数都非常便于计算，当斜率参数 a 接近无穷大时，此函数就转化为简单的阈值函数，但阈值函数仅取值 0 或 1，而 Sigmoid 函数的值域是 0 到 1 的连续区间。另外，Sigmoid 函数是可微分的，而阈值函数不可微分。

2. 阈值函数

阈值函数:

$$f(x) = \begin{cases} 1 & x \geqslant 0 \\ 0 & x < 0 \end{cases}$$　　　　（10.6）

阈值函数又叫阶跃函数，其图像如图 10-2-3 所示。

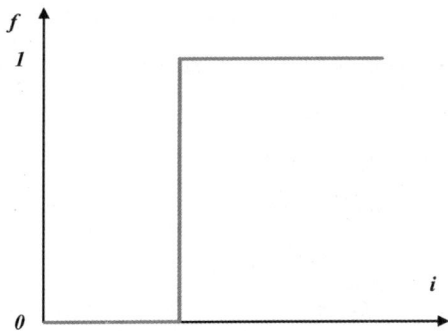

图 10-2-3

157

3. 阈值分段线性函数

阈值分段线性函数：

$$f(x) = \begin{cases} 1 & x > 1 \\ x & 1 \geqslant x \geqslant -1 \\ -1 & x < -1 \end{cases} \qquad (10.7)$$

该函数在[-1,1]区间内的放大系数是一致的，如图 10-2-4 所示，这种形式的激励函数可看作是 1 比线性放大器的近似。

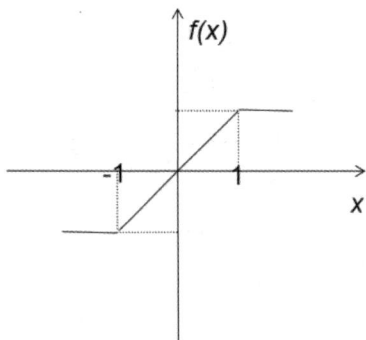

图 10-2-4

10.2.2 传播方式

1. 前向传播

定义 $a_i^{(l)}$ 为第 l 层第 i 个节点的激活值（输出值）。当 $l=1$ 时，$a_i^{(1)} = x_i$。前向传播的目的就是在给定模型参数 W, b 的情况下，计算 $l=2,3,4\cdots$ 层的输出值，直到最后一层，即可得到最终的输出值。

$$a_1^{(2)} = f\left(W_{11}^{(1)}x_1 + W_{12}^{(1)}x_2 + W_{13}^{(1)}x_3 + b_1^{(1)}\right)$$
$$a_2^{(2)} = f\left(W_{21}^{(1)}x_1 + W_{22}^{(1)}x_2 + W_{23}^{(1)}x_3 + b_2^{(1)}\right)$$
$$a_3^{(2)} = f\left(W_{31}^{(1)}x_1 + W_{32}^{(1)}x_2 + W_{33}^{(1)}x_3 + b_3^{(1)}\right)$$
$$h_{W,b}(x) = a_1^{(3)} = f(W_{11}^{(2)}a_1^{(2)} + W_{12}^{(2)}a_2^{(2)} + W_{13}^{(2)}a_3^{(2)} + b_1^{(2)}) \qquad (10.8)$$

核心思想是：这一层的输出值乘以相应的权值加上偏置并代入激活函数等于下一层的输入值。

另外，可以定义表示第 $z_i^{(2)}$ 层第 i 个节点的输入加权和，比如 $z_i^{(2)} = \sum_{j=1}^{n} W_{ij}^{(1)}x_j + b_i^{(1)}$，那么该节点的输出可以写作 $a_i^{(l)} = f(z_i^{(l)})$。

于是就得到前向传播的另一种形式：

$$z^{(l+1)} = W^{(l)}a^{(l)} + b^{(l)}$$
$$a^{(l+1)} = f(z^{(l+1)}) \qquad (10.9)$$

2. 反向传播

BP 神经网络模型是目前应用最为广泛的神经网络之一。BP 算法的基本思想是，神经网络的学习过程由信号的正向传播与误差的反向传播两个过程组成。当正向传播时，输入样本从输入层传入，经各隐藏层处理后，传向输出层。如果输出层的实际输出与期望的输出不一致，则转入误差的反向传播。误差的反向传播是将输出误差以某种形式通过隐藏层向输入层逐层反向传播，并将误差分摊给各层的所有单元，从而获得各层的误差信号，此误差信号即为修正各单元的依据。这种信号指向传播与误差反向传播的各层权值调整过程，周而复始地进行。权值不断调整的过程，就是神经网络的学习训练过程。此过程一直进行到网络输出的误差减少到可接受的程度，或进行到预先设定的学习次数为止。

反向传播指在训练时，根据最终输出的误差来调整倒数第二层、倒数第三层……第一层的参数的过程。

误差反向传播学习算法的步骤如下。

（1）输入模式是由输入层经过隐藏层向输出层逐层传的"模式顺传播"过程。

（2）网络的期望输出与实际输出之差及误差信号，是由输出层经隐藏层向输入层逐层修正连接权值的"误差逆向传播"过程。

（3）"模式顺传播"过程和"误差逆向传播"过程反复交替进行的网络"记忆训练"过程。

（4）网络趋向收敛，即网络全局误差趋向极小值的"学习收敛"过程。

10.2.3 神经网络模型案例：鸢尾花分类

1. 变量选项设置

打开案例文件"iris.sav"，单击"分析"→"神经网络"→"多层感知器"命令，弹出"多层感知器"对话框。将"分类"放入"因变量"列表框，将鸢尾花的四个尺寸变量放入"因子"列表框，单击"确定"按钮，如图 10-2-5 所示。

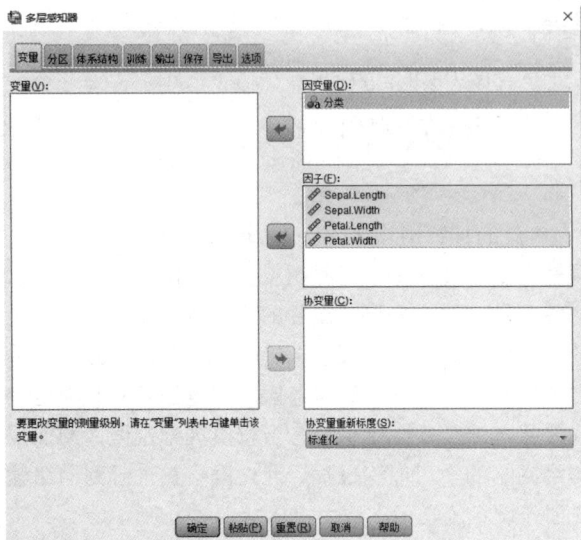

图 10-2-5

2. 分区选项设置

如图 10-2-6 所示，单击"多层感知器"对话框中的"分区"选项卡，将活动数据集划分为训练样本、检验样本和坚持样本的方法。

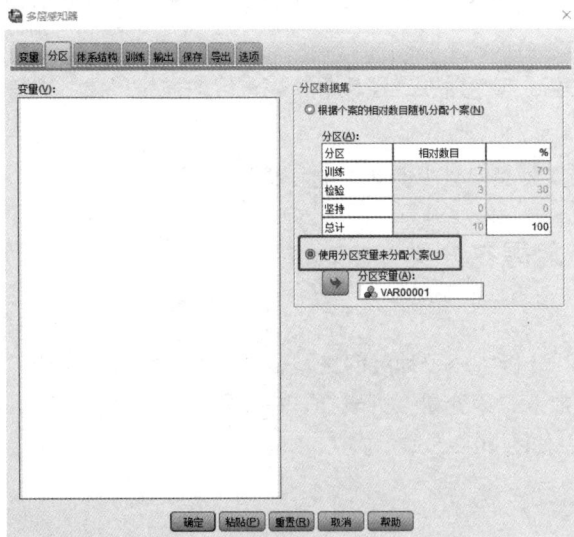

图 10-2-6

训练样本包含用于训练神经网络的数据记录。数据集中的某些个案百分比必须分配给训练样本，以获得一个模型。

检验样本是用于跟踪训练过程中的错误，防止超额训练的独立数据记录集。强烈建议创建一个训练样本，当测试样本小于训练样本时，网络训练通常最高效。

坚持样本是另一个用于评估神经网络的独立数据记录集。坚持样本的误差可以被认为是一个模型预测能力的"真实"估计值，因为坚持样本中的个案不用于构建模型。

3. 体系结构选项设置

如图 10-2-7 所示，"体系结构"选项卡可用于指定网络结构，既可以选中"体系结构自动选择"单选框，也可以选中"定制体系结构"单选框。

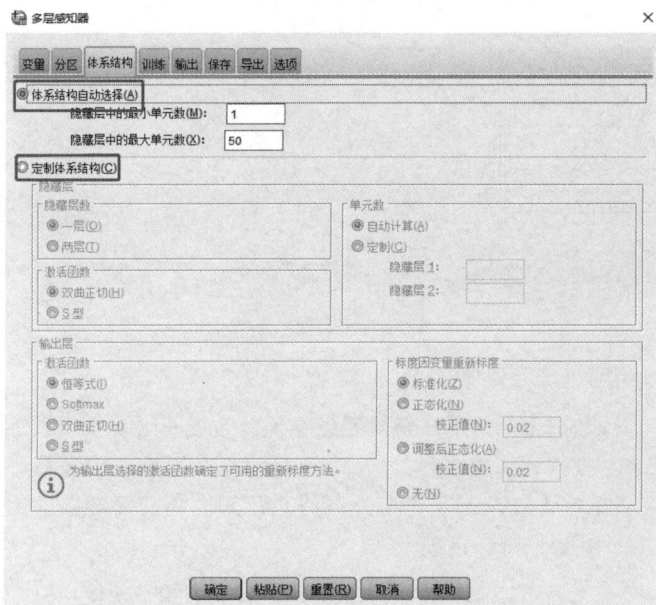

图 10-2-7

"体系结构自动选择"可以构建一个隐藏层的网络，在指定隐藏层中允许存在的最小单元数和最大单元数后，"体系结构自动选择"会自动计算隐藏层中的"最佳"单元数。

"定制体系结构"提供了针对"隐藏层"和"输出层"的专业控制，适用于已知需要何种体系结构或需要自动调整体系结构的情景。

4. 训练选项设置

如图 10-2-8 所示，"训练"选项卡可用于指定如何训练网络。训练类型和优化算法确定了哪个训练选项可用。

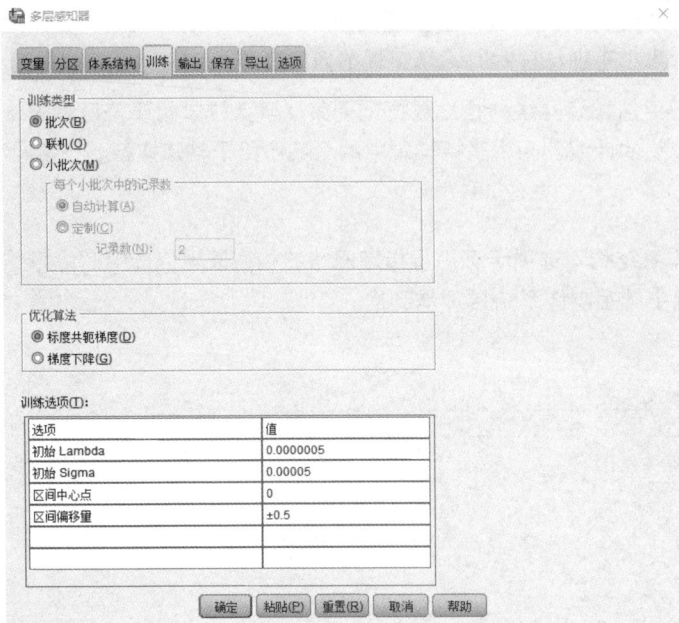

图 10-2-8

（1）"训练类型"可用于确定网络如何处理记录，可选项如下。

"批次"：只有在传递所有训练数据记录之后才能更新键结值。也就是说，批次训练会使用训练数据集中的所有数据记录。批次训练通常为首选方法，因为它可以使总误差最小。然而，批次训练可能需要多次更新权重，直至满足其中一条终止规则，因此需要多次传递数据。对于"较小"的数据集来说，建议选择该选项。

"联机"：在每个训练数据记录之后更新键结值。也就是说，联机训练一次使用一个数据记录。联机训练连续获取记录并更新权重，直至满足其中一条终止规则。如果一次使用所有记录，而且不满足任何终止规则，那么该过程通过循环数据记录继续。对于与预测变量相关的"较大"的数据集来说，联机训练要优于批次训练。也就是说，如果有许多记录和输入，并且其值之间不相互独立，那么联机训练可以比批次训练更快地获取一个合理答案。

"小批次"：将训练数据记录划分到大小近似相等的组中，然后在传递一组之后更新键结值。也就是说，小批次训练使用一组数据记录。"小批次"训练提供介于"批次"训练和"联机"训练之间的折中方法，它最适用于"中型"数据集。

（2）"优化算法"是一种用于估计键结值的方法。

"标度共轭梯度"：使用共轭梯度方法对齐的假设，仅可应用于"批次"训练。

"梯度下降"：此方法既可以与"联机"训练或"小批次"训练共同使用，也可以与"批次"训练共同使用。

5．输出选项设置

如图 10-2-9 所示，"输出"选项卡显示的是与神经网络有关的摘要值信息。

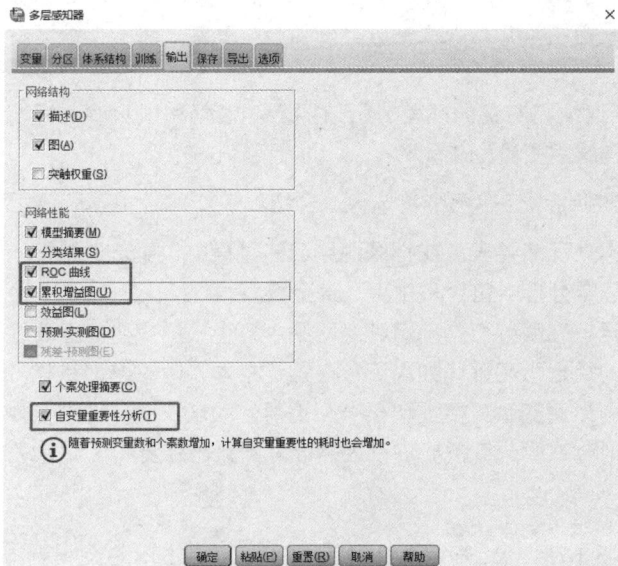

图 10-2-9

"网络结构"选区中的选项如下。

- "描述"：显示与神经网络有关的信息，包括因变量、输入和输出的单元数、隐藏层单元数及激活函数。
- "图"：将神经网络图作为不可编辑的图来显示。注意，随着协变量数量和因子级别的增加，图将变得更加难以解释。
- "突触权重"：显示表明给定层中的单位与以下层中的单位之间的系数估计值。
- "网络性能"选区中的选项如下。
- "模型摘要"：显示分区和整体神经网络结果的摘要，包括错误、相对错误和不正确预测的百分比，可用于停止训练的终止规则中。
- "分类结果"：分区和整体显示每个分类因变量的分类表。每个表针对每个因变量类别给出正确或错误分类的个案数目，同时显示正确分类的总体个案百分比。
- "ROC 曲线"：显示每个分类因变量的 ROC 曲线，并显示每条 ROC 曲线下的面积。对于给定因变量，ROC 图表针对每个类别显示一条曲线。如果因变量有两个类别，那么每条曲线都将该类别视为正态与其他类别的汇总。如果因变量有多个类别，那么每条曲线都将该类别视为正态与所有其他类别的汇总。
- "累积增益图"：显示每个分类因变量的累积增益图。每个因变量类别的曲线都与 ROC 曲线相同。

- "效益图"：显示每个分类因变量的效益图。每个分类因变量类别的曲线都与 ROC 曲线相同。
- "预测-实测图"：显示每个因变量的观察预测值图表。对于分类因变量，显示每个响应类别的预测拟概率的复式箱图，并且观察响应类别为分群变量。对于连续因变量，显示散点图。
- "残差-预测图"：显示每个连续因变量的残差分析值图表。残差和预测值之间不存在可见模式，此图表仅针对连续因变量生成。

除上述选项外，在"输出"选项卡中还有两个复选框，介绍如下。

- "个案处理摘要"：显示个案处理摘要表。在神经网络训练过程中，显示训练样本、检验样本和坚持样本在整体总结分析中包含和排除的个案数。
- "自变量重要性分析"：执行敏感度分析，确定神经网络中每个预测变量的重要性。分析以训练样本和检验样本的组合为基础，如果不存在检验样本，则仅以训练样本为基础。此操作将创建显示每个预测变量重要性和标准化重要性的表和图。注意，如果存在大量预测变量或个案，则敏感度分析需要进行大量计算并且比较费时。

6．输出结果

（1）个案处理摘要表如图 10-2-10 所示，个案处理摘要表显示 150 个个案已分配给训练样本。

（2）网络信息表如图 10-2-11 所示，网络信息表显示隐藏层数是 1 层，有 10 个神经元。

个案处理摘要

		个案数	百分比
样本	训练	150	100.0%
有效		150	100.0%
排除		0	
总计		150	

图 10-2-10

网络信息

输入层	因子	1	Sepal.Length
		2	Sepal.Width
		3	Petal.Length
		4	Petal.Width
	单元数[a]		242
隐藏层	隐藏层数		1
	隐藏层 1 中的单元数[a]		10
	激活函数		双曲正切
输出层	因变量	1	分类
	单元数		3
	激活函数		Softmax
	误差函数		交叉熵

a. 排除偏差单元

图 10-2-11

（3）模型摘要表如图 10-2-12 所示，模型摘要表展示了不正确预测百分比为 0，也就是说，预测正确率为 100%。

（4）分类表如图 10-2-13 所示，分类表展示了不同组别的正确百分比，在本数据集中，正确百分比为 100%。

模型摘要

训练	交叉熵误差	.114
	不正确预测百分比	0.0%
	使用的中止规则	已实现训练误差率条件 (.001)
	训练时间	0:00:00.67

因变量：分类

图 10-2-12

分类

样本	实测	预测			正确百分比
		1	2	3	
训练	1	50	0	0	100.0%
	2	0	50	0	100.0%
	3	0	0	50	100.0%
	总体百分比	33.3%	33.3%	33.3%	100.0%

因变量：分类

图 10-2-13

10.3　本章小结

神经网络在很多领域都有着突出的优势，尤其在非线性分类方面，具有良好的分类效果。本章介绍了神经网络的基础理论与应用，希望通过本章的介绍，读者能对神经网络有一个初步的认识。

第 11 章
时序数据的预测：
时间序列分析

11.1　时间序列分析简介

时间序列是一列观测值的集合，每个观测值都是在各个时段被观测得到的。时间序列模型可以帮助我们根据已有的时间序列数据预测未来的变化。它最大的特点就是各个观测值之间不是独立的。时间序列分析是用变量过去的观测值来预测同一变量的未来值，并且假定事物的发展会延伸到未来。根据观测时间的不同，时间序列中的时间可以是年份、季度、月份等时间形式。

时间序列分析与线性回归分析的区别在于，后者研究的是在某个时间点上特征量对相应变量的影响，而时间序列分析则研究历史数据对未来的影响。简单来说，线性回归分析利用的是信息的宽度，而时间序列分析利用的是数据的深度。

时间序列主要有平稳序列和非平稳序列两种。

（1）平稳序列。平稳序列指基本上不存在趋势的序列。在平稳序列中，各观测值基本在某个固定的水平上随机波动，它的期望、方差和协方差不随时间的变化而变化。平稳序列分析最常采用的模型有自回归模型（AR）、移动平均模型（MA）和自回归移动平均模型（ARMA）3 种。

（2）非平稳序列。非平稳序列的特点是具有趋势性、季节性和周期性。

趋势性分为线性和非线性两种，它指时间序列在一段时期内呈现出来的某种持续上升或持续下降的变动。

季节性指时间序列在一年内重复出现的周期波动（如旅游因季节不同可分为旺季和淡季），有比较固定的规律，且变动周期大多为一年。需要注意的是，这里的季节并不仅指一年中的四季。

周期性指时间序列中围绕长期趋势的一种波浪形或振荡式波动，通常是由商业和经济活动的变化引起的，通常无固定规律，变动周期多在一年以上，且周期长短不一。通常采用 ARIMA 模型来分析齐次非平稳时间序列，经过 d 次差分后将原本不平稳的时间序列转换成平稳时间序列，然后进行分析。

通常来说，检验时间序列是否平稳的方法有两种。

（1）观察法。观察序列的趋势图和相关图是否随着时间的变化呈现某种周期性的规律。

（2）单位根检验法（ADF 检验）。这种方法比较可靠，它通过比较测试统计量与临界值来判断时间序列是否平稳。如果测试统计量小于临界值，则认为该时间序列是平稳序列，反之，则认为该时间序列是非平稳序列。

本章重点介绍指数平滑模型和 ARIMA 模型。

11.2 指数平滑模型

11.2.1 指数平滑模型简介

指数平滑模型可以对历史数据进行加权平均来作为未来时刻的预测结果，其加权系数是呈几何级数衰减的，时间期数愈近的数据，权数越大，且权数之和等于 1。指数平滑模型的基本思想是：首先，对原始数据进行预处理，消除时间序列中偶然性的变化，提高近期数据在预测中的重要程度，处理后的数据被称为平滑值。然后，对平滑值进行计算，构成预测模型。最后，通过该预测模型预测未来的目标值。

指数平滑模型的优势如下。

（1）既不需要收集很多的历史数据，又考虑了各期数据的重要性，且使用全部的历史数据。它是移动平均法的改进和发展，应用较为广泛。

（2）计算简单、样本要求量较少、适应性较强、结果较稳定。

（3）不但可用于短期预测，而且对中长期预测效果更好。

指数平滑模型的分类如下。

1．一次指数平滑模型

如果时间序列 t 的实际值为 $y_1, y_2, \cdots, y_t$，则一次指数平滑模型的公式为：

$$s_t = ay_t + (1-a)s_{t-1} = s_{t-1} + a(y_t - s_{t-1})$$

其中，s_t 为一次指数平滑值；a 为加权系数，其取值范围为 $[0, 1]$；s_{t-1} 为上一期的指数平滑值。一次指数平滑模型以第 t 期指数平滑值作为第 $t+1$ 期的预测值。也就是说，下期预测值是本期预测值与以 a 为折扣的本期实际值与预测值的误差之和。

2．二次指数平滑模型

当时间序列的变动出现直线趋势时，用一次指数平滑模型进行预测会出现明显的滞后误差，因此必须加以修正。修正的方法是再进行一次平滑，即利用滞后偏差的规律建立直线趋势模型，这就是二次指数平滑法。二次指数平滑是对一次指数平滑的再平滑。它适用于具有线性趋势的时间序列。

3．三次指数平滑模型

当时间序列的变动表现出次二次曲线趋势时，需要用三次指数平滑模型。三次指数平滑模型是在二次指数平滑的基础上，再进行一次平滑。

这 3 种指数平滑模型的基本思想是：预测值是以前观测值的加权和，且对不同的数据给予不同的权重：对时间较近的数据赋予较大的权重，对时间较远的数据赋予较小的权重。

在使用指数平滑模型进行预测时，权重 a 的取值很关键。一般来说，如果数据波动较大，则 a 值应取大一些，可以增加近期数据对预测结果的影响。如果数据波动平稳，则 a 值应取小一些。在实际使用中，应根据具体时间序列情况来大致确定 a 的取值范围，然后取几个 a 值进行试算，比较在不同 a 值下的预测标准误差，选取使预测标准误差最小的值作为 a 值。

11.2.2　指数平滑模型案例：药品产量

下面用 SPSS 进行时间序列指数平滑模型分析，需要分为两大步进行：首先检验时间序列的平稳性，然后分析模型进行预测。

现有某药品公司 1990—2005 年的某药出厂数据，下面采用指数平滑法预测 2006—2010 年该药出厂数量。原始数据如图 11-2-1 所示。

	年份	数量（千克）
1	1990	371.50
2	1991	267.40
3	1992	372.40
4	1993	368.20
5	1994	349.40
6	1995	362.80
7	1996	420.90
8	1997	380.40
9	1998	385.60
10	1999	335.00
11	2000	338.50
12	2001	306.60
13	2002	323.60
14	2003	341.30
15	2004	354.20
16	2005	336.40

图 11-2-1

1．平稳性检验

1）定义日期

打开案例文件"药品产量.sav"，单击"数据"→"定义日期和时间"命令，在弹出的"定义日期"对话框中选中"个案是"列表框中的"年"选项，在右侧"年"文本框中输入起始日期"1990"，如图 11-2-2 所示，之后单击"确定"按钮。此时，在数据视图中会增加两列新数据，即"YEAR_"和"DATE_"，如图 11-2-3 所示。

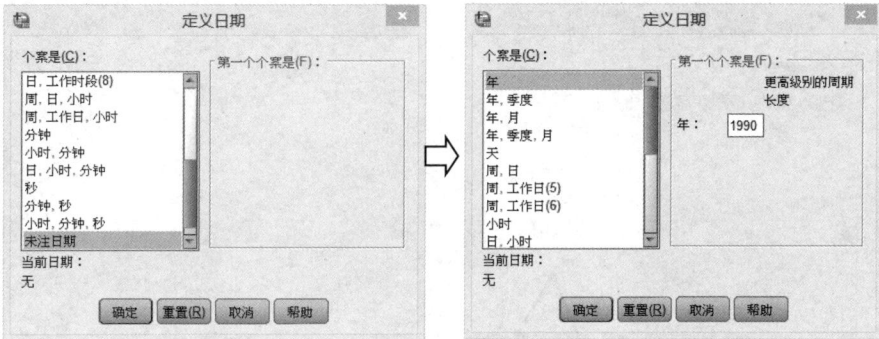

图 11-2-2

	年份	数量（千克）	YEAR_	DATE_
1	1990	371.50	1990	1990
2	1991	267.40	1991	1991
3	1992	372.40	1992	1992
4	1993	368.20	1993	1993
5	1994	349.40	1994	1994
6	1995	362.80	1995	1995
7	1996	420.90	1996	1996
8	1997	380.40	1997	1997
9	1998	385.60	1998	1998
10	1999	335.00	1999	1999
11	2000	338.50	2000	2000
12	2001	306.60	2001	2001
13	2002	323.60	2002	2002
14	2003	341.30	2003	2003
15	2004	354.20	2004	2004
16	2005	336.40	2005	2005

图 11-2-3

2）序列图

单击"分析"→"时间序列预测"→"序列图"命令，弹出"序列图"对话框。将"数量"放入"变量"列表框，如图 11-2-4 所示。单击"确定"按钮，输出如图 11-2-5 所示的序列图。

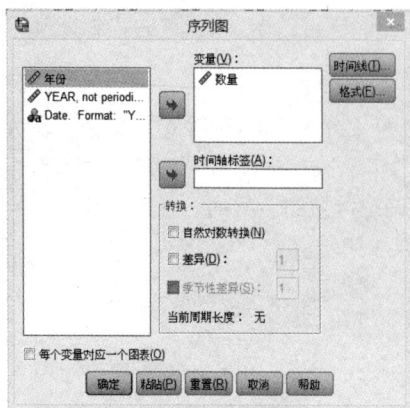

图 11-2-4

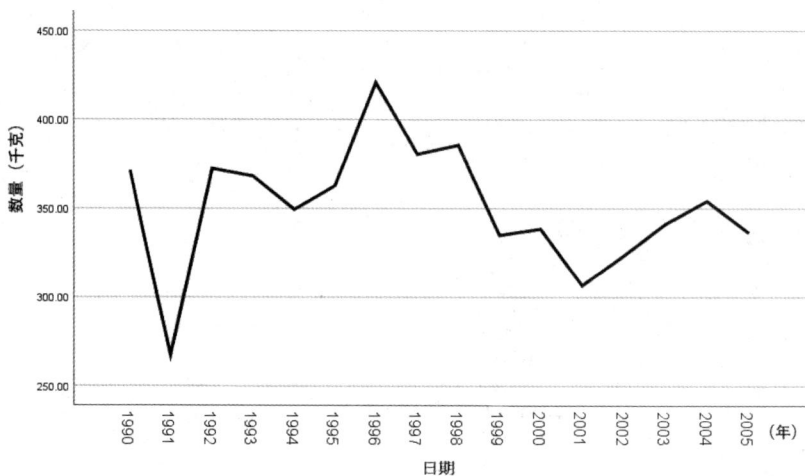

图 11-2-5

3）自相关图和偏自相关图

单击"分析"→"时间序列预测"→"自相关"命令，在弹出的"自相关性"对话框中将"数量"放入"变量"列表框，勾选"自相关性"和"偏自相关性"复选框，如图 11-2-6 所示。单击"确定"按钮，输出的自相关图和偏自相关图如图 11-2-7 和图 11-2-8 所示。

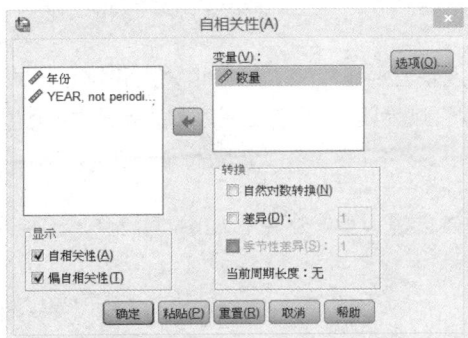

图 11-2-6

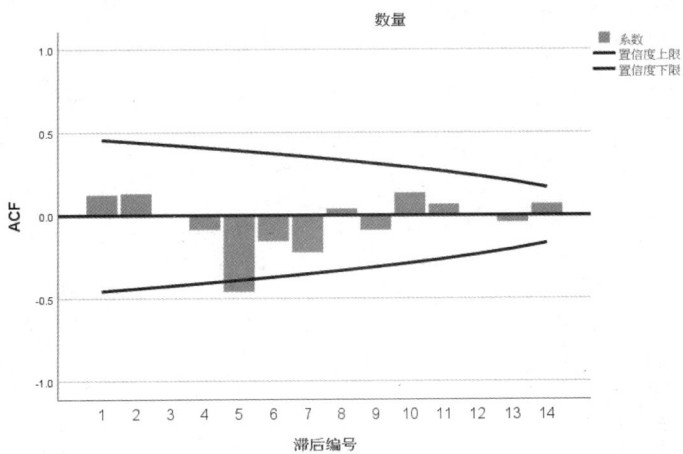

图 11-2-7

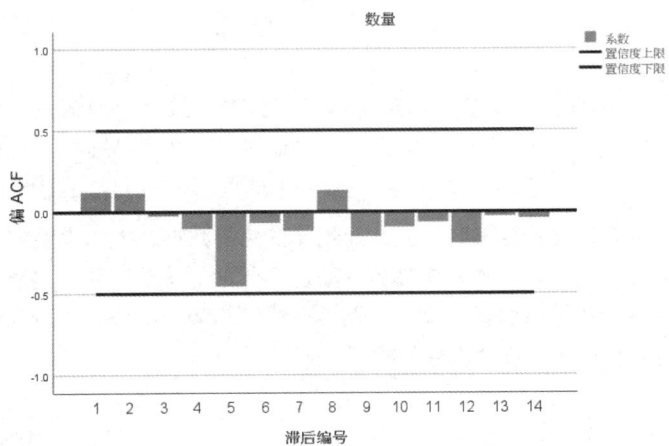

图 11-2-8

4）结果解释

从时序图中可以初步判断该药的出厂数量大致呈平稳趋势。从自相关图和偏自相关图中可以看出两个图形均无显著的拖尾或截尾现象，因此可以判断该时间序列为平稳序列。

2．模型预测

单击"分析"→"时间序列预测"→"创建传统模型"命令，如图 11-2-9 所示，弹出"时间序列建模器"对话框。

图 11-2-9

1）设置"变量"选项卡

单击"时间序列建模器"对话框的"变量"选项卡，将"数量"放入"因变量"列表框，将"方法"设为"指数平滑"。单击"条件"按钮，在弹出的"时间序列建模器：指数平滑条件"对话框中选中"霍尔特线性趋势"和"自然对数"单选框，如图 11-2-10 所示。

季节性模型通常用于观测具有较强的随着时间变化而规律变化的数据，多为季度数据或者月度数据，其特征为周期波动，其中，既要考虑趋势变动，又要考虑季节变动。非季节性模型通常不具有上述特征。霍尔特线性趋势模型适合处理具有线性趋势但不包含季节成份的时间序列数据。因此，本次验证采用霍尔特线性趋势模型。

图 11-2-10

2）设置"统计"选项卡

在"统计"选项卡中勾选"显示预测值"复选框，其他选项为默认设置，如图 11-2-11 所示。

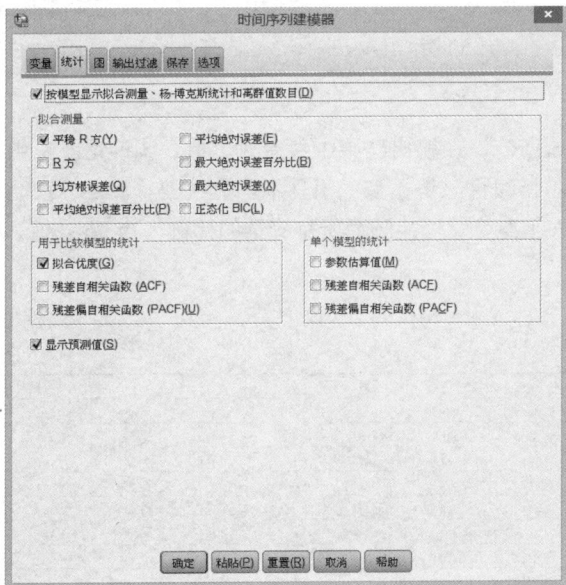

图 11-2-11

3）设置"图"选项卡

在"图"选项卡中勾选"单个模型的图"选区中的"拟合值""残差自相关函数""残差

偏自相关函数"复选框，其他选项为默认设置，如图 11-2-12 所示。

4）设置"选项"选项卡

在"选项"选项卡中，选中"评估期结束后的第一个个案到指定日期之间的个案"单选框，在"年"文本框中输入"2010"，如图 11-2-13 所示，单击"确定"按钮，输出结果。

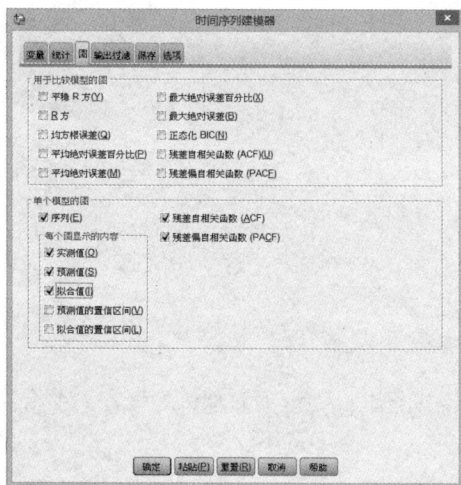

图 11-2-12

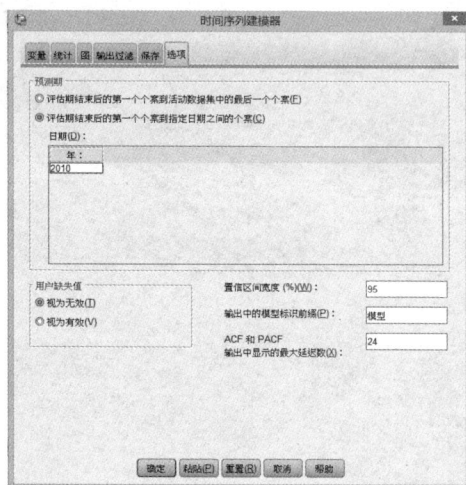

图 11-2-13

5）输出结果

输出结果如图 11-2-14 和图 11-2-15 所示，在输出结果中共有 8 个拟合统计量。其中，平稳 R 方值为 0.882，大于 0，说明霍尔特线性趋势模型优于基本均值模型。反之，说明基本均值模型更适合该数据。R 方值用于估计当前模型能解释所有变量的比例，当 R 方值大于 0 时，表示当前模型较好。

模型拟合度

拟合统计	平均值	标准误差	最小值	最大值	百分位数						
					5	10	25	50	75	90	95
平稳 R 方	.882	.	.882	.882	.882	.882	.882	.882	.882	.882	.882
R 方	.008	.	.008	.008	.008	.008	.008	.008	.008	.008	.008
RMSE	36.410	.	36.410	36.410	36.410	36.410	36.410	36.410	36.410	36.410	36.410
MAPE	7.161	.	7.161	7.161	7.161	7.161	7.161	7.161	7.161	7.161	7.161
MaxAPE	31.958	.	31.958	31.958	31.958	31.958	31.958	31.958	31.958	31.958	31.958
MAE	24.343	.	24.343	24.343	24.343	24.343	24.343	24.343	24.343	24.343	24.343
MaxAE	85.455	.	85.455	85.455	85.455	85.455	85.455	85.455	85.455	85.455	85.455
正态化 BIC	7.536	.	7.536	7.536	7.536	7.536	7.536	7.536	7.536	7.536	7.536

图 11-2-14

模型	预测变量数	模型拟合度统计 平稳R方	杨-博克斯 Q(18) 统计	DF	显著性	离群值数
数量（千克）-模型_1	0	.882	.	0	.	0

图 11-2-15

如图 11-2-16 所示，自相关图和偏自相关图都没有显著的截尾或拖尾特征。

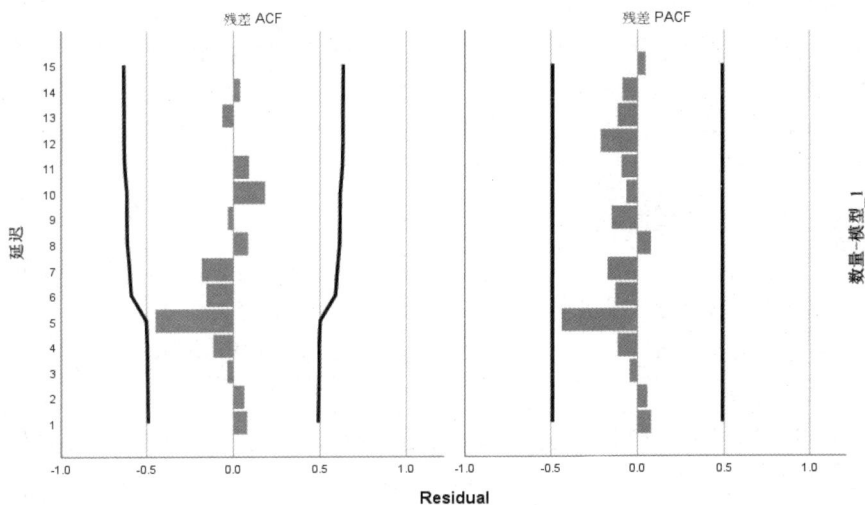

图 11-2-16

图 11-2-17 是 2006—2010 年的产量预测结果和置信区间。

模型		预测 2006	2007	2008	2009	2010
数量（千克）-模型_1	预测	338.51	337.58	336.64	335.71	334.77
	UCL	424.30	423.12	421.95	420.78	419.61
	LCL	266.94	266.20	265.46	264.72	263.99

对于每个模型，预测从所请求估算期范围内的最后一个非缺失值之后开始，并结束于最后一个所有预测变量都有可用的非缺失值的周期，或者在所请求预测期的结束日期结束，以较早者为准。

图 11-2-17

11.3 自回归综合移动平均模型

11.3.1 自回归综合移动平均模型简介

自回归综合移动平均（Auto Regressive Integrated Moving Average Model，ARIMA）模型一般分为 4 种类型：自回归（AR）模型、移动平均（MA）模型、自回归移动平均（ARMA）模型和 ARIMA 模型。

ARIMA 模型的基本思想是：将预测对象随时间推移而形成的数据序列视为一个随机序列，用一定的数学模型来近似描述这个序列。这个模型一旦被识别后就可以从时间序列的过去值和现在值来预测未来值。现代统计方法、计量经济模型在某种程度上已经能够帮助企业对未来进行预测。

自回归综合移动平均模型的预测步骤如下。

（1）根据时间序列的散点图和 ADF（Augmented Dickey-Fuller）检验判断输入数据是否为平稳非纯随机序列。如果是平稳非纯随机序列，则通过自相关函数和偏自相关函数，结合赤池信息（AIC）准则或贝叶斯信息（BIC）准则对建立的模型进行模型识别和定阶。一般来讲，经济运行的时间序列都不是平稳序列。

（2）对非平稳序列进行平稳化处理。如果数据序列是非平稳的，并且存在一定的增长或下降趋势，则需要对数据进行差分处理。如果数据存在异方差，则需要对数据进行技术处理，直到处理后的数据的自相关函数值和偏自相关函数值无显著地异于零。

（3）根据时间序列模型的识别规则建立相应的模型。

- 若平稳序列的偏自相关函数是截尾的，而自相关函数是拖尾的，则可断定序列适合 AR 模型。
- 若平稳序列的偏自相关函数是拖尾的，而自相关函数是截尾的，则可断定序列适合 MA 模型。
- 若平稳序列的偏自相关函数和自相关函数均是拖尾的，则序列适合 ARMA 模型。

（4）进行参数估计，检验是否具有统计学意义。

（5）进行假设检验，诊断残差序列是否为白噪声。

（6）利用已通过检验的模型进行预测分析。

11.3.2 自回归综合移动平均模型实例分析案例：体检中心收入

现有某医院体检中心 1970—2005 年的收入数据，下面采用 ARIMA（p,d,q）模型预测 2006—2010 年该体检中心的收入。部分原始数据如图 11-3-1 所示。

图 11-3-1

（1）定义日期。

打开案例文件"体检中心收入.sav"，单击"数据"→"定义日期和时间"命令，弹出如图 11-3-2 所示的"定义日期"对话框。选中"个案是"列表框中的"年"选项，在右侧"年"文本框中输入起始时间"1970"，单击"确定"按钮。此时，在数据视图中会增加两列新数据，即"YEAR_"和"DATE_"，如图 11-3-3 所示。

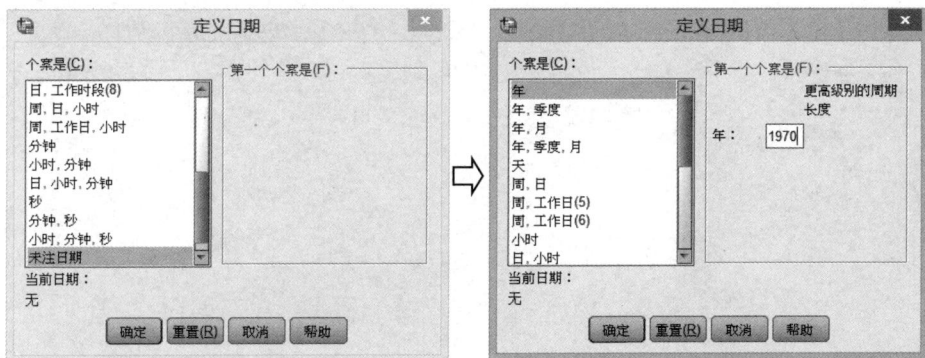

图 11-3-2

（2）依次单击"分析"→"时间序列预测"→"创建传统模型"命令，如图 11-3-4 所示，弹出"时间序列建模器"对话框。

年份(年)	收入(元)	YEAR_	DATE_
1970	2575800	1970	1970
1971	2606680	1971	1971
1972	2639000	1972	1972
1973	2671000	1973	1973
1974	2702380	1974	1974
1975	2733890	1975	1975
1976	2765840	1976	1976
1977	2796710	1977	1977
1978	2829000	1978	1978
1979	2859800	1979	1979
1980	2892200	1980	1980
1981	2921900	1981	1981
1982	2953430	1982	1982
1983	2986450	1983	1983
1984	3017050	1984	1984
1985	3048120	1985	1985
1986	3079180	1986	1986
1987	3109000	1987	1987
1988	3143240	1988	1988
1989	3171630	1989	1989

图 11-3-3

图 11-3-4

（3）设置"变量"选项卡。

将"收入"放入"因变量"列表框，将"方法"设为"专家建模器"。单击"条件"按钮，弹出"时间序列建模器：专家建模器条件"对话框。单击"模型"选项卡，选中"仅限ARIMA 模型"单选框，如图 11-3-5 所示。单击"继续"按钮，返回"时间序列建模器"对话框。

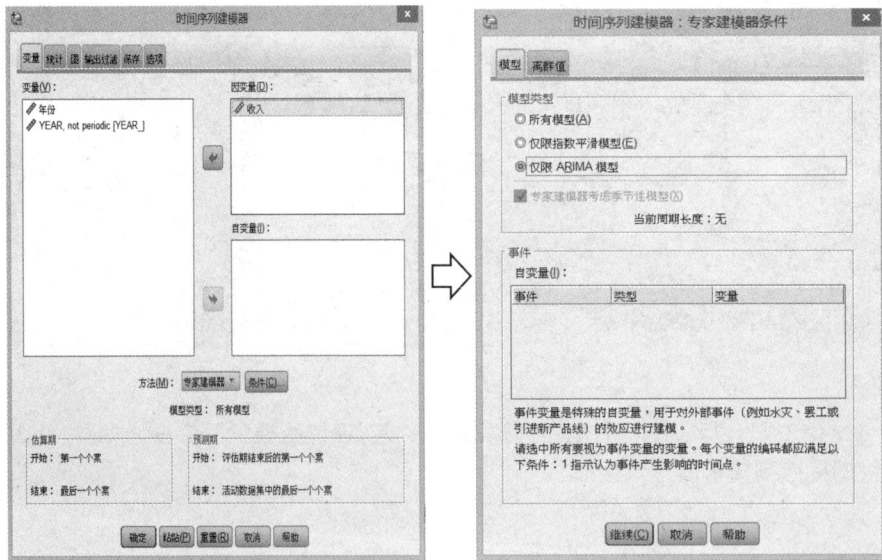

图 11-3-5

专家建模器可自动为一个或多个因变量序列标识和估计最佳拟合 ARIMA 或指数平滑法模型，因而读者不必通过反复试验来拟合适当的模型，从而节约大量时间，减免一些烦琐的操作。

（4）统计量界面设置。

在"统计"选项卡中勾选"显示预测值"复选框，其他选项为默认设置，如图 11-3-6 所示。

（5）图表界面设置。

在"图"选项卡中勾选"拟合值""残差自相关函数""残差偏自相关函数"复选框，其他选项为默认设置，如图 11-3-7 所示。

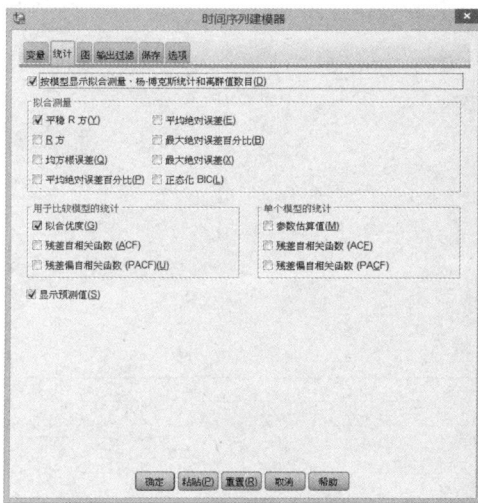

图 11-3-6

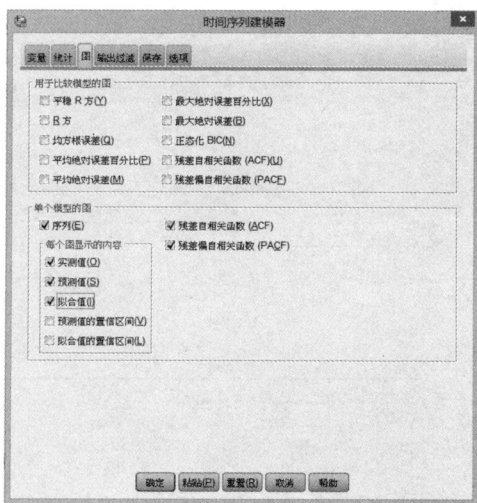

图 11-3-7

（6）选项界面设置。

在"选项"选项卡中，选中"评估期结束后的第一个个案到指定日期之间的个案"单选框，将"年"文本框中输入"2010"，如图 11-3-8 所示，单击"确定"按钮。

（7）输出结果。

如图 11-3-9 所示，本次模型拟合结果为 ARIMA（0,1,1），即自回归阶数为 0，差分阶数为 1，移动平均阶数为 1。

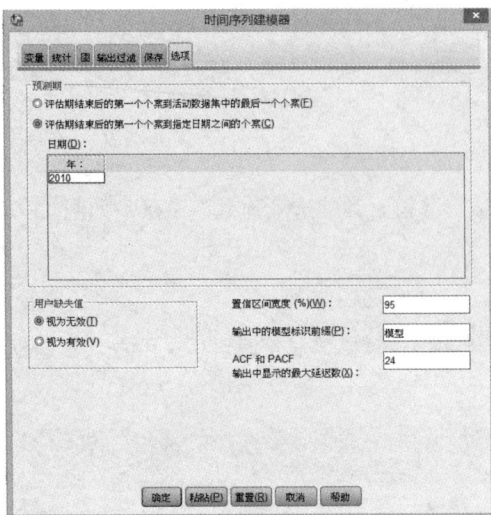

图 11-3-8

模型描述

			模型类型
模型 ID	收入（元）	模型_1	ARIMA(0,1,1)

模型摘要

模型拟合度

					百分位数						
拟合统计	平均值	标准误差	最小值	最大值	5	10	25	50	75	90	95
平稳R方	.483	.	.483	.483	.483	.483	.483	.483	.483	.483	.483
R方	1.000	.	1.000	1.000	1.000	1.000	1.000	1.000	1.000	1.000	1.000
RMSE	885.597	.	885.597	885.597	885.597	885.597	885.597	885.597	885.597	885.597	885.597
MAPE	.023	.	.023	.023	.023	.023	.023	.023	.023	.023	.023
MaxAPE	.061	.	.061	.061	.061	.061	.061	.061	.061	.061	.061
MAE	707.420	.	707.420	707.420	707.420	707.420	707.420	707.420	707.420	707.420	707.420
MaxAE	1925.509	.	1925.509	1925.509	1925.509	1925.509	1925.509	1925.509	1925.509	1925.509	1925.509
正态化 BIC	13.776	.	13.776	13.776	13.776	13.776	13.776	13.776	13.776	13.776	13.776

图 11-3-9

从图 11-3-9 中可以看出，共有 8 个拟合统计量，其中平稳 R 方为 0.483，R 方为 1，说明本次 ARIMA 模型拟合较好。

如图 11-3-10 所示，自相关图和偏自相关图都没有显著的截尾或拖尾特征。

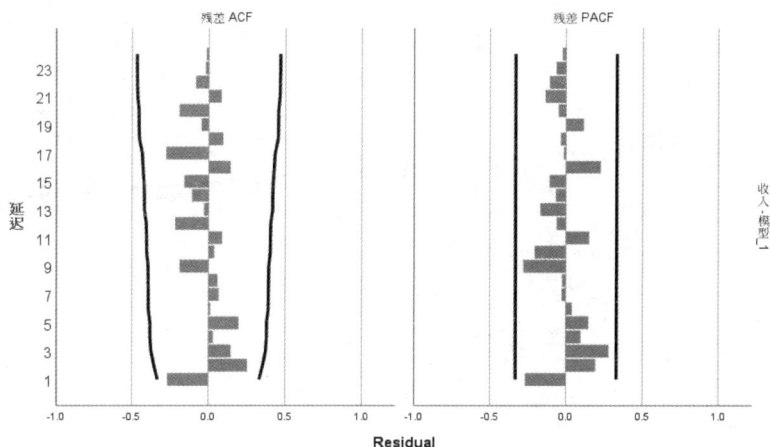

图 11-3-10

图 11-3-11 是 2006—2010 年的产量预测结果和置信区间。

模型		预测				
		2006	2007	2008	2009	2010
收入（元）-模型_1	预测	3706166	3737550	3768935	3800320	3831705
	UCL	3707956	3739397	3770835	3802272	3833708
	LCL	3704375	3735704	3767035	3798367	3829701

对于每个模型，预测从所请求估算期范围内的最后一个非缺失值之后开始，并结束于最后一个所有预测变量
都有可用的非缺失值的周期，或者在所请求预测期的结束日期结束，以较早者为准。

图 11-3-11

11.4　本章小结

　　时间序列分析是根据市场过去的变化趋势预测未来的发展，它的前提是假定事物的过去会同样延续到未来，突出了时间因素在预测中的作用，暂不考虑外界具体因素的影响。当外界发生较大变化时，时间序列分析往往会有较大偏差。时间序列分析对于中短期的预测效果效果较好。在日常生活中，我们需要对时间序列分析多加练习，加深理解，这样才能在分析数据时选取合适的模型，并对结果进行精确的解读。

第 12 章

发现多个分类变量间的
潜在关系：对应分析

12.1 对应分析简介

我们知道，卡方检验和 Logistic 模型可用于研究分类变量间的联系。但当所涉及的分类变量的类别较多或者个数较多时，精细建模的思路在应用上就会遇到障碍，而对应分析可以很好地解决这类问题。虽然对应分析没有涉及假设检验，无法得到确切的统计结论，但是其结果更为直观，且操作简单，更易于对结果进行解释。

1. 对应分析的实质

对应分析的实质是将行、列变量的交叉表转换为散点图，从而将表格中包含的类别关系信息用散点空间位置关系的形式表现出来。

根据所分析变量的数目，对应分析分为简单对应分析和多重对应分析两种。前者用于分析两个分类变量间的类别关系，后者用于分析多个分类变量间的类别关系，并且可以使用最优尺度变换来清晰地呈现数据特征。

2. 对应分析的使用条件

一般来说，当卡方检验有统计学意义时，对应分析才有可能在各类别间找到较为明显的类别关系。由于卡方检验是一个总体检验，不排除有少数类别间的关系被淹没在绝大多数无关类别中的情形，因此卡方检验并无统一标准确定具体界值。从经验上讲，如果显著性大于0.2，就没有进行分析的必要；如果显著性在 0.05~0.2 之间，则可以考虑对应分析，但对结果的解释要慎重。

作为一种描述方法，对应分析的结果越稳定越好，因此在做对应分析时，样本量不能太小，具体的样本量可参考卡方检验的要求。

3．对应分析的优势和劣势

对应分析的优势如下。

- 对应分析的结果简单、直观。其主要结果就是对应分析图，非常容易理解。
- 对应分析可以对包含较多分类变量的数据进行研究。多重对应分析可以将多个分类变量的类别关系在一张图中呈现出来，变量数越多，对应分析的优势越明显。

对应分析的劣势如下。

- 对应分析不能对变量间的具体联系进行检验，其本质上仍然只是一种描述方法，因此，对结果的解释要慎重。在进行对应分析之前，一定要用卡方检验等统计方法进行预分析，筛除无关的变量。在得到图形结果后要和原始数据反复对照，以确保结论的正确性。
- 对应分析无法自动判断最佳维数，只能根据研究者制定的数量进行相应维数的提取。一般来说，二维或三维最为常见，此时能在信息量和易读性上达到较好的平衡。如果对分析结果解释困难，则应考虑加入新的维数。
- 分析结果对极端值敏感。

12.2 简单对应分析

简单对应分析可用于分析两个分类变量之间的关系，只适合数值型无序分类变量，在 SPSS 中通过"降维分析"来实现，操作如下。

12.2.1 简单对应分析实现

打开 SPSS，单击"分析"→"降维"→"对应分析"命令，弹出如图 12-2-1（1）所示的"对应分析"对话框。

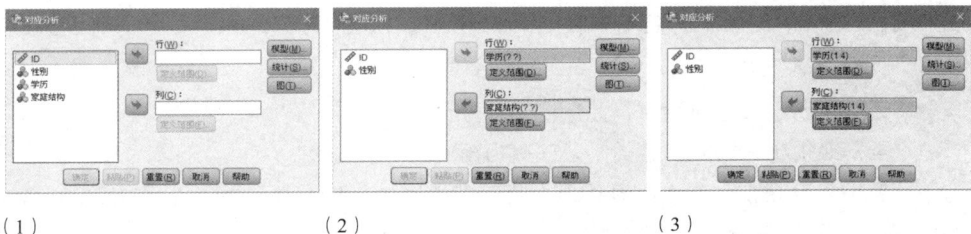

（1）   （2）   （3）

图 12-2-1

1．变量设置

在图 12-2-1（1）中，把要研究的变量分别放入"行"和"列"列表框，此时"行"和"列"列表框下方的"定义范围"按钮会被激活，如图 12-2-1（2）所示。单击"行"列表框下方的"定义范围"按钮，弹出如图 12-2-2（1）所示的"对应分析：定义行范围"对话框。在设置好所有数据之后，单击"更新"按钮进行更新，更新后的结果如图 12-2-2（2）所示。单击"继续"按钮，返回"对应分析"对话框。对"列"列表框下方的"定义范围"按钮进行同样的操作，最终结果如图 12-2-1（3）所示。

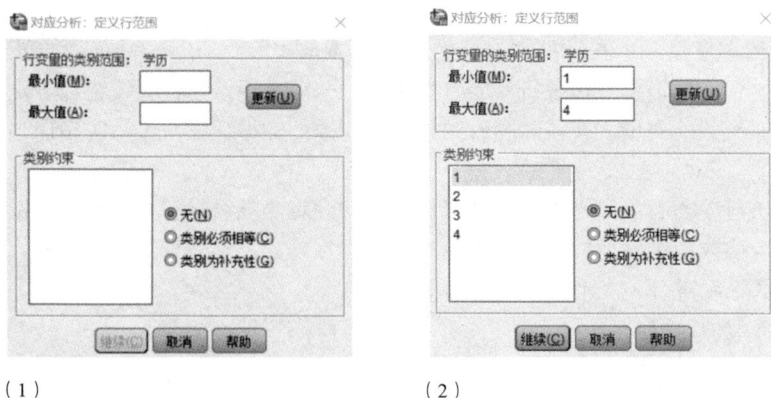

（1）   （2）

图 12-2-2

说明：

（1）在图 12-2-2（1）中，"最大值"和"最小值"分别表示"行"变量取值范围的最大值和最小值。比如"学历"的原始类别代码为"1=高中以下学历，4=研究生及以上学历"，这里的最小值是 1，最大值是 4，此处只能输入整数，输入后要单击"更新"按钮进行更新。

（2）"类别约束"用于设置所分析变量取值的约束条件，在其下面的列表框中显示的是当前分析变量的取值列表。选中列表框中的一个值，选中右侧的单选框，即可设置约束条件。

- "无"表示不做任何约束，为默认选项。
- "类别必须相等"表示各类别必须有相同的得分。
- "类别为补充性"表示增补约束，增补的种类不影响分析过程和种类维数，但会在有效种类的定义空间中被描述。

2．模型设置

单击图 12-2-1（3）中的"模型"按钮，弹出如图 12-2-3 所示的"对应分析：模型"对话框。最上方"解中的维数"显示模型当前维数是 2，这个数据为默认设置，可自行更改。通常情况下，采用默认设置即可。

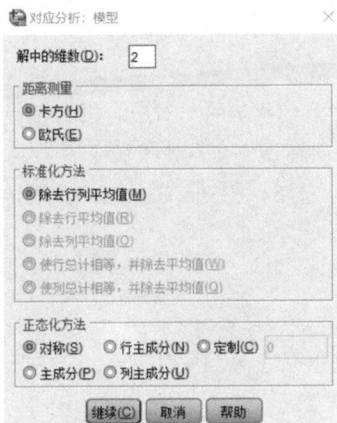

图 12-2-3

说明：

（1）"解中的维数"用于指定对应分析的维数，一般应选择尽可能小的维数来解释所有变异。

（2）"距离测量"用来选择行、列分类各自的距离测度，有两种选择："卡方"表示卡方距离，用于度量分类变量间的距离，是简单对应分析所用的测量方法，也是默认方法；"欧氏"表示欧氏距离，用于度量分类变量或连续变量间的距离。

（3）"标准化方法"有 5 个选项。

- 除去行列平均值：即行和列数据都被中心化。当"距离测量"为卡方距离时只能选择该选项。
- 除去行平均值：即行数据被中心化。当"距离测量"为欧氏距离时选择该选项。
- 除去列平均值：即列数据被中心化。当"距离测量"为欧氏距离时选择该选项。
- 使行总计相等，并除去平均值：即行数据被中心化，在确定中心之前令行边际都相等。当"距离测量"为欧氏距离时选择该选项。
- 使列总计相等，并除去平均值：即列数据被中心化，在确定中心之前令列边际都相等。当"距离测量"为欧氏距离时选择该选项。

（4）正态化方法有 5 个选项。

- 对称：检查两个变量之间的差异性或相似性。
- 主成分：检查行变量或者列变量各自内部分类间的距离。
- 行主成分：检查行变量内部分类间的距离。

185

- 列主成分：检查列变量内部分类间的距离。
- 定制：在输入框内输入一个–1~1 之间的数。–1 相当于"列主成分"方法，0 相当于"对称"方法，1 相当于"行主成分"方法，其他值用于指定行、列得分的比重。

3．统计量设置

单击图 12-2-1（3）中的"统计"按钮，弹出如图 12-2-4 所示的"对应分析：统计"对话框。该对话框主要用于设置需要输出哪些表格，在默认情况下，"对应表""行点概述""列点概述"是选中状态，其他表格读者可以根据需要自行选择。各复选框的含义如下。

- 对应表：交叉分组列表。
- 行点概述：行变量详细信息表。
- 列点概述：列变量详细信息表。
- 对应表的排列：输出按照第一个维数上的得分升序排列的行、列对应表，其右下方的"最大排列维数"选项可用来自行设置表格的最大维数。
- 行概要：表示每个行变量分类对所有列变量分类的分布情况。
- 列概要：表示每个列变量分类对所有行变量分类的分布情况。
- 以下对象的置信度统计："行点"表示所有非增补行的输出标准差和相关系数；"列点"表示所有非增补列的输出标准差和相关系数。

4．绘图设置

单击图 12-2-1（3）中的"图"按钮，弹出如图 12-2-5 所示的"对应分析：图"对话框。

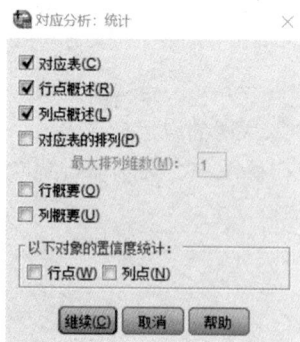

图 12-2-4

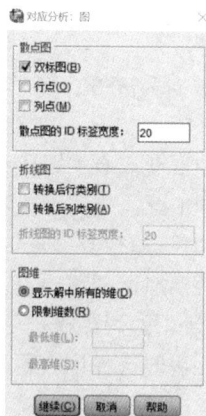

图 12-2-5

在默认情况下，"双标图"和"显示解中所有的维"复选框处于选中状态，各选区内容含义如下。

（1）散点图。

- "双标图"表示输出行列的联合分布图。
- "行点"表示以矩阵形式输出每个行分类的得分图。
- "列点"表示以矩阵形式输出每个列分类的得分图。
- "散点图的 ID 标签宽度"用于设置散点图的 ID 标签的字符个数，默认设置为 20。

（2）折线图：输出指定变量每个维数的线性图。

- "转换后行类别"表示以行分类的原始取值对行分类的得分作图。
- "转换后列类别"表示以列分类的原始取值对列分类的得分作图。

（3）图维：设置输出的维数，对所有输出的多维图形均有效。

- "显示解中所有的维"表示分析用到的行列维数都将以交叉矩阵的形式输出。
- "限制维数"表示只输出指定维数的图形，选中此单选框后，必须在"最低维"和"最高维"文本框中填写指定的最小维数和最大维数。

12.2.2　简单对应分析案例：家庭结构与学历

本节以小样本数据为例，通过分析家庭结构与学历之间的关系，演示简单对应分析的操作，并对结果进行展示和解析，数据格式如图 12-2-6 所示。

	名称	类型	宽度	小数位数	标签	值	缺失	列	对齐	测量	角色
1	ID	数字	4	0		无	无	12	疆 右	✍ 标度	＼ 输入
2	性别	数字	2	0		{1, 女}...	无	12	疆 右	♣ 名义	＼ 输入
3	学历	数字	2	0		{1, 高中以下...	无	12	疆 右	♣ 名义	＼ 输入
4	家庭结构	数字	2	0		{1, 独生子女...	无	12	疆 右	♣ 名义	＼ 输入

数据视图　变量视图

图 12-2-6

1. 参数设置

打开 SPSS，单击"分析"→"降维"→"对应分析"命令，弹出"对应分析"对话框。把"学历"放入"行"列表框，单击其下方的"定义范围"按钮，弹出"对应分析：定义行范围"对话框。在"最小值"文本框中输入 1，在"最大值"文本框中输入 4，单击"更新"按钮进行更新。单击"继续"按钮，返回"对应分析"对话框。在"对应分析"对话框中，把"家庭结构"放入"列"列表框，单击其下方的"定义范围"按钮，弹出"对应分析：定义列范围"对话框。在"最小值"文本框中输入 1，在"最大值"文本框中输入 4，单击"更新"按钮进行更新。单击"继续"按钮，返回"对应分析"对话框。其他均采用默认设置即可。单击"对应分析"对话框中的"确定"按钮，输出结果（操作过程参考图 12-2-1 和图 12-2-2）。

2. 输出结果

图 12-2-7 所示的信用表显示的是 SPSS 对应分析模块的版本信息。

图 12-2-8 所示就是分析变量的"行×列"表，其中显示了行变量"学历"和列变量"家庭结构"的基本情况。从表中数据可以看出，家庭结构与学历之间的大致关系是：本科或大专学历——家庭结构为 2~3 个孩子的所占比例最高，家庭结构为独生子女的次之；研究生及以上学历——也是家庭结构为 2~3 个孩子的所占比例最高，家庭结构为独生子女的次之。

信用
CORRESPONDENCE
Version 1.1
by
Leiden SPSS Group
Leiden University
The Netherlands

图 12-2-7

对应表

学历	独生子女	2~3个孩子	4~5个孩子	6个以上孩子	活动边际
		家庭结构			
高中以下	1	5	6	6	18
中专或高中	1	11	5	1	18
本科或大专	22	71	17	0	110
研究生及以上	14	30	5	1	50
活动边际	38	117	33	8	196

图 12-2-8

图 12-2-9 所示的摘要表中给出了维、奇异值、惯量、卡方及显著性。惯量相当于特征根，表示各维数能够解释列联表中两变量相关的程度；奇异值相当于相关系数。从表中的数据可知：对应分析维数为 3，第一维的惯量值为 0.269，所占比例为 91.6%，解释了总信息的 91.6%；第二维的惯量值为 0.025，所占比例为 8.4%，解释了总信息的 8.4%。两个维数一共携带了 100%的原始信息，所以把数据分为二维就能很好地解释变量间的关系。卡方值为 57.552，卡方检验的显著性 $P<0.05$，达到显著性水平。

摘要

维	奇异值	惯量	卡方	显著性	惯量比例 占	惯量比例 累积	置信度奇异值 标准差	相关性 2
1	.519	.269			.916	.916	.097	.122
2	.157	.025			.084	1.000	.067	
3	.002	.000			.000	1.000		
总计		.294	57.552	.000a	1.000	1.000		

a. 9 自由度

图 12-2-9

行点总览表如图 12-2-10 所示。

- "数量"表示每一类别所占总体的百分比。由数据可知，被试量最大的是"本科或大专"学历，第二是"研究生及以上"学历。
- "维得分"表示各类别在相关维数上的评分。数据表明，各分类在第一维上分布比较集中，在第二维上较为分散。

- "惯量"表示各类别在总惯量中的数值，数值越大，对总惯量的贡献越大。数据表明"高中以下"学历对总惯量的贡献最大。
- "贡献"给出了每个类别对各维数的贡献量，包括"点对维的惯量"的贡献和"维对点的惯量"的贡献两种。"点对维的惯量"的贡献表明各维数的信息在各分类中的分布情况，从数据可知，第一维的信息主要由"高中以下"学历携带，第二维的信息主要由"中专或高中"学历和"研究生及以上"学历携带。"维对点的惯量"的贡献表明各分类的信息在各维数上的分布，从数据可知，"高中以下"学历和"本科或大专"学历的信息主要分布在第一维上，"中专或高中"学历和"研究生及以上"学历的信息主要分布在第二维上。

行点总览[a]

学历	数量	维得分		惯量	贡献				总计
		1	2		点对维的惯量		维对点的惯量		
					1	2	1	2	
高中以下	.092	-2.205	-.194	.232	.861	.022	.998	.002	1.000
中专或高中	.092	-.290	.916	.016	.015	.492	.249	.751	1.000
本科或大专	.561	.291	.117	.026	.092	.049	.953	.047	1.000
研究生及以上	.255	.258	-.518	.020	.033	.437	.450	.550	1.000
活动总计	1.000			.294	1.000	1.000			

a. 对称正态化

图 12-2-10

列点总览表如图 12-2-11 所示，其含义与行点概览表相同，不再赘述。

列点总览[a]

家庭结构	数量	维得分		惯量	贡献				总计
		1	2		点对维的惯量		维对点的惯量		
					1	2	1	2	
独生子女	.194	.381	-.663	.028	.054	.543	.523	.477	1.000
2~3个孩子	.597	.234	.103	.018	.063	.041	.944	.056	1.000
4~5个孩子	.168	-.493	.545	.029	.079	.319	.730	.270	1.000
6个以上孩子	.041	-3.196	-.612	.219	.804	.098	.989	.011	1.000
活动总计	1.000			.294	1.000	1.000			

a. 对称正态化

图 12-2-11

对应分析图如图 12-2-12 所示。对应分析的主要信息均反映在该图上，图中各类别点在空间的分布位置和距离反映了相互间的关系，因此，在汇报对应分析的结果时仅使用此图即可。对于该图，主要看以下两方面内容。

- 检查和了解同一个变量各分类在空间的分布情况和区分程度。从变量类别上看，本案例中的学历和家庭结构这两个变量的各分类分布都比较分散，说明类别的区分度很好。从维数上看，两变量各分类在第二维上的分布比较集中，说明在第二维上的区分度不大。

- 检查和了解不同变量各分类之间的联系。不同变量各分类间的空间距离越近，表明分类间的关系越紧密。由图 12-2-12 可以看出，"2~3 个孩子"的家庭结构和"本科或大专"学历分布在同一个区域且基本重合，说明两者间的联系非常紧密。"独生子女"的家庭结构和"研究生及以上"学历也分布在同一个区域，且两者间的距离非常近，表明两者间的联系很紧密。"4~5 个孩子"的家庭结构和"中专或高中"学历分布在同一个区域，但是两者间的距离不是很近，说明两者存在联系，但联系不紧密。

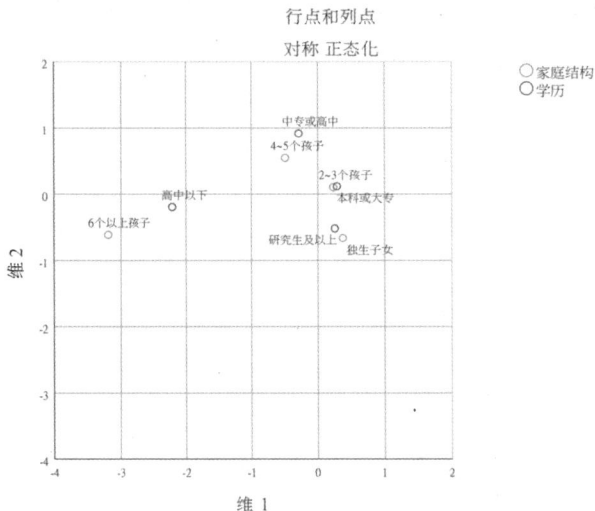

图 12-2-12

12.3　基于均数的对应分析

12.3.1　基于均数的对应分析简介

使用 SPSS 对随机分类变量进行简单对应分析的第一步操作就是对数据进行转换和标准化，随后的分析操作完全是基于转换后的连续数据进行的，因此这也是最重要的一步操作。从理论上说，对连续变量也可以进行对应分析，但是需要采用基于均数的对应分析来操作。

基于均数的对应分析是使用分类汇总数据来反映变量信息的。由于使用的是单元格内汇总的数据而不是频数，所以不能使用卡方距离来度量分类变量间的距离，而是需要借助欧氏距离来度量分类变量间的距离。在 SPSS 的对应分析中，提供了 4 种欧氏距离标准化方法，包括"除去行平均值""除去列平均值""使行总计相等，并除去平均值"和"使列总计相等，并除去平均值"，见图 12-2-3，此处不再赘述。在对应分析结果图中，原点表示的是指标的平均水平，所以图中各分类的点离原点越远，表示与平均水平相差越大。

12.3.2 基于均数的对应分析案例：各行业经济增长状况比较

1. 参数设置

本案例的数据来自"国家数据"，记录了 2017 年全国各行业经济增长状况，其中有 5 个指标：第三产业增加值（亿元）、金融业增加值（亿元）、住宿和餐饮业增加值（亿元）、建筑业增加值（亿元）、农林牧渔增加值（亿元）。这里希望考查各地区的行业增长状况差异，且数据是连续数据，所以使用基于均数的对应分析。

数据格式如图 12-3-1 所示。注意："城市"这列数据主要用来标记被试个数，一般是放在第一列的，在本案例中，由于不需要对该数据进行分析，所以放在了最后一列，这一步操作主要与分析时调用的语法有关。

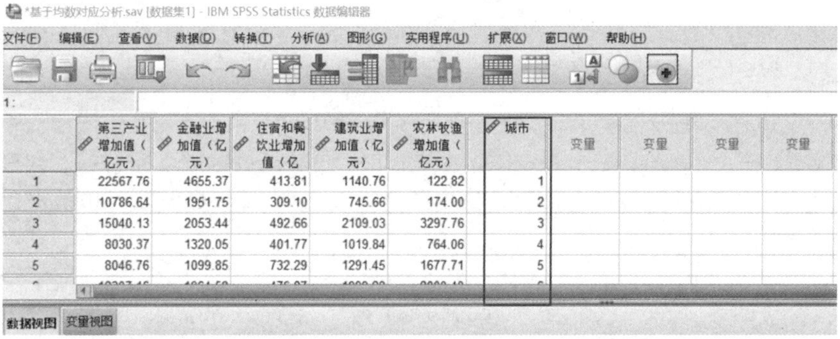

图 12-3-1

操作步骤：单击"分析"→"降维"→"对应分析"命令，弹出"对应分析"对话框，具体参数设置如下。

（1）变量设置。将"第三产业增加值（亿元）"放入"行"列表框，单击其下方的"定义范围"按钮，弹出"对应分析：定义行范围"对话框。在"最小值"文本框中输入 1，在"最大值"文本框中输入 2，单击"更新"按钮进行更新。单击"继续"按钮，返回"对应分析"对话框。在"对应分析"对话框中，将"金融业增加值（亿元）"放入"列"列表框，单击其下方的"定义范围"按钮，弹出"对应分析：定义列范围"对话框。在"最小值"文本框中输入 1，在"最大值"文本框中输入 2，单击"更新"按钮进行更新，设置好的页面如图 12-3-2 所示。单击"继续"按钮，返回"对应分析"对话框。注意：此处把取值范围定义为 1～2，是为了接下来的程序复制，并无实际意义。

（2）模型设置。单击"模型"按钮，弹出"对应分析：模型"对话框，选中"欧氏""使列总计相等，并除去平均值""对称"单选框，如图 12-3-3 所示，单击"继续"按钮，返回"对应分析"对话框。

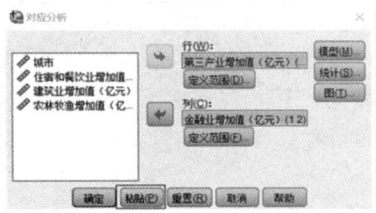

图 12-3-2   图 12-3-3

宏程序调用。单击"粘贴"按钮，在生成的程序中，将 TABLE 右侧（见图 12-3-4）更改为"ALL(31 5)"并运行程序，更改后的语法如图 12-3-5 所示。

注意："ALL(31 5)"表示数据是以交叉表的形式出现的。31 表示有 31 个城市，即在分析的列联表中有 31 行；5 表示有 5 个观测变量指标，即在分析的列联表中有 5 列。变量"城市"是控制变量指标，不需要进行分析。在输入"ALL(31 5)"的括号时，应把键盘切换成英文输入模式，否则语法不识别。

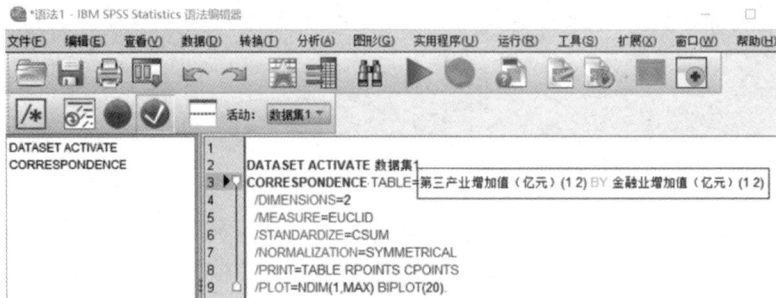

图 12-3-4

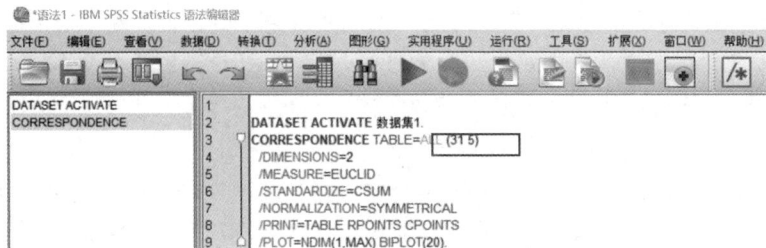

图 12-3-5

2．输出结果

基于均数的对应分析结果表与简单分析结果表相同，都包括版本信用表、对应表、摘要表、行点总览表、列点总览表和对应分析图。这里只对摘要表和对应分析图进行解析。

（1）摘要表如图 12-3-6 所示。从摘要表中可以看出，前两个维数共携带总信息量的 96.1%，因此，把数据分为二维即可很好地解释变量间的关系。

摘要

| 维 | 奇异值 | 惯量 | 惯量比例 | | 置信度奇异值 | 相关性 |
			占	累积	标准差	2
1	.664	.441	.810	.810	.000	.052
2	.287	.082	.151	.961	.001	
3	.110	.012	.022	.983		
4	.095	.009	.017	1.000		
总计		.544	1.000	1.000		

图 12-3-6

（2）对应分析图如图 12-3-7 所示。观测变量间的关系：金融业增加值和第三产业增加值在原点的相同方向，符合常识；住宿和餐饮业增加值和建筑业增加值距离较近，说明二者之间存在关联；农林牧渔增加值离其他点较远，属于第一产业。观察城市间的关系：如果各地区散点聚集在一起，则说明这几项指标发展水平接近；反之，则说明这些地区的发展水平相差较远。

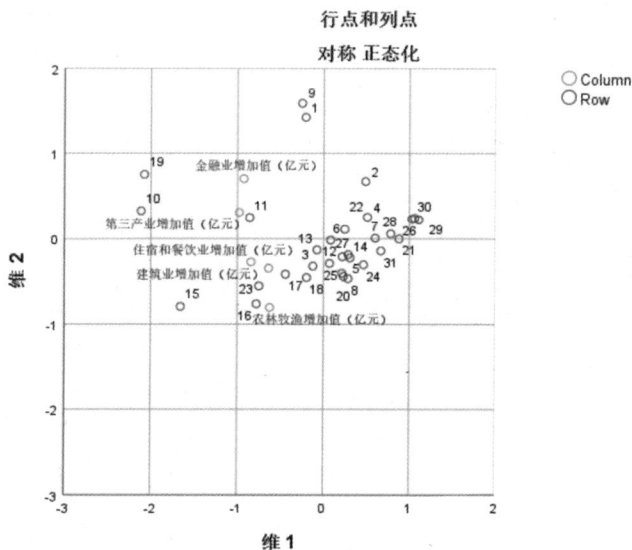

行点和列点
对称 正态化

图 12-3-7

12.4 基于最优尺度变换的多重对应分析

12.4.1 基于最优尺度变换的多重对应分析简介

前面介绍了两个分类变量的简单对应分析和两个连续变量的基于均值的对应分析，本节介绍多个分类变量之间的对应分析——基于最优尺度变换的多重对应分析。多重对应分析是一种基于最优尺度转化的、独立于对应分析方法发展起来的一种方法。为了凸显类别间的差异，多重对应分析会先对各变量进行最优尺度转换，然后再按照对应分析算法进行计算，所以这种方法也被划归到同质性分析的范畴之内。

1. 方法选择

单击"分析"→"降维"→"最优标度"命令，弹出如图 12-4-1 所示的"最优标度"对话框。

（1）"最优标度级别"选区可用来设置变量的度量类型。

- "所有变量均为多重名义"只适用于所有变量都是无序多分类变量的情况。
- "某些变量并非多重名义"适用于变量中部分变量是单分类变量、有序分类变量或者离散的数值型变量的情况。

（2）"变量集的数目"选区中的"一个集合"表示只分析一组变量间的关系，"多个集合"适用于数据集中存在多个变量集的情况。

（3）"选定的分析"选区包括"多重对应分析""分类主要成分"和"非线性典型相关性"3 个选项，不可编辑。这 3 个选项与前面的"最优标度级别"和"变量集的数目"的选择有关。

- 当选中"所有变量均为多重名义"和"一个集合"单选框时，对应的就是"多重对应分析"选项，如图 12-4-1 所示。
- 当选中"某些变量并非多重名义"和"一个集合"单选框时，对应的就是"分类主要成分"选项，如图 12-4-2 所示。
- 只要选中"多个集合"单选框，对应的就是"非线性典型相关性"选项，如图 12-4-3 所示。

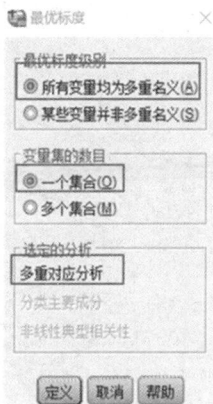
图 12-4-1

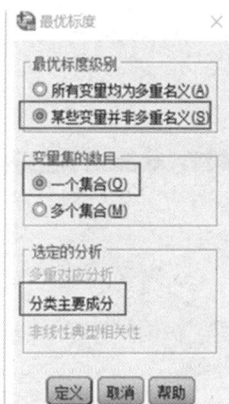
图 12-4-2

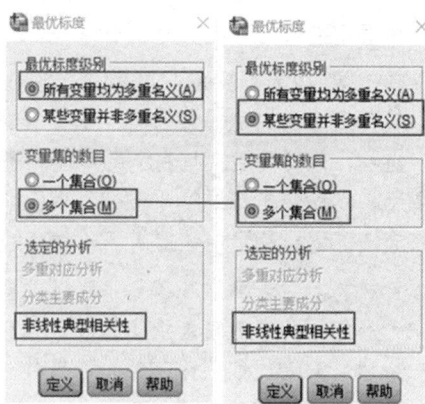
图 12-4-3

2. 变量设置

本节选中的是"所有变量均为多重名义"和"一个集合"单选框,如图 12-4-1 所示,单击下方的"定义"按钮,进入如图 12-4-4 所示的"多重对应分析"对话框。

主页面变量的选择和设置

- 左侧列表框中显示的是待选择的变量,把需要分析的变量放入"分析变量"列表框,会激活其下方的"定义变量权重"按钮。当放入两个变量时,该分析就相当于简单的对应分析。单击"定义变量权重"按钮,弹出如图 12-4-5 所示的"MCA:定义变量权重"对话框,在"变量权重"文本框中可以自定义变量权重,默认是 1。
- 在"补充变量"列表框中可以放入补充变量,补充变量不可用于分析,只适用于结果对比和描述。
- "标注变量"列表框用于在结果中标识各记录。
- 在"解中的维数"文本框中可以设置分析结果的空间维数,默认是 2。

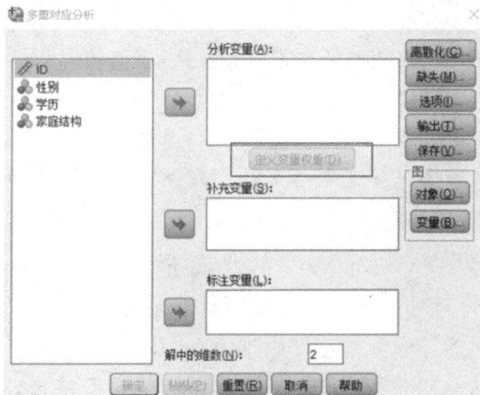
图 12-4-4

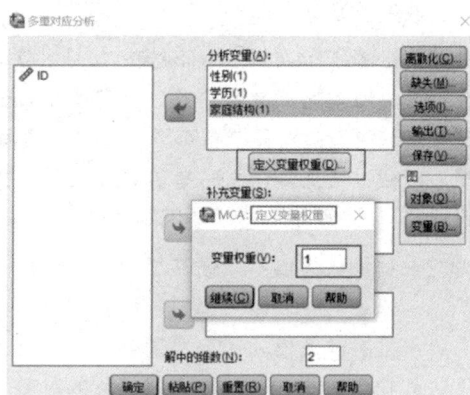
图 12-4-5

离散化设置

单击图 12-4-4 中的"离散化"按钮，进入如图 12-4-6 所示的"MCA：离散化"对话框。在"变量"列表框中选中"性别（未指定）"变量，在"方法"下拉菜单中选中"未指定"选项，此时会激活其右侧的"变化量"按钮，如图 12-4-7 所示。单击"变化量"按钮进行更新，然后单击"继续"按钮，返回"多重对应分析"对话框，一般采用默认设置即可。在"方法"下拉菜单中共提供了 4 种离散化方法。

- 未指定：无离散化操作，默认选项。
- 分组：将取值重新编码为固定个数或者固定间隔的类别。
- 秩：对变量取值排序后，取其秩进行分类。
- 乘：将当前值标准化后乘以 10，再取整数，最后加上一个常量，使离散化后的最小值为 1。

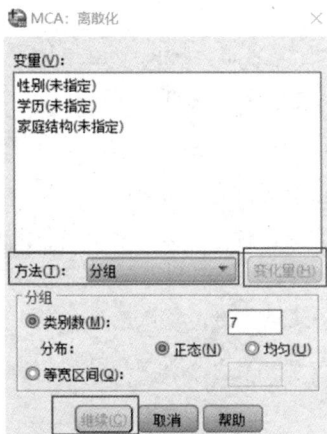

图 12-4-6

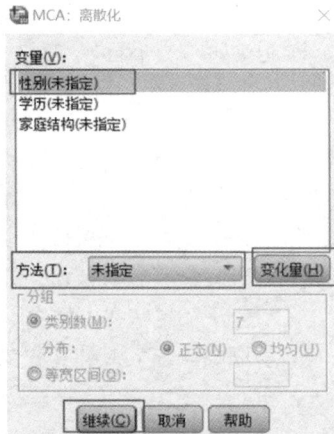

图 12-4-7

缺失值设置

单击图 12-4-4 中的"缺失"按钮，进入如图 12-4-8 所示的"MCA：缺失值"对话框。在"缺失值策略"选区的"分析变量"列表框中选中"学历"变量后，选中"排除对于此变量具有缺失值的对象"单选框，此时会激活"变化量"按钮，如图 12-4-9 所示。单击"变化量"按钮进行更新，之后单击"继续"按钮，返回"多重对应分析"对话框。一般采用默认设置即可。"策略"选区提供了 3 种处理缺失值的方法。

- 排除缺失值：以便在量化后进行相关性插补。下面的"众数"表示用类别换取的众数来取代缺失值。"附加类别"表示用一个额外的分类值取代所有缺失值。
- 插补缺失值。用来主动替换缺失值，包括"众数"和"附加类别"两种方法。
- 排除对于此变量具有缺失值的对象。排除对含有缺失值的变量的分析，但是该方法对补充变量无效。

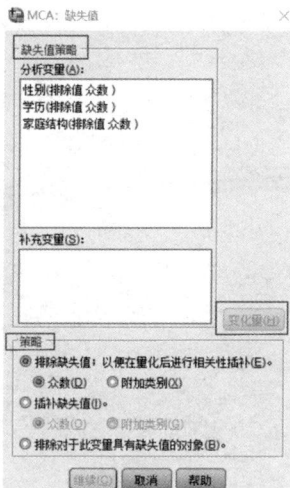 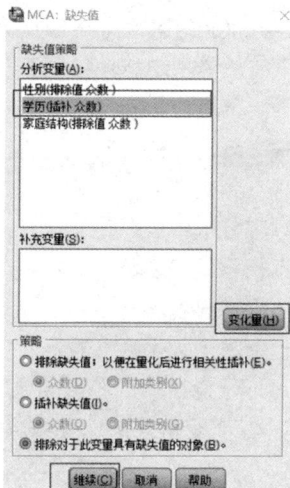

图 12-4-8   图 12-4-9

选项设置

单击图 12-4-4 中的"选项"按钮,进入如图 12-4-10 所示的"MCA:选项"对话框,一般采用默认设置即可。

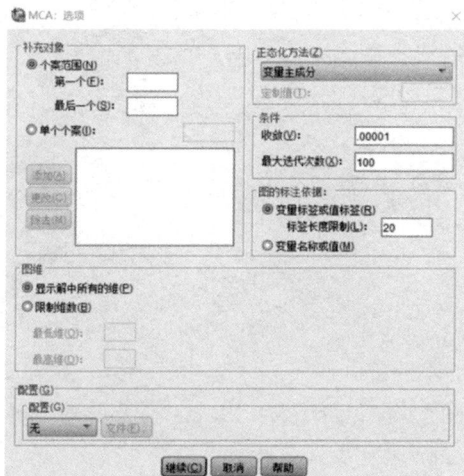

图 12-4-10

- "补充对象"选区用于设置补充变量在数据集中的记录号,可以通过单击"添加""更改""除去"按钮进行修改。
  - 个案范围:"第一个"用于指定起始行,"最后一个"用于指定结束行。
  - "单个个案"可用来设置特定的行号。

- 在"正态化方法"选区中，SPSS 提供了 5 种正态化方法。
  - "变量主成分"相当于简单对应分析中的"列主成分"。
  - "对象主成分"相当于简单对应分析中的"行主成分"。
  - "对称"相当于简单对应分析中的"对称"。
  - "独立"相当于简单对应分析中的"主成分"。
  - "定制"相当于简单对应分析中的"定制"。
- "条件"选区可用于设定模型的拟合标准。
  - "收敛"用于指定收敛的临界值。
  - "最大迭代次数"用于指定最大循环次数。
- "图的标注依据"选区可用于设置输出图形的显示方法。
  - "变量标签或值标签"表示显示变量标签或值标签，下方的"标签长度限制"用于指定标签的最大长度。
  - "变量名或值"表示显示变量名或变量值。
- "图维"选区可用于设置输出图形的维数，设置方法与简单对应分析的设置相同。
- "配置"选区可用于设置从哪个文件读入坐标信息，如图 12-4-11 所示。其下方的下拉列表中包含 3 个选项：无、初始和固定。
  - "初始"对应于分析中的起始观测。
  - "固定"表示文件中的信息将用于装配当前的分析变量。

下拉列表的右侧有一个"文件"按钮，当选中"初始"或"固定"选项时，"文件"按钮会被激活（见图 12-4-12），单击"文件"按钮可以选择文件。

图 12-4-11

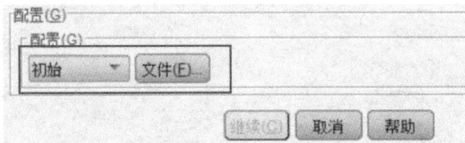

图 12-4-12

输出设置

单击图 12-4-4 中的"输出"按钮，进入如图 12-4-13 所示的"MCA：输出"对话框。

- "表"选区用于设置要输出的表格。
  - "对象得分"：在勾选该复选框后，右下角的"对象得分选项"选区将被激活。"包括下列对象的类别"列表框会显示对象的类别，"对象得分的标注依据"用于指定标识观测得分的标签变量。
  - "区分测量"：输出每个变量和维数的判别度量方式，该选项为默认选项。
  - 迭代历史记录：输出迭代过程中方差的变化过程。
  - 原始变量的相关性：输出原始变量取值的相关系数矩阵和特征值。

- 转换后变量的相关性：输出转换后变量的相关系数矩阵和特征值，该选项为默认选项。
- "量化变量"列表框中会显示待分析的变量。
- "标注变量"列表框中会显示数据集的标识变量。
- "类别量化与贡献"列表框中应放入量化变量，对每一个维数输出类别量化的信息。
- "概述统计"列表框中应放入指定的描述变量，输出其频数、缺失值个数等基本统计信息。

保存设置

单击图 12-4-4 中的"保存"按钮，进入如图 12-4-14 所示的"MCA：保存"对话框。

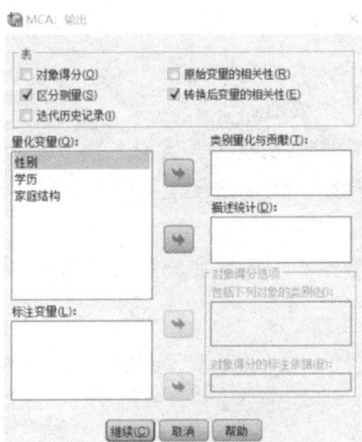

图 12-4-13

图 12-4-14

- "离散化数据"选区用于设置离散化数据的选项。"创建离散化数据"表示创建一个保存离散化数据的选项。"创建新数据集"表示需要创建一个新的数据集，用于保存指定的数据。选中该单选框后，需要在其下方的"数据集名称"文本框中输入数据集的名称。"写入新数据文件"表示需要创建一个新的文件来保存指定的数据，选中该单选框后，会激活其下方的"文件"按钮。
- "转换后变量"选区用于设置保存变量转换数据的选项，包括两部分。
  - "将转换后变量保存到活动数据集"：把数据保存到当前数据集中。
  - "创建转换后变量"包括"创建新数据集"和"写入新数据文件"两个单选框，它们的含义与"创建离散化数据"中的类似，不再赘述。
- "对象得分"选区用于设置保存观测得分数据选项，包括"将对象得分保存到活动数据集"和"创建对象得分"复选框，不再赘述。

对象设置

单击图 12-4-4 中的"对象"按钮,进入如图 12-4-15 所示的"MCA:对象图"对话框,一般采用默认设置即可。

- 图:设置作图类别。"对象点"表示只对对象点作图;"对象和质心"表示对对象点及其中心点作图。
- 双标图变量:用于设置行、列联合分数图的变量。"所有变量"表示使用全部变量;"选定变量"表示把需要的变量从"可用"列表框移到"选定"列表框。
- 标注对象:用于设置标识对象的标签变量。"个案号"表示以行号作为标签,是默认设置;"变量"表示把需要的变量从"可用"列表框移到"选定"列表框。

变量设置

单击图 12-4-4 中的"变量"按钮,进入如图 12-4-16 所示的"MCA:变量图"对话框。

- 类别图:对选入此列表框的变量绘制类别图。
- 联合类别图:在图形中显示所有选入变量各类别的中心值。
- 转换图:对选入此列表框的变量绘制最优量化值图和类别指示变量图。其下方的"维数"可指定作图维数,对每个维数都输出一个图形。"包括残差图"表示对选入的变量绘制残差图。
- 区分测量:"显示图"表示为指定变量绘制区分度量图。指定变量的方式有两种,即"使用所有变量"和"使用选定变量"。

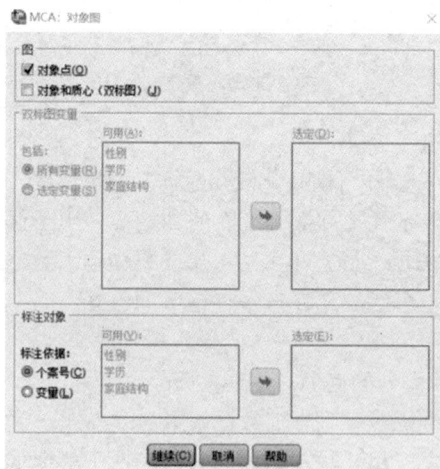

图 12-4-15

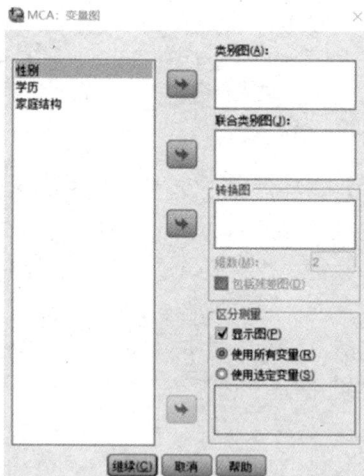

图 12-4-16

12.4.2　基于最优尺度变换的多重对应分析案例：家庭结构与学历

本节以调查被试学历相关因素的小样本数据，分析被试者的学历与其性别、家庭结构之间的关系，包括 4 个变量，ID（被试编码）、性别、学历和家庭结构，如图 12-4-17 所示。

图 12-4-17

1．参数设置

单击"分析"→"降维"→"最优标度"命令，弹出"最优标度"对话框，选中"所有变量均为多重名义"和"一个集合"单选框，单击"定义"按钮，进入如图 12-4-18 所示的"多重对应分析"对话框。

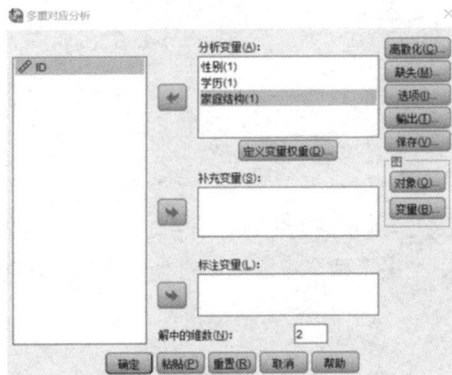

图 12-4-18

（1）分析变量：把"性别""学历""家庭结构"放入"分析变量"列表框。

（2）单击"输出"按钮，弹出"MCA：输出"对话框，勾选"原始变量的相关性"复选框，把"学历"放入"类别量化与贡献"列表框，把"性别"放入"描述统计"列表框，其他采用默认设置，如图 12-4-19 所示，单击"继续"按钮，回到"多重对应分析"对话框。

（3）图设置：单击图 12-4-18 中的"变量"按钮，弹出"MCA：变量图"对话框，把

"学历"放入"类别图"列表框，把"性别""学历""家庭结构"放入"联合类别图"列表框，其他采用默认设置，如图 12-4-20 所示，单击"继续"按钮，回到"多重对应分析"对话框。单击"确定"按钮。

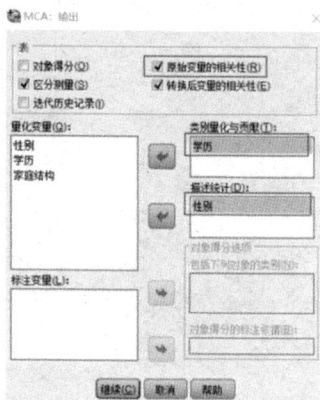

图 12-4-19

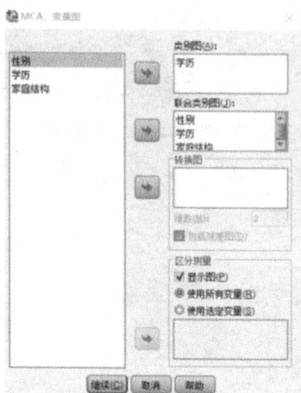

图 12-4-20

2. 输出结果

（1）个案处理摘要表如图 12-4-21 所示，性别表（描述统计表）如图 12-4-22 所示。

个案处理摘要	
有效活动个案	196
具有缺失值的活动个案	0
补充个案	0
总计	196
在分析中使用的个案	196

图 12-4-21

性别		
		频率
有效	女	73
	男*	123
	总计	196

a. 众数.

图 12-4-22

（2）迭代历史记录表如图 12-4-23 所示，其中给出了最后一次迭代的次数、方差所占百分比等信息。模型摘要表如图 12-4-24 所示，其中给出了两个维数的特征值和惯量等信息。

迭代历史记录

迭代编号	方差所占百分比		
	总计	提高	损失
24ᵃ	1.409297	.000008	1.590703

a. 由于已达到收敛检验值，因此迭代过程已停止。

图 12-4-23

模型摘要

维	克隆巴赫 Alpha	方差所占百分比		
		总计（特征值）	惯量	方差百分比
1	.548	1.576	.525	52.517
2	.293	1.243	.414	41.436
总计		2.819	.940	
平均值	.436ᵃ	1.409	.470	46.977

a. 克隆巴赫 Alpha 平均值基于平均特征值。

图 12-4-24

（3）变量的类别中心坐标表如图 12-4-25 所示，变量的类别中心坐标图如图 12-4-26 所示。从这两个输出可以判断在把变量映射到二维空间后，各个类别取值的区分程度。

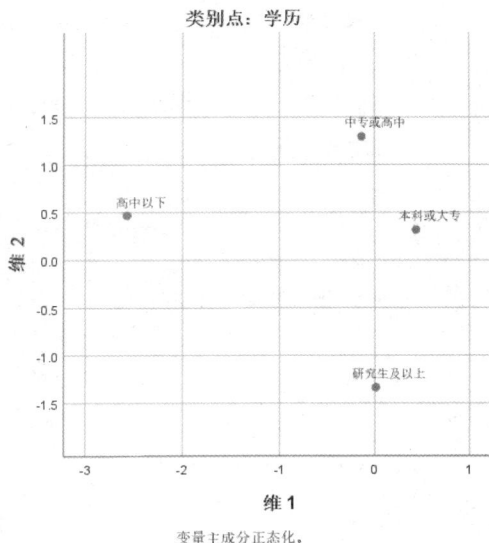

类别点：学历

变量主成分正态化.

图 12-4-26

学历

点：坐标

类别	频率	质心坐标 维 1	2
高中以下	18	-2.569	.468
中专或高中	18	-.139	1.297
本科或大专	110	.439	.318
研究生及以上	50	.010	-1.335

变量主成分正态化.

图 12-4-25

（4）类别点的联合图如图 12-4-27 所示，该图为多重对应分析图。该图是多重对应分析结果中的重点，它把所有变量的类别点的中心坐标都放在同一个图中显示，与简单对应分析的二维图类似。可以在图上加上 X 轴和 Y 轴，标出原点位置，以便观察各变量及不同类别在图中的分布，结果解释与简单对应分析一样。由图 12-4-27 可知，"本科或大专""男性"和"2~3 个孩子"的家庭结构分布在同一个空间且距离很近，说明这三者之间的联系较为紧密。

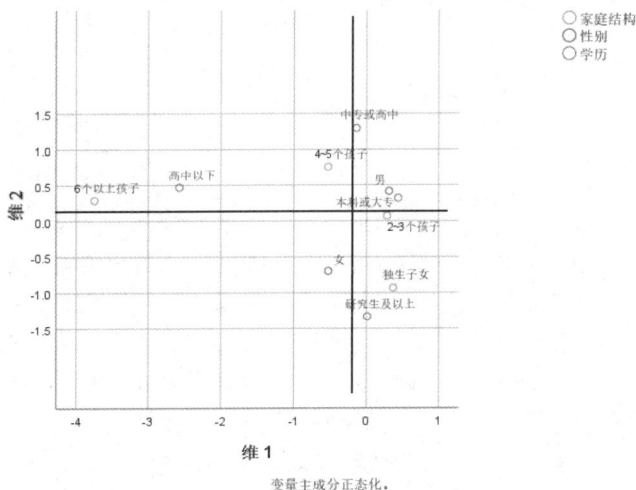

变量主成分正态化.

图 12-4-27

（5）原始相关性变量表如图 12-4-28 所示，转换后相关性变量表如图 12-4-29 所示。由个案号标注的对象点（个体散点图）如图 12-4-30 所示，一般很难从此图中得到有价值的信息，但是它可以存储坐标，以便后续做深入分析。

原始相关性变量	性别	学历	家庭结构
性别	1.000	-.044	-.101
学历	-.044	1.000	-.391
家庭结构	-.101	-.391	1.000
维	1	2	3
特征值	1.395	1.021	.584

图 12-4-28

转换后相关性变量

维： 1

	性别	学历	家庭结构
性别	1.000	.156	.122
学历	.156	1.000	.508
家庭结构	.122	.508	1.000
维	1	2	3
特征值	1.576	.934	.490

图 12-4-29

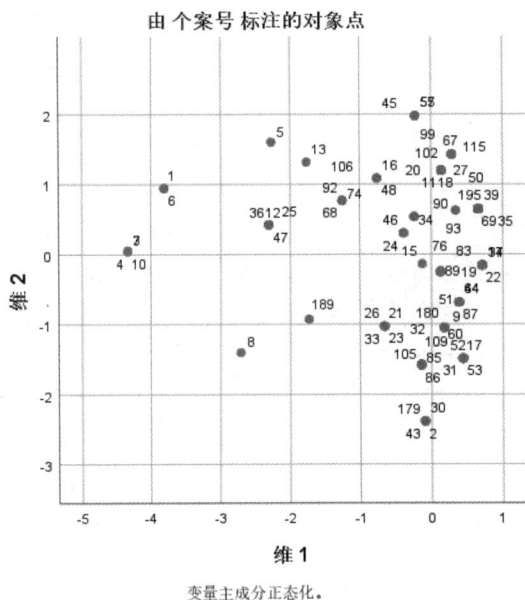

由 个案号 标注的对象点

变量主成分正态化。

图 12-4-30

（6）区分测量表如图 12-4-31 所示，区分测量图如图 12-4-32 所示。区分测量表显示了每个维数所解释的变量的信息量，此表可用于检验模型：当某个变量在各个维数上所携带的信息量都很少时，可以考虑删除该变量；平均值越大，说明各个维数对该变量的解释越好。该表中的数据反映到二维图上就是区分测量图。由图 12-4-31 中的数据可知，家庭结构在两个维数上的区分度都较好，但是两个维数对学历的解释最好。区分测量图反映了维数得分和量化后变量值的相关性大小，由此图可以判断重点变量在与其相关性较大的维数上的特征，在这个维数上的类别点一般会划分的更明显。从图 12-4-32 中可以看出，"学历"和"性别"在这两个维数上的区分度不大，但是其离原点的距离最远，说明这两个维数对学历的解释最好，所以在这两个维数上都受到较大的关注。"家庭结构"在两个维数上的区分度最明显，该变量在维数 1 上应该投入较大的关注。"性别"在两个维数上的区分度不大。同时，3 个变量间的夹角都是锐角，说明 3 个变量间存在联系，夹角越小，相关性越大。

区分测量			
	维		
	1	2	平均值
性别	.165	.287	.226
学历	.716	.686	.701
家庭结构	.695	.270	.482
活动总计	1.576	1.243	1.409
方差百分比	52.517	41.436	46.977

图 12-4-31

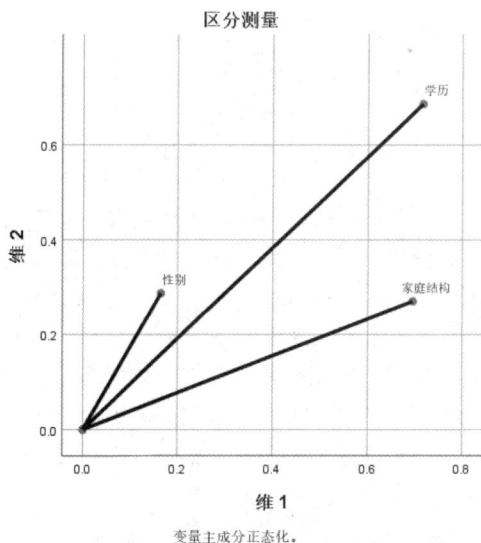

区分测量

图 12-4-32

12.5　本章小结

　　对应分析是分析变量间关系的一种方法，本章简单介绍了其统计理论并进行了案例演示。对应分析虽然不能得到精确的统计结果，但是其操作简单，结果直观易懂，因此，对应分析可以作为探索研究变量间初始关系的一种方法。同时，对应分析与因子分析、典型相关分析等统计方法之间有着千丝万缕的联系，但是这几种方法的侧重点又有所不同，我们在学习时应根据自己的需要选择合适的方法。

第 13 章
两组变量的相关分析：典型相关分析

13.1 典型相关分析简介

1936 年，Hotelling 在其文章 *Relations Between Two Sets of Variates* 中提出了一种新的计算相关关系的统计方法：将均值为 0 的随机向量 X 分解为 u 和 v 两个分向量，即 $X=(x^{(1)'}, x^{(2)'})'$，对 n 维随机向量 $X=(x^{(1)}, x^{(2)})$，找出 $x^{(1)}$ 和 $x^{(2)}$ 的线性函数组合 $u=a'x^{(1)}$，$v=b'x^{(2)}$，找到向量 a 和 b，使 $\rho(u, v)$ 最大，从而找到替代原始变量的典型变量 U 和 V。然后利用这两个典型变量之间的关系来反映两组变量之间的整体相关性，也就是利用线性函数之间的相关关系来研究 $x^{(1)}$ 和 $x^{(2)}$ 的相关性。这样利用一个或少数几个典型变量来研究两组原始变量之间关系的方法，被称为典型相关分析。值得注意的是，简单相关分析和复杂相关分析均为典型相关分析的特例。

传统典型相关分析的主要思想是对线性典型相关分析的描述，其基本假设如下。

（1）变量服从正态分布。

（2）变量间的关系是线性关系：每对典型变量之间的关系都是线性关系，每个典型变量与本组变量之间的关系也都是线性关系。

（3）样本的同质性高，但各组内变量间不能有高度的多重共线性。

（4）两组变量的地位是相等的。如果研究的变量间有隐含的因果关系，则可假设一组变量为自变量，另一组变量为因变量。

下面对典型相关分析结果报表中的一些专业术语作简单介绍。

典型加权系数：表示每个观测变量对所属的典型变量的贡献，绝对值越大，表示对典型变量的影响越大。此系数类似于回归分析中的回归系数、判别分析中的判别系数。

典型变量结构系数：表示典型变量 U 与 X 组各观测变量的相关系数，以及典型变量 V 与 Y 组各观测变量的相关系数。

冗余系数：指 q 个 Y 变量通过第 i 组典型变量所能解释的 p 个 X 变量的变异量的百分比，以及 p 个 X 变量通过第 i 组典型变量所能解释的 q 个 Y 变量的变异量的百分比。

13.2　典型相关分析案例：旅游前的旅游信息搜索动机与旅游行为之间的关系

本节以游客旅游前的旅游信息搜索动机（包括了解景区信息、安排住宿、安排交通和获取门票信息等）与旅游行为（包括安排旅游计划、实施旅游、向他人推荐景区和咨询投诉等）之间的关系为例，介绍典型相关分析的 SPSS 操作，并对结果进行详细说明。本节把旅游信息搜索动机设为 X 变量$(x_1, x_2, x_3, x_4, x_5)$，把旅游行为设为 Y 变量(y_1, y_2, y_3, y_4)。

在 SPSS 中，有两种方法可以实现典型相关分析，即 Canonical 宏程序和 MANOVA 语法。本节将分别对这两种方法的操作进行讲解，并对这两种方法的结果进行对比（注意：结果表是按照输出结果的顺序排列的，为了便于读者理解与比较，我们在结果表上标注 A、B、C 等大写字母，与结果表的输出顺序无关）。

13.2.1　使用 Canonical 宏程序进行典型相关操作

由于 Canonical 宏程序的所在位置与 SPSS 的安装位置相同，所以首先要知道 SPSS 的安装位置，方法如下：打开"本机/计算机"，在搜索框中输入"Canonical"，搜索结果如图 13-2-1（1）所示。选中该路径，右键单击鼠标，在弹出的右键快捷菜单中单击"属性"选项，弹出"属性"对话框，单击"常规"选项，如图 13-2-1（2）所示，即可看到 SPSS 中 Canonical 宏程序所在的位置。在调用宏程序时，直接把该路径复制并粘贴到宏程序中即可。

（1）

图 13-2-1

调用宏程序的操作如下。

打开 SPSS 和所需的文件，单击"文件"→"新建"→"语法"命令，弹出"语法"窗口，输入下列语法，然后单击"运行"→"全部"命令，即可输出结果。

```
    INCLUDE 'F:\Program Files\IBM\SPSS\Statistics\25\Samples\English\
Canonical correlation.sps'.
    CANCORR Set1=x₁ x₂ x₃ x₄ x₅
        /Set2=y₁ y₂ y₃ y₄.
```

注意：在语法中，CANCORR Set1 等于 p 个自变量的名称，Set2 等于 q 个因变量的名称。变量名称既可以是中文，也可以是英文，但是必须一一对应，否则无法提取。输出的结果如图 13-2-2 所示。

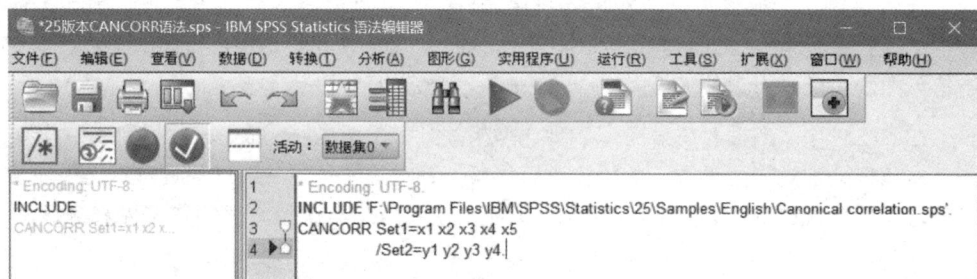

图 13-2-2

1. 观测变量间的相关矩阵

首先观测 p 个自变量和 q 个因变量各自的相关矩阵，即 $\boldsymbol{R}_{xx}$ 和 $\boldsymbol{R}_{yy}$。如图 13-2-3 所示，左图是自变量间的相关矩阵，相关矩阵的结果是对称的，所以只看对角线下面的结果即可。从图中可以看到，各 X 变量之间的相关系数都不太高，且相关方向一致。x_3 和 x_4 之间的相关系数最高（0.7156），表明 X 维数的这两个变量可能表达了同一个含义。右图是因变量间的相关矩阵，结果解释与自变量间的相关矩阵类似，不再赘述。

Correlations for Set1				
	x_1	x_2	x_3	x_4	x_5
x_1	1.0000	.1965	.2422	.1008	.3612
x_2	.1965	1.0000	.3010	.2111	.1844
x_3	.2422	.3010	1.0000	.7156	.1785
x_4	.1008	.2111	.7156	1.0000	.0771
x_5	.3612	.1844	.1785	.0771	1.0000

Correlations for Set2			
	y_1	y_2	y_3	y_4
y_1	1.0000	.4620	.3364	.1360
y_2	.4620	1.0000	.5608	.2046
y_3	.3364	.5608	1.0000	.1540
y_4	.1360	.2046	.1540	1.0000

图 13-2-3

图 13-2-4 是自变量和因变量之间的相关矩阵 $\boldsymbol{R}_{xy}$，从该相关矩阵可以看出，X 变量与 Y 变量的相关方向均为正向相关，但是各变量间的相关系数不高，均低于 0.5，这可能是因为变量间存在交互效应。因此，该相关矩阵只能作为变量间相关关系的参考。

Correlations Between Set1 and Set2			
	y_1	y_2	y_3	y_4
x_1	.1359	.2217	.0866	.1880
x_2	.1010	.0777	.1887	.2523
x_3	.2068	.2289	.2874	.2987
x_4	.2133	.2830	.2217	.2745
x_5	.0454	.1660	.0536	.4748

图 13-2-4

2. 典型相关系数表和显著性检验表

图 13-2-5 是典型相关系数表 A 及其显著性检验表 B。下面先看典型相关系数表 A 的数据：由于自变量有 5 个观测变量，因变量有 4 个观测变量，所以最多只有 4 对典型变量，表 A 中输出了 4 个典型相关系数。对典型相关系数的显著性检验采用的是 $Bartlett \; \chi^2$ 检验。由显著性检验表 B 中的数据可知：4 个相关系数检验的显著性（Sig.）分别为 0.000、0.282、0.412 和 0.991，只有第一个典型相关系数达到显著性水平。因此，对变量 X 和 Y 的研究可以转换为对第一对典型变量之间的关系的研究。由于剩下的 3 对典型变量的相关系数都不显著，所以在后续解读结果时，仅对第一对典型变量进行详细分析。

A	Canonical Correlations
1	.572
2	.292
3	.253
4	.014

B	Test that remaining correlations are zero:			
	Wilk's	Chi-SQ	DF	Sig.
1	.576	50.717	20.000	.000
2	.856	14.305	12.000	.282
3	.936	6.102	6.000	.412
4	1.000	.017	2.000	.991

图 13-2-5

3. 典型变量系数表

图 13-2-6 为典型变量系数表，其中，表 C 和表 E 分别是 p 个 X 变量和 q 个 Y 变量的标准化典型变量系数表，表 D 和表 F 分别是 p 个 X 变量和 q 个 Y 变量的非标准化典型变量系数表。在实际操作中，由于原始变量的单位很难统一，因此一般只对标准化典型变量系数表进行解释。

由表 C 可知，来自 X 变量的第一典型变量的函数式如下所示。在 X 变量中，x_5 对第一典型变量的贡献最大，其他变量对第一典型变量的贡献较小，各变量与典型变量均为负相关。

$$U_1 = -0.046x_1 - 0.186x_2 - 0.126x_3 - 0.402x_4 - 0.713x_5$$

由表 E 可知，来自 Y 变量的第一典型变量的函数式如下所示。在 Y 变量中，y_4 对第一典型变量的贡献最大，其他变量对第一典型变量的贡献较小，各变量与典型变量均为负相关。

$$V_1 = -0.031y_1 - 0.275y_2 - 0.054y_3 - 0.880y_4$$

C	Standardized Canonical Coefficients for Set1					D	Raw Canonical Coefficients for Set1			
	1	2	3	4			1	2	3	4
x_1	-.046	-.476	-.625	-.341		x_1	-.047	-.488	-.641	-.349
x_2	-.186	.561	.152	-.868		x_2	-.183	.555	.150	-.857
x_3	-.126	1.005	-.108	.926		x_3	-.111	.881	-.095	.812
x_4	-.402	-.698	-.567	-.356		x_4	-.342	-.594	-.482	-.303
x_5	-.713	-.311	.722	.217		x_5	-.810	-.354	.820	.246

E	Standardized Canonical Coefficients for Set2					F	Raw Canonical Coefficients for Set2			
	1	2	3	4			1	2	3	4
y_1	-.031	.211	-.468	-1.012		y_1	-.026	.174	-.385	-.833
y_2	-.275	-1.008	-.544	.549		y_2	-.220	-.804	-.434	.438
y_3	-.054	1.109	-.183	.459		y_3	-.046	.944	-.156	.390
y_4	-.880	.050	.501	-.145		y_4	-.695	.040	.396	-.114

图 13-2-6

4. 典型变量结构系数表

图 13-2-7 是 X 变量与其相对应的典型变量（表示 X 变量的典型变量 U）之间的相关系数表（即典型变量结构系数表 G_1），和 X 变量与其对立的典型变量（表示 Y 变量的典型变量 U）之间的相关系数表（即交叉结构系数表 G_2）。相关系数越大，表明该变量在解释典型变量时越重要。由表 G_1 中的数据可知，在 X 的 5 个变量中，x_3、x_4、x_5 与第一典型变量 U_1 的联系较为紧密，x_1、x_2 与第一典型变量 U_1 的联系相对疏远。而且，典型结构矩阵可以由变量的相关矩阵乘以该变量的标准化典型系数矩阵得到，跨典型载荷矩阵等于变量的典型载荷矩阵乘以典型相关矩阵。

G_1	Canonical Loadings for Set1					G_2	Cross Loadings for Set1			
	1	2	3	4			1	2	3	4
x_1	-.411	-.305	-.418	-.245		x_1	-.235	-.089	-.106	-.003
x_2	-.449	.565	.009	-.691		x_2	-.257	.165	.002	-.010
x_3	-.608	.503	-.491	.366		x_3	-.348	.147	-.124	.005
x_4	-.591	.068	-.620	.106		x_4	-.338	.020	-.157	.001
x_5	-.818	-.254	.461	.071		x_5	-.468	-.074	.117	.001

图 13-2-7

图 13-2-8 是 Y 变量与其相对应的典型变量（表示 Y 变量的典型变量 V）之间的相关系数表（即典型变量结构系数表 H_1）和 Y 变量与其对立的典型变量（表示 X 变量的典型变量 V）之间的相关系数表（即交叉结构系数表 H_2）。相关系数越大，表明该变量在解释典型变量时越重要。由表 H_1 中的数据可知，只有 y_4 和 y_2 与第一典型变量 V_1 的联系较为紧密。

H_1	Canonical Loadings for Set2					H_2	Cross Loadings for Set2			
	1	2	3	4			1	2	3	4
y_1	-.296	.126	-.713	-.623		y_1	-.169	.037	-.180	-.009
y_2	-.500	-.278	-.760	.309		y_2	-.286	-.081	-.192	.004
y_3	-.354	.623	-.568	.404		y_3	-.203	.182	-.144	.006
y_4	-.948	.044	.298	-.099		y_4	-.542	.013	.075	-.001

图 13-2-8

5. 典型冗余系数结果表

冗余系数表示的是典型变量对各原始变量组整体变异量的解释百分比，分为组内变异冗余系数（表 I_1 和表 J_1）和组间变异冗余系数（表 I_2 和表 J_2）两种。

图 13-2-9 是 X 变量的冗余系数结果表：表 I_1 是 X 变量被其自身典型变量解释的百分比。因为 X 变量共有 5 个观测变量，但是典型变量只有 4 对。这 4 对典型变量从 X 变量中共抽取了 84% 的变异量，没有完全解释 X 变量的变异情况。由表 I_1 可知，来自 X 变量的第一典型变量 U_1 解释了 X 变量 35.2% 的变异量，该值等于典型相关系数的平方和的均值。表 I_2 表示 X 变量通过典型变量被 Y 变量解释的百分比，由表中数据可知，Y 变量通过第一对典型变量 U_1 和 V_1 可以解释 X 变量 11.5% 的变异量，该值约等于第一典型相关系数（0.572，见图 13-2-5）的平方乘以 0.352：$0.115 \approx 0.572^2 \times 0.352$。

I_1 Proportion of Variance of Set1 Explained by Its Own Can. Var.		I_2 Proportion of Variance of Set1 Explained by Opposite Can.Var.	
	Prop Var		Prop Var
CV1-1	.352	CV2-1	.115
CV1-2	.147	CV2-2	.013
CV1-3	.203	CV2-3	.013
CV1-4	.138	CV2-4	.000

图 13-2-9

图 13-2-10 是 Y 变量的冗余系数结果表：表 J_1 是 Y 变量被其自身典型变量解释的百分比。Y 变量的观测变量有 4 个，4 对典型变量对 Y 变量的整体变异量进行了 100% 的解释。由表 J_1 可知，来自 Y 变量的第一典型变量 V_1 可以解释 Y 变量 34.1% 的变异量。表 J_2 表示 Y 变量通过典型变量被 X 变量解释的百分比，由表 J_2 中数据可知，X 变量通过第一对典型变量 U_1 和 V_1 可以解释 Y 变量 11.1% 的变异量。

J_1 Proportion of Variance of Set2 Explained by Its Own Can. Var.		J_2 Proportion of Variance of Set2 Explained by Opposite Can. Var.	
	Prop Var		Prop Var
CV2-1	.341	CV1-1	.111
CV2-2	.121	CV1-2	.010
CV2-3	.374	CV1-3	.024
CV2-4	.164	CV1-4	.000

图 13-2-10

综合 X 变量和 Y 变量的冗余结果可以看出，不论是 X 变量的第一典型变量，还是 Y 变量的第一典型变量，均是对其自身变量的变异量的解释百分比较大，而对其对立变量的变异量的解释百分比较小，说明本模型中的两对变量并不完全适合。

13.2.2　使用 MANOVA 语法进行典型相关操作

打开 SPSS 和所需的文件，单击"文件"→"新建"→"语法"命令，弹出"语法"窗口，输入下列语法，然后单击"运行"→"全部"命令，输出结果。

```
MANOVA
  y₁ y₂ y₃ y₄  WITH x₁ x₂ x₃ x₄ x₅
```

```
/DISCRIM RAW STAN ESTIM CORR ROTATE ( VARIMAX ) ALPHA ( 0.05 )
/PRINT SIGNIF ( EIGN DIMENR HYPOTH )
/NOPRINT SIGNIF ( MULT UNIV ) PARAM ( ESTIM )
/ERROR WITHIN + RESIDUAL
/DESIGN.
```

语法解释：在典型相关分析中，两对变量组的位置没有区别。如果研究本身对变量组有区分，那么在 WITH 前面的是因变量，在 WITH 后面的是自变量，语法输出框如图 13-2-11 所示。注意，结果表中标注的 A、B、C 等编号与 Canonical 宏程序中的结果表一一对应。

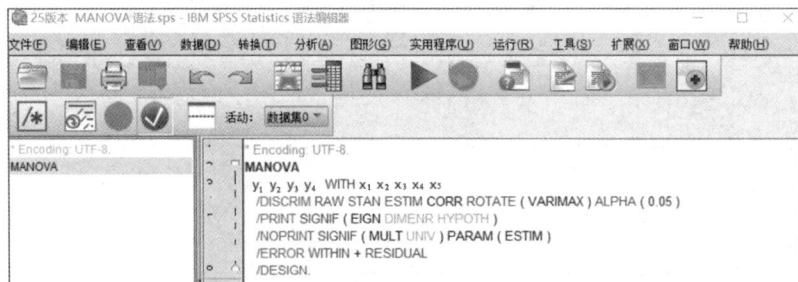

图 13-2-11

1. 典型相关系数及其显著性检验

标题及具体信息如图 13-2-12 所示，特征根和典型相关系数如图 13-2-13 所示。其中，特征根=典型相关系数的平方/1 – 典型相关系数的平方，即特征根$=\rho^2/1-\rho^2$，特征根所能解释的变异量的百分比=第 i 组特征根/总特征根。从图 13-2-3 中可以看到，共有 4 对典型变量和 4 个特征根。第一对典型变量的相关系数为 0.57170，典型变量系数的平方为 0.32685（0.57170^2），第一特征根为 0.48554（0.32685/1-0.32685）。第一特征根所能解释的变异量的百分比约为 75.0%（0.7500367）。

```
98 cases accepted.                                          观察样本98个

0 cases rejected because of out-of-range factor values.     没有因超出因子数值被排除的观测样本

0 cases rejected because of missing data.                   没有因缺失值被排除的观测样本

1 non-empty cell.                                           只有1个非0单元格

1 design will be processed.                                 只有1个设计模型
```

图 13-2-12

A	Eigenvalues and Canonical Correlations				
Root No.	Eigenvalue	Pct.	Cum. Pct.	Canon Cor.	Sq. Cor
1	.48554	75.00367	75.00367	.57170	.32685
2	.09325	14.40468	89.40836	.29206	.08530
3	.06838	10.56236	99.97072	.25298	.06400
4	.00019	.02928	100.00000	.01377	.00019

图 13-2-13

图 13-2-14 是典型相关系数的显著性检验表 B，在 4 对典型变量中，只有第一对典型变量的相关系数的显著性检验达到显著性水平，该结果与 Canonical 宏程序的结果一致。

B Dimension Reduction Analysis					
Roots	Wilks L.	F	Hypoth. DF	Error DF	Sig. of F
1 TO 4	.57622	2.67738	20.00	296.13	.000
2 TO 4	.85600	1.20256	12.00	238.41	.282
3 TO 4	.93582	1.02287	6.00	182.00	.412
4 TO 4	.99981	.00872	2.00	92.00	.991

图 13-2-14

2．Y 变量的典型变量系数表、典型变量结构系数表和典型冗余系数结果表

由于只有第一对典型变量的相关系数检验达到显著性水平，所以此处仅呈现第一对典型变量的结果。

图 13-2-15 是 Y 变量的原始分数的典型系数表 F 和 Y 变量的 4 个观测变量分别对第一对典型变量的标准化典型加权系数表 E，由表 E 中的数据可以得到典型变量的标准化线性函数。来自 Y 变量的第一对典型变量的标准化线性函数如下（这里的相关系数与 Canonical 宏程序的相同，但方向相反）：$V_1 = 0.031y_1 + 0.275y_2 + 0.054y_3 + 0.880y_4$。

F Raw canonical coefficients for DEPENDENT variables Function No.			E Standardized canonical coefficients for DEPENDENT variables Function No.	
Variable	1		Variable	1
y_1	.02558		y_1	.03106
y_2	.21950		y_2	.27496
y_3	.04610		y_3	.05420
y_4	.69476		y_4	.87960

图 13-2-15

图 13-2-16 是 Y 变量与其相对应的第一典型变量（表示 Y 变量的典型变量 V_1）之间的相关系数表 H_1，即典型变量结构系数表。表 H_1 中的数据与 Canonical 宏程序的相同，但方向相反。

H_1 Correlations between DEPENDENT and canonical variables Function No.	
Variable	1
y_1	.29591
y_2	.49964
y_3	.35431
y_4	.94842

图 13-2-16

图 13-2-17 是 Y 变量的典型冗余结果分析表 J，其中，"抽取变异量百分比"表示来自 Y 变量的第一典型变量 V_1，可以解释 Y 变量约 34.1%的变异量，该结果与 Canonical 宏程序的

213

结果表 J_1 相同；冗余量表示 4 个 Y 观测变量通过第一对典型变量 U_1 和 V_1 可以被 5 个 X 观测变量解释的变异量约为 11.1%，该结果与 Canonical 宏程序的结果表 J_2 相同。

J	Variance in dependent variables explained by canonical variables			
CAN. VAR.	Pct Var DEP	Cum Pct DEP	Pct Var COV	Cum Pct COV
1	34.05581	34.05581	11.13101	11.13101

图 13-2-17

3．*X* 变量的典型变量系数表、典型变量结构系数表和典型冗余系数结果表

图 13-2-18 是 X 变量的原始分数的典型系数表 D 和 X 变量的 5 个观测变量分别对第一对典型变量的标准化典型加权系数表 C，由表 C 中的数据可以得到典型变量的标准化线性函数。来自 X 变量的第一对典型变量的标准化线性函数如下（这里的相关系数与 Canonical 宏程序的相同，但方向相反）：$U_1 = 0.046x_1 + 0.186x_2 + 0.126x_3 + 0.402x_4 + 0.713x_5$。

D	Raw canonical coefficients for COVARIATES Function No.		C	Standardized canonical coefficients for COVARIATES CAN. VAR.
COVARIATE	1		COVARIATE	1
x_1	.04734		x_1	.04617
x_2	.18329		x_2	.18553
x_3	.11070		x_3	.12615
x_4	.34212		x_4	.40187
x_5	.81035		x_5	.71347

图 13-2-18

图 13-2-19 是 X 变量与其相对应的第一典型变量（表示 X 变量的典型变量 U_1）之间的相关系数表 G_1，即典型变量结构系数表。由表 G_1 中的数据可知，该结果与 Canonical 宏程序的相同，但方向相反。

G_1	Correlations between COVARIATES and canonical variables CAN. VAR.
Covariate	1
x_1	.41140
x_2	.44895
x_3	.60808
x_4	.59097
x_5	.81785

图 13-2-19

图 13-2-20 是 X 变量的冗余系数结果表 I：其中，抽取变异量百分比表示来自 X 变量的第一典型变量 U_1 可以解释 X 变量约 11.5%的变异量，该结果与 Canonical 宏程序的结果表 I_2 相同（图 13-2-9）；冗余量表示 X 变量的 5 个观测变量通过第一对典型变量 U_1 和 V_1 可以被 Y

变量的 4 个观测变量解释的变异量约为 35.2%，该结果与 Canonical 宏程序的结果表I_1相同（图 13-2-9）。

```
--------------------------------------------------------
Variance in covariates explained by canonical variables

CAN. VAR.      Pct Var DEP    Cum Pct DEP    Pct Var COV    Cum Pct COV
    1           11.49643        11.49643       35.17383       35.17383
```

图 13-2-20

系统还会呈现以 X 观测变量为自变量，各 Y 观测变量为因变量进行的多重回归分析的回归模型显著性检验，以及对常量进行的典型相关分析。限于篇幅，此处不再介绍，感兴趣的读者可参考吴明隆的相关著作。

13.2.3　输出结果

将本案例的典型相关分析的结果简单整理成如图 13-2-21 所示的结果摘要表（这里只取数据的绝对值），由表中数据可知：

X 变量	典型变量				Y 变量	典型变量			
	U_1	U_2	U_3	U_4		V_1	V_2	V_3	V_4
x_1	0.411	0.305	0.418	0.245	y_1	0.296	0.126	0.713	0.623
x_2	0.449	0.565	0.009	0.691	y_2	0.500	0.278	0.760	0.309
x_3	0.608	0.503	0.491	0.366	y_3	0.354	0.623	0.568	0.404
x_4	0.591	0.068	0.620	0.106	y_4	0.948	0.044	0.298	0.099
x_5	0.818	0.254	0.461	0.071					
抽出变异量百分比	0.352	0.147	0.203	0.138	抽出变异量百分比	0.341	0.121	0.374	0.164
冗余量	0.115	0.013	0.013	0.000	冗余量	0.111	0.010	0.024	0.000
					ρ^2	0.327	0.085	0.064	0.000
					ρ	0.572***	0.292	0.253	0.014

*** $P<0.001$

图 13-2-21

因为 X 变量有 5 个观测变量，Y 变量有 4 个观测变量，所以在本案例中共抽取 4 对典型变量来代替原始变量进行变量间关系的研究。在 4 对典型变量中，只有第一对典型变量的相关系数达到显著性水平，所以本案例只用第一对典型变量的数据来解释 X 变量和 Y 变量之间的关系。

在 X 变量的 5 个观测变量中，观测变量 x_5 与第一典型变量 U_1 的关系最显著，其他 4 个观测变量与第一典型变量 U_1 的关系处于中等水平。在 Y 变量的 4 个观测变量中，观测变量 y_4 与第一典型变量 V_1 的关系最紧密，其他 3 个观测变量与第一典型变量 V_1 的关系处于中下等水平。

X 变量的"抽出变异量百分比"表示来自 X 变量的第一典型变量 U_1 可以解释 X 变量约

35.2%的变异量；"冗余量"表示 X 变量通过第一对典型变量 U_1 和 V_1，可以被 Y 变量解释的变异量约为 11.5%。Y 变量的"抽出变异量百分比"表示来自 Y 变量的第一典型变量 V_1 可以解释 Y 变量约 34.1%的变异量，"冗余量"表示 Y 变量通过第一对典型变量 U_1 和 V_1，可以被 X 变量解释的变异量约为 11.1%。

根据结果摘要表和原始操作中的表 A、表 G_1 和表 H_1，可以绘制出第一对典型变量的典型相关分析路径图（见图 13-2-22），从图中可以看出各原始观测变量与典型变量、典型变量对之间的关系。

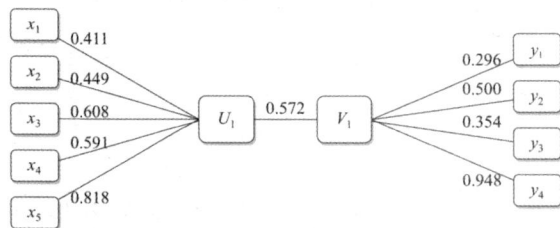

图 13-2-22

Canonical 宏程序和 MANOVA 语法的比较

在 SPSS 中，进行典型相关操作的两种方法都比较简单，但是它们的结果既有相同的部分，又存在差别。

（1）结果表基本相同，均包含典型相关系数表、显著性检验表、典型变量结构系数表和典型冗余系数结果表。部分结果的数据绝对值相同，但数据的取值方向相反。

（2）Canonical 宏程序输出的结果表是按照变量对的形式成对列举的。比如，先列举 X 变量间的相关矩阵 $\boldsymbol{R}_{xx}$ 和 Y 变量间的相关矩阵 $\boldsymbol{R}_{yy}$，再列举 X 变量与 Y 变量间的相关矩阵 $\boldsymbol{R}_{xy}$。而 MANOVA 语法输出的结果表是先列举 Y 变量（即因变量）的结果表，再列举 X 变量（即自变量）的结果表。

（3）Canonical 宏程序输出的结果表仅呈现典型变量的冗余系数结果表之前的分析结果，MANOVA 语法输出的结果表在列举完典型变量的冗余系数结果表之后，还列举了多元线性检验结果和对常量进行的典型相关分析。

这两种操作各有优劣，我们可根据实际需求和个人偏好进行选择。

13.3 基于最优尺度变换的非线性典型相关分析

13.3.1 基于最优尺度变换的非线性典型相关分析简介

13.2 节详细介绍了典型相关分析的基本操作，但这只是针对连续变量对之间的线性相关关系进行的。在实际操作中，变量间还存在多种类型数据及非线性关系。本节主要介绍基于最优尺度变换情况下的非线性典型相关分析。首先对数据进行最优尺度变换，然后将数据按照典型相关分析的方法进行分析。这些内容与基于最优尺度的多重对应分析方法类似，而且操作的一些基本设置和结果表的解释也都类似，不再赘述。

13.3.2　基于最优尺度变换的非线性典型相关分析案例：家庭结构与学历

本节采用第 12 章基于最优尺度变换的多重对应分析数据进行演示，原始数据如图 13-3-1 所示。

图 13-3-1

1．参数设置

单击"分析"→"降维"→"最优标度"命令，弹出如图 13-3-2 所示的对话框（该步骤与多重对应分析操作相同），选中"所有变量均为多重名义"和"多个集合"单选框，多重对应分析的方法就是"非线性典型相关性"分析。

注意：如果数据都是分类变量，则选中"所有变量均为多重名义"单选框；如果数据还有其他类型，则选中"某些变量并非多重名义"单选框，但是分析结果的差别不大，读者可以自行尝试。

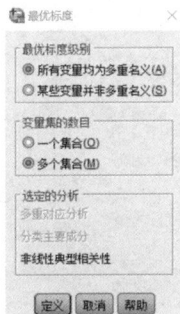

图 13-3-2

单击"定义"按钮，进入如图 13-3-3 所示的"非线性典型相关分析"对话框。因为非典型相关分析是在多个变量集合中进行的，因此，在选择变量时并不是把所有变量一起选入"变量"列表框，而是逐个选择变量。在设置完成后，单击"下一个"按钮。这样可以为每个观测变量单独生成一个变量集。

把"性别"放入"变量"列表框，此时会激活其下方的"定义范围和标度"按钮，单击该按钮，进入"OVERALS：定义范围和标度"对话框。因为最小值是固定的，所以在"最大值"文本框内输入 2（注意：因为最小值固定为 1，也就是说，读者不能用"0"来标记分类变量），选中"多重名义"单选框，设置后的页面如图 13-3-4 所示。单击"继续"按钮，返回图 13-3-3，单击"下一个"按钮，生成性别的变量集。依次类推，生成学历的变量集和家庭结构的变量集（注意：在设置学历和家庭结构变量时，在"最大值"文本框内输入 4），本案例有 3 个观测变量，最终会生成 3 个变量集。

图 13-3-3

图 13-3-4

单击图 13-3-3 中的"选项"按钮，弹出如图 13-3-5 所示的"OVERALS：选项"对话框。其中，"显示"选区中的各选项与输出的表格内容相关，"图"选区中的各选项与输出的结果图相关。勾选"类别坐标"复选框，其他采用默认设置。单击"继续"按钮，回到图 13-3-3，单击"确定"按钮。

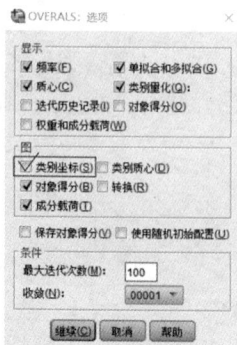

图 13-3-5

2．结果解析

由于结果表较多，所以此处仅对主要结果进行解释。

（1）信用表和个案处理摘要表如图 13-3-6 所示。

信用

OVERALS	
Version 1.0	
by	
Leiden SPSS Group	
Leiden University	
The Netherlands	

个案处理摘要

在分析中使用的个案	196

图 13-3-6

（2）变量列表如图 13-3-7 所示。变量列表中显示了集合、每个变量的类别数及该变量的最优标度级别。其中，性别变量集合如图 13-3-8 所示，从性别变量集合中可以看出，变量的总观察边际频率是 196（即 196 个个案，与个案处理摘要表中的结果一致），以及各类别的边际频率。

变量列表

	集合	类别数	最优标度级别
1	性别	2	多重名义
2	学历	4	多重名义
3	家庭结构	4	多重名义

图 13-3-7

性别

	边际频率
女	73
男	123
缺失	0
集合内的缺失	0

图 13-3-8

（3）迭代历史记录表如图 13-3-9 所示，分析摘要表如图 13-3-10 所示。从迭代历史记录表可以看出，数据在迭代 16 次后达到收敛，停止迭代。分析摘要表用于解释每个维数可以解释变量集合信息的多少，各维数的特征值之和就是拟合值。在本案例中，两个表中的拟合值基本相等，说明模型拟合较好。

迭代历史记录

	损失	拟合	相对于上一次迭代的差异
16ᵃ	1.060473	.939527	.000008

a．由于已达到收敛检验值，因此迭代过程已停止。

图 13-3-9

分析摘要

		维		总和
		1	2	
损失	集合 1	.835	.724	1.558
	集合 2	.284	.317	.601
	集合 3	.306	.717	1.022
	平均值	.475	.586	1.060
特征值		.525	.414	
拟合				.940

图 13-3-10

（4）成分载荷图如图 13-3-11 所示，它表示各成分在空间的位置，主要用来解释数值型变量间的相关关系。该图中的维数类似于主成分分析中提取出的主成分，表示每个变量在每个主成分里的相关性及变量间的相关性。由于本案例中的数据均是类别变量，所以该图对本案例并不重要。

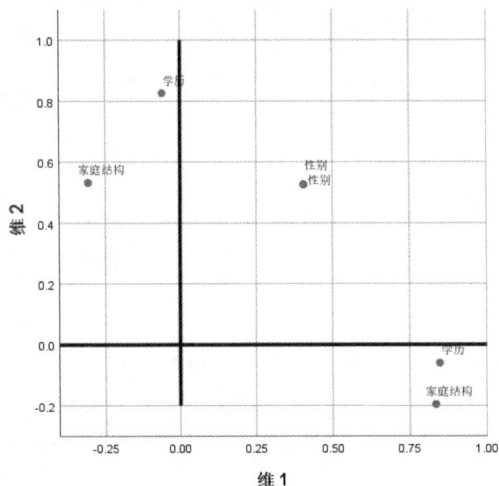

图 13-3-11

（5）多重类别坐标图如图 13-3-12 所示，该图与对应分析的类别联合图一样，用来解释变量间的关系和各类别间的关系。在本案例中，"本科或大专""男性""2~3 个孩子"的家庭结构分布在同一空间且距离很近，说明性别、学历和家庭结构这 3 个类别之间存在紧密联系，这个结果与多重对应分析结果基本一致。

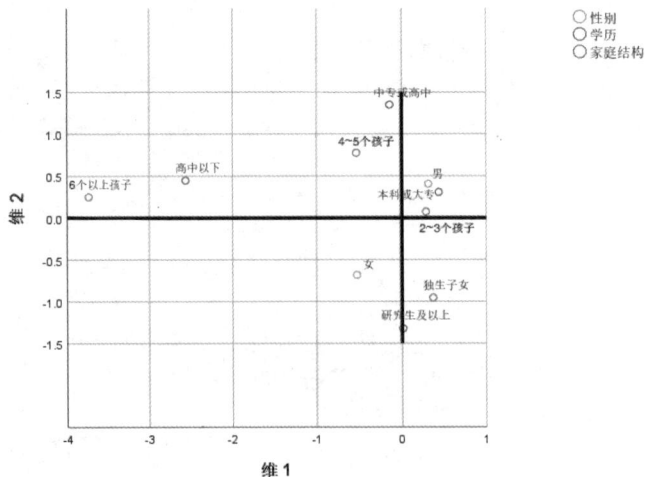

图 13-3-12

13.4 本章小结

典型相关分析是借助主成分分析的思想研究两组连续变量对整体相关关系的一种多元统计方法，从而能够揭示两组变量之间的线性关系和非线性关系。随着计算机技术的快速发展，科研人员能够利用典型相关分析快速地从庞大的数据中发现事物间的内在联系，为后续的分析和研究奠定基础，从而让典型相关分析及其发展方法有效地应用于农业、公共管理、医疗、金融和体育等行业。

第 14 章

交互效应分析进阶：
简单效应与简单简单效应

14.1 重复测量设计的简单效应与简单简单效应

当两因素的交互效应显著时，如果想继续探究因素之间是如何相互影响的，可以使用简单效应进行分析。同样，当三因素交互效应显著时，可以使用简单简单效应分析，探究两个因素均固定在某个水平上时，第三个因素的情况。

案例 1（简单效应）：采用重复测量的实验设计，两个变量均为被试内变量。变量 A 有两个水平，即 $A1$ 和 $A2$；变量 B 有两个水平，即 $B1$ 和 $B2$。运用简单效应分析，我们可以知道在变量 B 取 $B1$ 水平的情况下，变量 A 的两个水平是否有显著差异。原始数据如图 14-1-1 所示。

	文件(F) 编辑(E) 查看(V) 数据(D) 转换(T) 分析(A) 图形(G) 实用程序(U) 扩展(X) 窗口

11:				
	A1_B1	A1_B2	A2_B1	A2_B2	变
1	68.0	54.0	51.0	74.0
2	62.0	49.0	55.0	49.0
3	74.0	58.0	53.0	58.0
4	62.0	66.0	41.0	66.0
5	72.0	63.0	62.0	63.0
6	56.0	63.0	54.0	63.0
7	50.0	66.0	61.0	66.0
8	58.0	57.0	56.0	57.0
9	71.0	83.0	58.0	83.0
10	55.0	56.0	44.0	56.0
11	53.0	59.0	60.0	59.0
12	41.0	60.0	53.0	67.0
13	62.0	60.0	74.0	80.0
14	54.0	49.0	49.0	49.0
15	61.0	62.0	51.0	62.0

图 14-1-1

案例 2（简单简单效应）：采用重复测量的实验设计，三个变量均为被试内变量。变量 H

有两个水平，即 $H1$ 和 $H2$；变量 C 有两个水平，即 $C1$ 和 $C2$；变量 L 有两个水平，即 $L1$ 和 $L2$。运用简单简单效应分析，我们可以知道在变量 C 取 $C1$ 水平、变量 L 取 $L2$ 水平的情况下，变量 H 的两个水平是否有显著差异。原始数据如图 14-1-2 所示。

	H1_C1_L1	H1_C1_L2	H1_C2_L1	H1_C2_L2	H2_C1_L1	H2_C1_L2	H2_C2_L1	H2_C2_L2
1	918.62	735.23	782.64	677.00	682.54	615.40	675.36	571.20
2	589.87	633.60	633.80	571.40	576.07	655.13	623.23	587.13
3	642.64	649.14	595.33	537.20	595.29	647.57	544.64	797.33
4	627.40	632.20	564.33	534.73	589.27	590.93	507.27	597.87
5	621.11	728.25	511.14	519.93	621.11	621.11	575.33	582.40
6	750.73	763.37	921.43	785.34	680.33	781.90	790.26	687.62
7	553.83	599.43	563.79	550.20	594.86	612.53	523.00	512.93
8	1231.38	1063.21	852.48	822.90	740.33	876.31	912.64	724.04
9	791.10	701.60	678.10	612.20	733.00	711.20	603.30	599.20
10	760.54	769.15	743.03	767.96	841.55	836.65	836.75	844.11
11	751.10	863.75	714.71	626.14	726.42	713.50	610.50	576.67
12	1497.53	2267.92	1000.67	1007.00	2056.86	905.81	1208.21	847.15
13	733.00	752.00	647.00	633.00	876.00	754.00	560.00	636.00
14	475.60	402.36	446.56	444.83	421.56	560.85	452.27	397.90
15	984.38	833.60	1254.37	659.66	853.46	869.54	954.36	1054.64
16	622.54	617.29	488.40	506.87	614.43	533.62	497.36	609.20
17	993.07	1190.75	730.14	1079.85	951.79	788.71	682.47	992.93
18	569.45	612.83	505.46	494.33	578.92	590.60	530.33	520.57
19	668.87	674.93	544.40	570.93	727.00	678.00	574.67	587.73
20	770.10	720.56	753.35	670.41	710.23	620.14	615.37	705.50

图 14-1-2

14.1.1 简单效应简介

1．简单效应的含义

当一个因素如何影响因变量受到另一个因素的影响时，便说明这两个因素的交互效应显著。当两个因素的交互效应显著时，我们便可以进一步进行简单效应分析。

简单效应只能用于有两个及以上自变量的实验设计，指的是一个因素的不同水平在另一个因素的某个水平上的差别效应。

2．简单效应的应用范围

（1）交互效应

A 教学法对聪明人有用，对普通人无用；B 教学法对普通人有用，对聪明人无用。这时，教学法（A/B）如何起作用就受到人（普通人/聪明人）的影响，可以说，这两个自变量出现了显著的交互效应。

（2）举例

- 只针对聪明人群体，考查他们接受 A 教学法和 B 教学法后的成绩差异。
- 只针对普通人群体，考查他们接受 A 教学法和 B 教学法后的成绩差异。
- 只针对接受 A 教学法的群体，考查聪明人和普通人的成绩差异。
- 只针对接受 B 教学法的群体，考查聪明人和普通人的成绩差异。

利用简单效应可以回答上面的 4 个问题。

14.1.2　简单简单效应简介

1．简单简单效应的含义

当有三个因素，并且一个因素如何影响因变量要受到另外两个因素的制约时，便说明这三个因素的交互效应显著。当三个因素的交互效应显著时，便可以使用简单简单效应分析。

简单简单效应只能用于有三个及以上自变量的实验设计，指的是一个因素的不同水平在另外两个因素结合的某个处理上的差别效应。

2．简单简单效应的应用范围

（1）交互效应

性别、A/B 教学法、聪明人/普通人这三个自变量，对最终成绩（因变量）的影响，三阶交互效应显著。

（2）举例

- 只针对女性中的聪明人群体，考查她们接受 A 教学法和 B 教学法后的成绩差异。
- 只针对男性中的普通人群体，考查他们接受 A 教学法和 B 教学法后的成绩差异。

利用简单简单效应可以回答上面的两个问题。

14.1.3　分析策略

当有两个自变量且两个自变量的交互效应显著时，我们可以使用简单效应更精确地研究自变量之间是如何制约的。所以，只有在交互效应显著时，才有必要进行简单效应分析。在接下来的分析操作中，首先需要利用重复测量方差分析来检验两因素的交互效应是否显著。如果交互效应显著，则再使用 SPSS 25.0 中的语法编辑器来实现简单效应分析。

当有三个自变量时，首先利用重复测量方差分析来检验三因素的交互效应是否显著。如果交互效应显著，则再使用 SPSS 25.0 中的语法编辑器来实现简单简单效应分析。

14.1.4　简单效应案例：不同教学方法与智力的关系

1．打开"重复测量定义因子"对话框

打开案例文件"重复测量简单效应.sav"，单击"一般线性模型"→"重复测量"命令，弹出"重复测量定义因子"对话框。

2．定义重复测量因子

如图 14-1-3 所示，在"主体内因子名"文本框中输入第一个变量的名称 A，在"级别数"文本框中输入第一个变量的水平数 2，单击"添加"按钮即可。依次类推，对变量 B 进行同样的操作。这个步骤用于标识出被试内变量，并且定义每个被试内变量的水平数，按照

实际情况输入即可。最后单击"定义"按钮，弹出"重复测量"对话框。

3. 重复测量设置

如图 14-1-4 所示，在"主体内变量"列表框中，将 4 个要处理的变量放入其中。

图 14-1-3

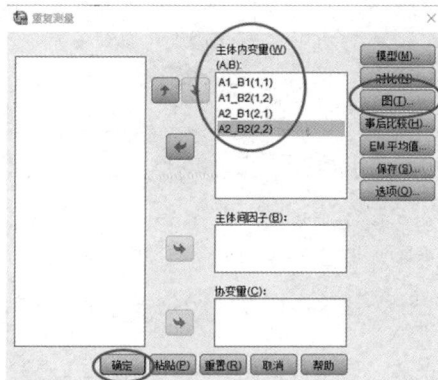

图 14-1-4

为了更形象地看到变量间的关系，可以单击右侧的"图"按钮，弹出"重复测量：轮廓图"对话框。将因子"A"放入"水平轴"列表框，将因子"B"放入"单独的线条"列表框，单击"添加"按钮，将它们添加到"图"列表框，如图 14-1-5 所示。单击"继续"按钮，回到"重复测量"对话框，单击"确定"按钮，输出结果。

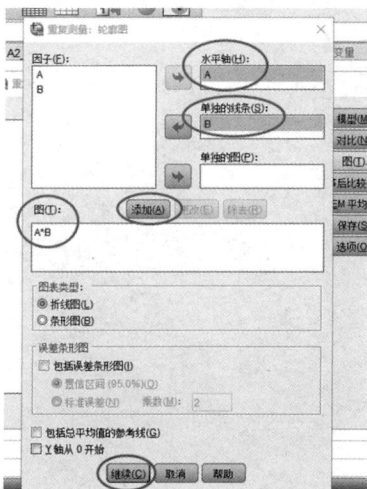

图 14-1-5

分析结果表明，变量 A 和变量 B 的交互效应显著（结果见后文），下面继续进行简单效应分析。

4．启动语法编辑器

单击"文件"→"新建"→"语法"命令，启动 SPSS 中的语法编辑器。在语法编辑器中输入下列语句，其含义见注释。

```
MANOVA A1_B1 A1_B2 A2_B1 A2_B2          /*MANOVA 的主命令语句*/
    /WSFACTORS=A(2) B(2)                /*指明被试内因素的因素名和每个因素的水平数*/
    /PRINT=CELLINFO(MEANS)              /*输出每种处理下的平均数，可视需要决定是否保留*/
    /WSDESIGN
    /DESIGN
    /WSDESIGN=A WITHIN B(1)             /*检验变量 A 在 B1 水平上的简单效应*/
             A WITHIN B(2)             /*检验变量 A 在 B2 水平上的简单效应*/
```

这里分析的是当变量 B 被固定在第一个水平上时，变量 A 的两个水平的因变量差异；当变量 B 被固定在第二个水平上时，变量 A 的两个水平的因变量差异。

同理，根据假设或理论，检验当变量 A 分别被固定在两个水平上时，变量 B 的两个水平的因变量差异。

```
    /WSDESIGN=B WITHIN A(1)             /*检验变量 B 在 A1 水平上的简单效应*/
             B WITHIN A(2)             /*检验变量 B 在 A2 水平上的简单效应*/
```

5．输出结果

（1）交互效应结果。如图 14-1-6 所示，在"主体内效应检验"表中，"A*B"的 F 值为 5.731，显著性为 0.019，说明变量 A 和变量 B 的交互效应显著，满足继续进行简单效应分析的条件。

主体内效应检验

测量： MEASURE_1

源		III 类平方和	自由度	均方	F	显著性
A	假设球形度	123.128	1	123.128	1.851	.178
	格林豪斯-盖斯勒	123.128	1.000	123.128	1.851	.178
	辛-费德特	123.128	1.000	123.128	1.851	.178
	下限	123.128	1.000	123.128	1.851	.178
误差 (A)	假设球形度	5121.872	77	66.518		
	格林豪斯-盖斯勒	5121.872	77.000	66.518		
	辛-费德特	5121.872	77.000	66.518		
	下限	5121.872	77.000	66.518		
B	假设球形度	1056.013	1	1056.013	10.010	.002
	格林豪斯-盖斯勒	1056.013	1.000	1056.013	10.010	.002
	辛-费德特	1056.013	1.000	1056.013	10.010	.002
	下限	1056.013	1.000	1056.013	10.010	.002
误差 (B)	假设球形度	8122.987	77	105.493		
	格林豪斯-盖斯勒	8122.987	77.000	105.493		
	辛-费德特	8122.987	77.000	105.493		
	下限	8122.987	77.000	105.493		
A * B	假设球形度	443.538	1	443.538	5.731	.019
	格林豪斯-盖斯勒	443.538	1.000	443.538	5.731	.019
	辛-费德特	443.538	1.000	443.538	5.731	.019
	下限	443.538	1.000	443.538	5.731	.019
误差 (A*B)	假设球形度	5959.462	77	77.396		
	格林豪斯-盖斯勒	5959.462	77.000	77.396		
	辛-费德特	5959.462	77.000	77.396		
	下限	5959.462	77.000	77.396		

图 14-1-6

（2）图结果。如图 14-1-7 所示，通过交互效应分析可知，变量 A 对因变量的影响受到变量 B 的影响，变量 B 对因变量的影响受到变量 A 的影响，但是影响方式尚不清楚。

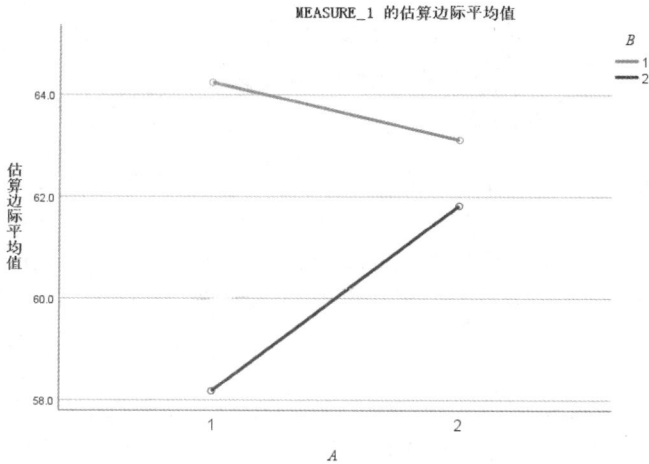

MEASURE_1 的估算边际平均值

图 14-1-7

（3）简单效应分析。如图 14-1-8 所示，在 Analysis of Variance -- Design 2 中，Tests involving 'A WITHIN B(1)' Within-Subject Effect 的结果表明，F 值为 0.61，显著性（Sig of F）为 0.438，说明当变量 B 处于第一个水平时，变量 A 的两个水平的因变量没有显著差异。此结果对应图 14-1-7 中较高的那条线。Tests involving 'A WITHIN B(2)' Within-Subject Effect 的结果表明，F 值为 8.28，显著性为 0.005，说明当变量 B 处于第二个水平时，自变量 A 的两个水平的因变量有显著差异。此结果对应图 14-1-7 中较低的那条线。

```
* * * * * * * * * * * * * * * * *Analysis   of   Variance -- Design   2* * * * * * * * * * * * * * * * *

Tests involving 'A WITHIN B(1)' Within-Subject Effect.

Tests of Significance for T2 using UNIQUE sums of squares
Source of Variation              SS        DF        MS         F    Sig of F

WITHIN+RESIDUAL              6275.36        77     81.50
A WITHIN B(1)                  49.64         1     49.64       .61      .438

- - - - - - - - - - - - - - - - - - - - - - - - - - - - - - - - - - - - - - -

* * * * * * * * * * * * * * * * *Analysis   of   Variance -- Design   2* * * * * * * * * * * * * * * * *

Tests involving 'A WITHIN B(2)' Within-Subject Effect.

Tests of Significance for T3 using UNIQUE sums of squares
Source of Variation              SS        DF        MS         F    Sig of F

WITHIN+RESIDUAL              4805.97        77     62.42
A WITHIN B(2)                 517.03         1    517.03      8.28      .005

- - - - - - - - - - - - - - - - - - - - - - - - - - - - - - - - - - - - - - -
```

图 14-1-8

14.1.5　简单简单效应案例：不同教学方法与智力的关系

1．打开"重复测量定义因子"对话框

打开案例文件"重复测量简单简单效应.sav"，单击"一般线性模型"→"重复测量"命令，弹出"重复测量定义因子"对话框。

2．定义重复测量因子

如图 14-1-9 所示，在"主体内因子名"文本框中输入第一个变量的名称 H，在"级别数"文本框中输入第一个变量的水平数 2，单击"添加"按钮。依次类推，对变量 C、变量 L 进行同样的操作。这一步骤用于定义哪些变量是被试内变量，并且定义每个变量的水平数，按照实际情况输入即可。最后单击"定义"按钮，弹出"重复测量"对话框。

3．重复测量设置

如图 14-1-10 所示，将 8 个变量放入"主体内变量"列表框。为了更形象地看到变量间的关系，可以单击右侧的"图"按钮，弹出如图 14-1-11 所示的"重复测量：轮廓图"对话框。将因子"H"放入"水平轴"列表框，将因子"C"放入"单独的线条"列表框，将因子"L"放入"单独的图"列表框。单击"添加"按钮，将变量添加至"图"列表框。单击"继续"按钮，回到"重复测量"对话框，单击"确定"按钮，输出结果。

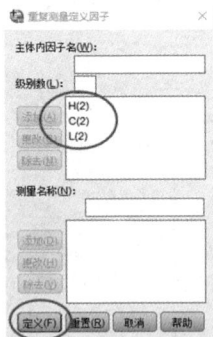

图 14-1-9

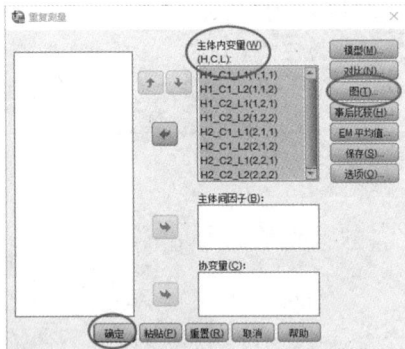

图 14-1-10

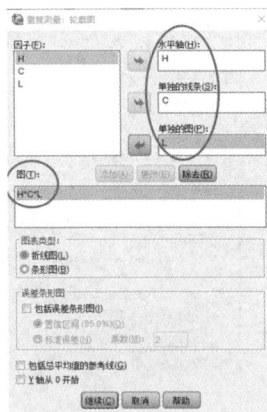

图 14-1-11

分析结果表明，变量 H、变量 C 和变量 L 的三阶交互效应显著，因此继续进行简单简单效应分析。

4．启动语法编辑器

单击"文件"→"新建"→"语法"命令，启动 SPSS 中的语法编辑器。在语法编辑器中输入下列语句。

```
MANOVA  H1_C1_L1 H1_C1_L2 H1_C2_L1 H1_C2_L2 H2_C1_L1 H2_C1_L2 H2_C2_L1
H2_C2_L2
    /WSFACTORS=H(2) C(2) L(2)
    /PRINT=CELLINFO(MEANS)
    /WSDESIGN
    /DESIGN
    /WSDESIGN=H WITHIN C(1) WITHIN L(1)
             H WITHIN C(1) WITHIN L(2)
             H WITHIN C(2) WITHIN L(1)
             H WITHIN C(2) WITHIN L(2)
```

上述语句分析的是:

- 当变量 C 固定在第一个水平,变量 L 固定在第一个水平时,变量 H 两个水平的因变量差异。

- 当变量 C 固定在第一个水平,变量 L 固定在第二个水平时,变量 H 两个水平的因变量差异。

- 当变量 C 固定在第二个水平,变量 L 固定在第一个水平时,变量 H 两个水平的因变量差异。

- 当变量 C 固定在第二个水平,变量 L 固定在第二个水平时,变量 H 两个水平的因变量差异。

上述语句的含义如下。

```
MANOVA  H1_C1_L1 H1_C1_L2 H1_C2_L1 H1_C2_L2 H2_C1_L1 H2_C1_L2 H2_C2_L1
H2_C2_L2
    /WSFACTORS=H(2) C(2) L(2)
/*指明因素是被试内的,以及它们的水平数*/
    /PRINT=CELLINFO(MEANS)
/*输出每种处理下的平均数,可视需要决定是否保留*/
    /WSDESIGN
    /DESIGN
    /WSDESIGN=H WITHIN C(1) WITHIN L(1)
/*用于检验 H 因素在 C1 和 L1 处理下的简单效应*/
             H WITHIN C(1) WITHIN L(2)
 /*用于检验 H 因素在 C1 和 L2 处理下的简单效应*/
             H WITHIN C(2) WITHIN L(1)
 /*用于检验 H 因素在 C2 和 L1 处理下的简单效应*/
             H WITHIN C(2) WITHIN L(2)
 /*用于检验 H 因素在 C2 和 L2 处理下的简单效应*/
```

5. 输出结果

(1) 交互效应结果如图 14-1-12 所示,在主体间效应检验表中,"$H*C*L$" 的 F 值为 4.461,显著性为 0.041,说明变量 H、变量 C 和变量 L 的交互效应显著,满足继续进行简单简单效应分析的条件。

$H*C*L$	假设球形度	48451.857	1	48451.857	4.461	.041
	格林豪斯-盖斯勒	48451.857	1.000	48451.857	4.461	.041
	辛-费德特	48451.857	1.000	48451.857	4.461	.041
	下限	48451.857	1.000	48451.857	4.461	.041
误差 $(H*C*L)$	假设球形度	412751.423	38	10861.880		
	格林豪斯-盖斯勒	412751.423	38.000	10861.880		
	辛-费德特	412751.423	38.000	10861.880		
	下限	412751.423	38.000	10861.880		

图 14-1-12

（2）如图 14-1-13 所示，通过交互效应分析可知，自变量 H 对因变量的影响受到自变量 C 和自变量 L 的影响。自变量 C 对因变量的影响受到自变量 H 和自变量 L 的影响，自变量 L 对因变量的影响受到自变量 C 和自变量 H 的影响，但是影响方式尚不清楚。

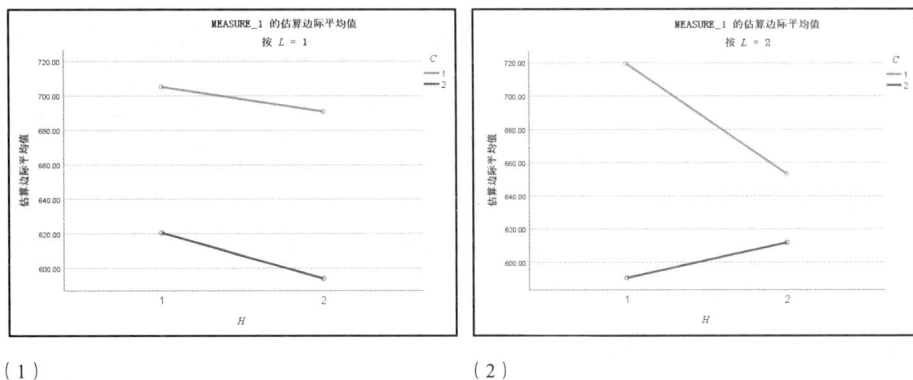

（1）　　　　　　　　　　　　　　　（2）

图 14-1-13

（3）简单简单效应分析。如图 14-1-14 所示，在 Analysis of Variance -- Design 2 中，Tests involving 'H WITHIN $C(2)$ WITHIN $L(1)$' Within-Subject Effect.的结果表明，F 值为 4.24，显著性为 0.046，说明当自变量 C 处于第二个水平，且自变量 L 处于第一个水平时，自变量 H 的两个水平因变量有显著差异。此结果对应图 14-1-13（1）中较低的那条线。Tests involving 'H WITHIN $C(2)$ WITHIN $L(2)$' Within-Subject Effect.的结果表明，F 值为 1.15，显著性为 0.290，说明当自变量 C 处于第二个水平，且自变量 L 处于第二个水平时，自变量 H 的两个水平因变量没有显著差异。此结果对应图 14-1-13（2）中较低的那条线。

```
****************Analysis of Variance -- Design 2****************

Tests involving 'H WITHIN C(2) WITHIN L(1)' Within-Subject Effect.

 Tests of Significance for T4 using UNIQUE sums of squares
 Source of Variation          SS      DF       MS         F  Sig of F

 WITHIN+RESIDUAL       123794.72      38  3257.76
 H WITHIN C(2) WITHIN   13800.63       1 13800.63      4.24      .046
  L(1)

 ------------------------------------------------------------------


****************Analysis of Variance -- Design 2****************

Tests involving 'H WITHIN C(2) WITHIN L(2)' Within-Subject Effect.

 Tests of Significance for T5 using UNIQUE sums of squares
 Source of Variation          SS      DF       MS         F  Sig of F

 WITHIN+RESIDUAL       288804.79      38  7600.13
 H WITHIN C(2) WITHIN    8765.74       1  8765.74      1.15      .290
  L(2)
```

图 14-1-14

14.2 被试间设计的简单效应与简单简单效应

与重复测量的实验设计一样，在被试间设计的研究中，当两个自变量的交互效应显著时，我们想继续探究它们之间是如何相互影响的，此时可以使用简单效应进行分析。当三个自变量的交互效应显著时，可以利用简单简单效应进行分析，探究当另外两个自变量均固定在某个水平上时，第三个自变量的情况。

案例 1（简单效应）：采用被试间的实验设计，两个自变量均为被试间变量。在本案例中，是一个心理学领域的反应时研究。变量 Color 有两个水平：1 代表红色点，2 代表黑色点。变量 Location 有 3 个水平：1 代表点出现在左边，2 代表点出现在右边，3 代表点出现在中间。在研究中共有 6（2×3）组被试，每组被试仅接受一种处理。原始数据如图 14-2-1 所示。

文件(F) 编辑(E) 查看(V) 数据(D) 转换(T) 分析(A) 图形(G) 实用程序(U)

15 :

	Color	Location	reaction	变量
1	1	1	677.000	
2	1	1	571.400	
3	1	1	537.200	
4	1	1	534.730	
5	1	1	719.930	
6	1	1	785.340	
7	1	1	550.200	
8	1	1	822.900	
9	1	1	712.200	
10	1	1	767.962	
11	1	1	826.140	
12	1	1	1007.000	
13	1	1	633.000	
14	1	1	644.830	
15	1	1	659.662	
16	1	2	506.870	

图 14-2-1

案例 2（简单简单效应）：采用被试间的实验设计，三个变量均为被试间变量。变量 Color 有两个水平：1 代表红色点，2 代表黑色点。变量 Location 有两个水平：1 代表点出现在左边，2 代表点出现在右边。变量 Hand 有两个水平：1 代表使用左手，2 代表使用右手。在研究中共有 8 组（2×2×2）被试，每组被试仅接受一种处理。原始数据如图 14-2-2 所示。

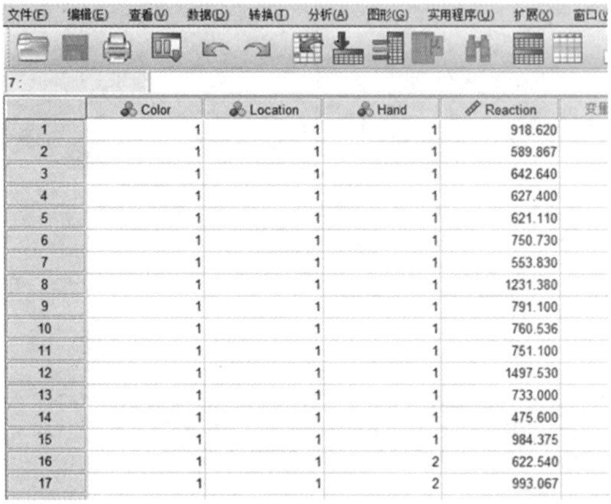

	Color	Location	Hand	Reaction	变量
1	1	1	1	918.620	
2	1	1	1	589.867	
3	1	1	1	642.640	
4	1	1	1	627.400	
5	1	1	1	621.110	
6	1	1	1	750.730	
7	1	1	1	553.830	
8	1	1	1	1231.380	
9	1	1	1	791.100	
10	1	1	1	760.536	
11	1	1	1	751.100	
12	1	1	1	1497.530	
13	1	1	1	733.000	
14	1	1	1	475.600	
15	1	1	1	984.375	
16	1	1	2	622.540	
17	1	1	2	993.067	

图 14-2-2

简单效应与简单简单效应的含义与案例，请参照 14.1 节的内容。本节只讨论被试间实验设计，即每个被试（组）只接受一种处理，其他被试（组）接受不同处理。

14.2.1 分析策略

当有两个被试间自变量，且两个自变量的交互效应显著时，便可以进一步地使用简单效应分析来研究自变量之间是如何制约的。在接下来的分析操作中，我们需要利用方差分析来检验两因素的交互效应是否显著。如果交互效应显著，则使用 SPSS 25.0 中的语法编辑器来实现简单效应分析。

同理，当有三个被试间自变量时，首先应利用方差分析来检验三因素的交互效应是否显著。如果交互效应显著，则使用 SPSS 25.0 中的语法编辑器来实现简单简单效应分析。

14.2.2 简单效应案例：心理学反应时研究

1．打开“单变量”对话框

打开案例文件“被试间简单效应.sav”，单击“分析”→“一般线性模型”→“单变量”命令，弹出“单变量”对话框。

2．单变量及图设置

如图 14-2-3 所示，将“reaction”放入“因变量”列表框，将“Color”和“Location”放

入"固定因子"列表框。

为了更形象地看到变量间的关系，可以单击右侧的"图"按钮，弹出"单变量：轮廓图"对话框，如图 14-2-4 所示。将"Color"放入"水平轴"列表框，将"Location"放入"单独的线条"列表框，单击"添加"按钮，将它们添加至"图"列表框。单击"继续"按钮，回到"单变量"对话框，单击"确定"按钮，输出结果。

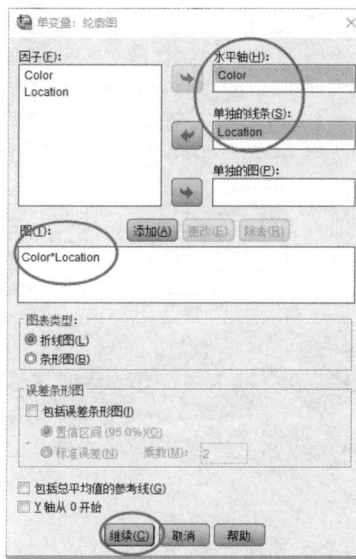

图 14-2-3   图 14-2-4

分析结果表明，变量"Color"和变量"Location"的交互效应显著（结果见后文），因此继续进行简单效应分析。

3. 启动语法编辑器

单击"文件"→"新建"→"语法"命令，启动 SPSS 中的语法编辑器，在语法编辑器中输入下列语句。

```
MANOVA reaction BY Color(1,2) Location(1,3)
/PRINT=CELLINFO(MEANS)
    /DESIGN
    /DESIGN= Color WITHIN Location(1)
            Color WITHIN Location(2)
            Color WITHIN Location(3)
```

上述语句分析的是：

- 当变量 Location 固定在第一个水平上时，变量 Color 的两个水平的因变量差异。
- 当变量 Location 固定在第二个水平上时，变量 Color 的两个水平的因变量差异。

● 当变量 Location 固定在第三个水平上时，变量 Color 的两个水平的因变量差异。

上述语句的含义如下。

```
MANOVA reaction BY Color(1,2) Location(1,3)
/*MANOVA 主命令语句，在被试间设计中，需要输入：MANOVA 因变量名 BY 自变量名 1(1,水
平数) 自变量名 2(1, 水平数)*/
/PRINT=CELLINFO(MEANS)          /*输出各种处理下的平均数，可视需要决定是否保留*/
        /DESIGN
        /DESIGN= Color WITHIN Location(1)
/*检验 Color 在 Location(1)水平上的简单效应*/
            Color WITHIN Location(2)
/*检验 Color 在 Location(2)水平上的简单效应*/
            Color WITHIN Location(3)
/*检验 Color 在 Location(3)水平上的简单效应*/
```

同理，根据假设或理论，也可以检验当变量 Color 分别固定在两个水平上时，变量 Location 在三个水平上的因变量差异。

```
/DESIGN=Location WITHIN Color(1)
/*检验 Location 在 Color(1)水平上的简单效应*/
        Location WITHIN Color(2)
/*检验 Location 在 Color(2)水平上的简单效应*/
```

4．输出结果

（1）如图 14-2-5 所示，在主体间效应检验表中，Color*Location 的 F 值为 3.302，显著性为 0.042，说明两个变量的交互效应显著，满足继续进行简单效应分析的条件。

主体间效应检验

因变量： reaction

源	III 类平方和	自由度	均方	F	显著性
修正模型	233236.703ª	5	46647.341	1.375	.242
截距	37845891.55	1	37845891.55	1115.637	.000
Color	6654.680	1	6654.680	.196	.659
Location	2559.065	2	1279.532	.038	.963
Color * Location	224022.958	2	112011.479	3.302	.042
误差	2849543.398	84	33923.136		
总计	40928671.65	90			
修正后总计	3082780.100	89			

a. R 方 = .076（调整后 R 方 = .021）

图 14-2-5

（2）如图 14-2-6 所示，通过交互效应分析可知，变量 Color 对因变量的影响受到变量 Location 的影响，变量 Location 对因变量的影响受到变量 Color 的影响，但是影响方式尚不清楚。

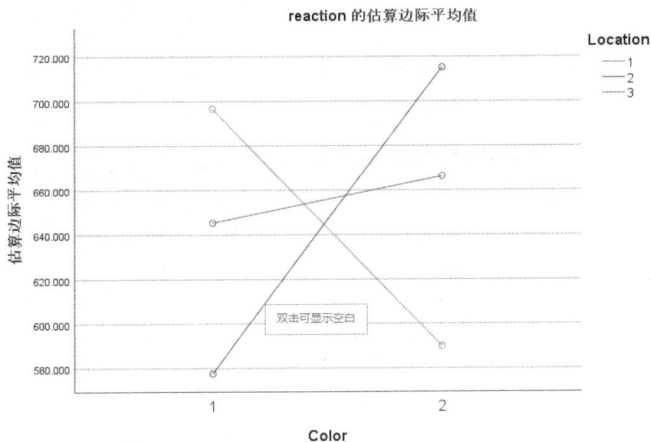

reaction 的估算边际平均值

图 14-2-6

（3）简单效应分析。如图 14-2-7 所示，在 Analysis of Variance -- Design 2 中，Tests of Significance for reaction using UNIQUE sums of squares 的结果表明：

- Color WITHIN Location(1)的 F 值为 2.58，显著性为 0.112，说明当变量 Location 处于第一个水平时，变量 Color 的两个水平的因变量没有显著差异。
- Color WITHIN Location(2)的 F 值为 4.28，显著性为 0.042，说明当变量 Location 处于第二个水平时，变量 Color 的两个水平的因变量有显著差异。

Color WITHIN Location(3)的 F 值为 0.10，显著性为 0.755，说明当变量 Location 处于第三个水平时，变量 Color 的两个水平的因变量没有显著差异。

```
*****************Analysis   of   Variance -- Design   2*****************

Tests of Significance for reaction using UNIQUE sums of squares
Source of Variation        SS        DF        MS        F    Sig of F

WITHIN+RESIDUAL        2852102.46      86    33163.98
COLOR WITHIN LOCATIO     85541.25       1    85541.25     2.58      .112
N(1)
COLOR WITHIN LOCATIO    141875.40       1 141875.40      4.28      .042
N(2)
COLOR WITHIN LOCATIO      3260.98       1    3260.98      .10      .755
N(3)

(Model)                 230677.64       3    76892.55     2.32      .081
(Total)                3082780.10      89    34637.98
```

图 14-2-7

14.2.3　简单简单效应案例：心理学反应时研究

1．打开"单变量"对话框

打开案例文件"被试间简单简单效应.sav"，单击"分析"→"一般线性模型"→"单变量"命令，弹出"单变量"对话框。

2. 单变量及图设置

如图 14-2-8 所示，将"Reaction"放入"因变量"列表框，将变量"Color""Location""Hand"放入"固定因子"列表框。

为了更形象地看到变量间的关系，可以单击"图"按钮，弹出"单变量：轮廓图"对话框，如图 14-2-9 所示。将"Color"放入"水平轴"列表框，将"Location"放入"单独的线条"列表框，将"Hand"放入"单独的图"列表框，单击"添加"按钮，将它们添加至"图"列表框，单击"继续"按钮，回到"单变量"对话框，单击"确定"按钮。

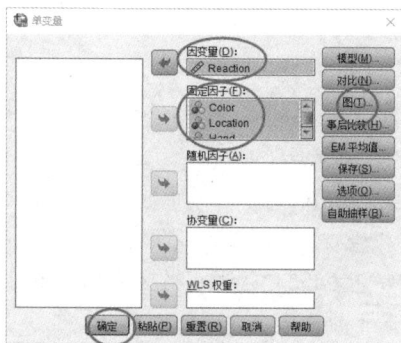

图 14-2-8

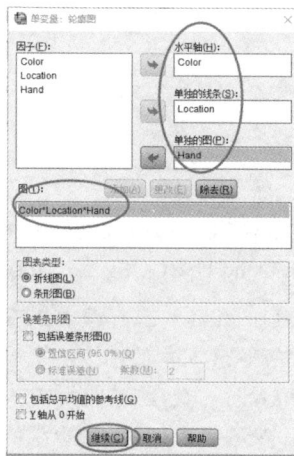

图 14-2-9

输出结果表明，变量 Color、变量 Location 和变量 Hand 的三阶交互效应显著（结果见后文），下面进行简单简单效应分析。

3. 启动语法编辑器

单击"文件"→"新建"→"语法"命令，启动 SPSS 中的语法编辑器，在语法编辑器中输入下列语句。

```
MANOVA reaction BY Color(1,2) Location(1,2) Hand(1,2)
    /PRINT=CELLINFO(MEANS)
    /DESIGN
    /DESIGN= Color WITHIN Location(1) WITHIN Hand(1)
        Color WITHIN Location(1) WITHIN Hand(2)
        Color WITHIN Location(2) WITHIN Hand(1)
        Color WITHIN Location(2) WITHIN Hand(2)
```

上述语句分析的是：

- 当变量 Location 固定在第一个水平，且变量 Hand 固定在第一个水平上时，变量 Color 的两个水平的因变量差异。

- 当变量 Location 固定在第一个水平，且变量 Hand 固定在第二个水平上时，变量 Color 的两个水平的因变量差异。
- 当变量 Location 固定在第二个水平，且变量 Hand 固定在第一个水平上时，变量 Color 的两个水平的因变量差异。
- 当变量 Location 固定在第二个水平，且变量 Hand 固定在第二个水平上时，变量 Color 的两个水平的因变量差异。

上述语句的含义如下。

```
MANOVA reaction BY Color(1,2) Location(1,2) Hand(1,2)
/*MANOVA 主命令语句，在被试间设计中，写为 MANOVA 因变量 BY 自变量1(1,水平数) 自变
量2(1,水平数) 自变量3(1,水平数)*/
PRINT=CELLINFO(MEANS)
/*输出各种处理下的平均数，可视需要决定是否保留*/
/DESIGN
/DESIGN= Color WITHIN Location(1) WITHIN Hand(1)
/*被试间设计中，检验 Color 在 Location(1)和 Hand(1)处理中的简单简单效应*/
Color WITHIN Location(1) WITHIN Hand(2)
/*被试间设计中，检验 Color 在 Location(1)和 Hand(2)处理中的简单简单效应*/
Color WITHIN Location(2) WITHIN Hand(1)
/*被试间设计中，检验 Color 在 Location(2)和 Hand(1)处理中的简单简单效应*/
Color WITHIN Location(2) WITHIN Hand(2)
/*被试间设计中，检验 Color 在 Location(2)和 Hand(2)处理中的简单简单效应*/
```

4. 输出结果

（1）如图 14-2-10 所示，在主体间效应检验表中，Color*Location*Hand 的 F 值为 5.096，显著性为 0.026，说明变量 Color、变量 Location 和变量 Hand 的交互效应显著，满足继续进行简单简单效应分析的条件。

主体间效应检验

因变量: Reaction

源	III 类平方和	自由度	均方	F	显著性
修正模型	477001.625ᵃ	7	68143.089	1.716	.112
截距	57715707.16	1	57715707.16	1453.046	.000
Color	250553.920	1	250553.920	6.308	.013
Location	19895.156	1	19895.156	.501	.481
Hand	80.451	1	80.451	.002	.964
Color * Location	3643.322	1	3643.322	.092	.763
Color * Hand	127.760	1	127.760	.003	.955
Location * Hand	292.361	1	292.361	.007	.932
Color * Location * Hand	202408.654	1	202408.654	5.096	.026
误差	4448695.401	112	39720.495		
总计	62641404.18	120			
修正后总计	4925697.026	119			

a. R 方 = .097（调整后 R 方 = .040）

图 14-2-10

（2）如图 14-2-11 所示，通过交互效应分析可知，变量 Color 对因变量的影响受到变量 Hand 和变量 Location 的影响，变量 Hand 对因变量的影响受到变量 Color 和变量 Location 的影响，变量 Location 对因变量的影响受到变量 Hand 和变量 Color 的影响，但是影响方式尚不清楚。

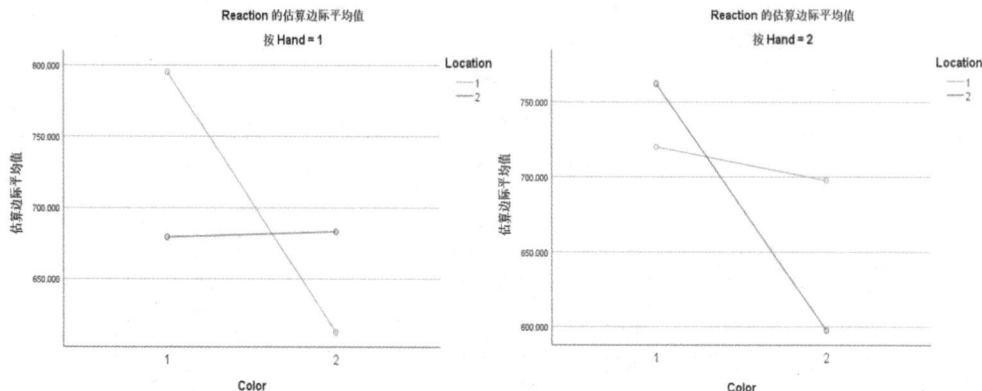

图 14-2-11

（3）简单简单效应分析。如图 14-2-12 所示，在 Analysis of Variance -- Design 2 中，Tests of Significance for Reaction using UNIQUE sums of squares 的结果表明：

- COLOR WITHIN LOCATION(1) WITHIN HAND(1)的 F 值为 6.43，显著性为 0.013，说明当变量 Location 固定在第一个水平，且变量 Hand 固定在第一个水平上时，变量 Color 的两个水平的因变量有显著差异。
- COLOR WITHIN LOCATION(1) WITHIN HAND(2)的 F 值为 0.10，显著性为 0.757，说明当变量 Location 固定在第一个水平，且变量 Hand 固定在第二个水平上时，变量 Color 的两个水平的因变量没有显著差异。
- COLOR WITHIN LOCATION(2) WITHIN HAND(1)的 F 值为 0.0，显著性为 0.958，说明当变量 Location 固定在第二个水平，且变量 Hand 固定在第一个水平上时，变量 Color 的两个水平的因变量没有显著差异。
- COLOR WITHIN LOCATION(2) WITHIN HAND(2)的 F 值为 5.23，显著性为 0.024，说明当变量 Location 固定在第二个水平，且变量 Hand 固定在第二个水平上时，变量 Color 的两个水平的因变量有显著差异。

```
*************Analysis of Variance--Design 2*************

Tests of Significance for Reaction using UNIQUE sums of squares
Source of Variation          SS        DF      MS        F    | Sig of F

WITHIN+RESIDUAL          4468963.37    115   38860.55        |
COLOR WITHIN LOCATIO     249754.52      1   249754.52  6.43  |  .013
N(1) WITHIN HAND(1)                                          |
COLOR WITHIN LOCATIO       3740.43      1     3740.43   .10  |  .757
N(1) WITHIN HAND(2)                                          |
COLOR WITHIN LOCATIO        110.33      1      110.33   .00  |  .958
N(2) WITHIN HAND(1)                                          |
COLOR WITHIN LOCATIO     203128.37      1   203128.37  5.23  |  .024
N(2) WITHIN HAND(2)                                          |


(Model)                  456733.66      4  114183.41  2.94     .024
(Total)                 4925697.03    119   41392.41

R-Squared =      .093
Adjusted R-Squared = .061
```

图 14-2-12

14.3　本章小结

当数据中多个自变量之间的交互效应显著时，我们可以使用简单效应来进一步分析。举例来说，自变量 1 为教师学业支持，分为高、中、低三种水平，这是被试间变量。自变量 2 为学习内在动机，也分为高、中、低三种水平，也是被试间变量。因变量为学生的学业表现。利用方差分析发现，两个因素的交互效应显著，并在折线图里看到了大致的趋势。此时，我们可以利用简单效应分析当一个自变量固定在某个水平上时，另一个自变量的三个水平的因变量差异。

我们可以分析：当学生的学习内在动机高时，教师高、中、低三种学业支持水平对学生学习成绩的作用，即分析面对高学习内在动机的学生，教师的三种学业支持水平对他们的最终成绩是否有影响。同理，我们也可以分析，当教师为高学业支持水平，学生之间的学习内在动机分别为高、中、低三种水平时，学生的最终成绩是怎样的。

14.1 节和 14.2 节介绍的被试间设计和重复测量设计，其简单效应的意义相差不大，但是在 SPSS 语法编辑器里的语句有所不同。另外，还有一种混合设计的数据形式，既有被试间的自变量，又有被试内的自变量。下面总结一下，如何对混合设计的数据进行简单效应分析和简单简单效应分析。

1. 简单效应分析

有两个自变量，一个为两水平的组间变量 H，另一个为三水平的组内变量 L。

自变量 1：H ($H1$, $H2$)，即组间变量，有 2 个水平，分别被命名为 $H1$ 和 $H2$。

自变量 2：L ($L1$, $L2$, $L3$)，即组内变量，有 3 个水平，分别被命名为 $L1$、$L2$ 和 $L3$。

第 1 行：MANOVA 主命令句。

构成：MANOVA + 组内变量组合的变量名 + BY + 组间变量（1，水平数）。

本案例：MANOVA *L*1 *L*2 *L*3 BY *H*(1，2)。

第 2 行：指明组内变量的名称和水平数。

构成：/WSFACTORS = 组内变量名（水平数）。

本案例：/WSFACTORS=*L*(3)。

第 3 行：输出平均数，可以根据需要取舍。

构成：/PRINT = CELLINFO (MEANS)。

本案例：/PRINT = CELLINFO (MEANS)。

第 4 行、第 5 行：/WSDESIGN

/DESIGN。

第 6 行：具体说明检验的简单效应。

构成：在以 /DESIGN 开始的语句中，只能出现组间变量。

在以 /WSDESIGN 开始的语句中，只能出现组内变量。

本案例：/WSDESIGN = *L*

/DESIGN=MWITHIN *H*(1)

MWITHIN *H*(2)。

解释：MWITHIN *H*(1)表示检验当 *H* 固定在第一个水平上时，*L* 的三个水平是否有显著差异。MWITHIN *H*(2)表示检验当 *H* 固定在第二个水平上时，*L* 的三个水平是否有显著差异。

```
MANOVA L1 L2 L3 BY H(1,2)
/WSFACTORS=L(3)
/PRINT = CELLINFO (MEANS)
/WSDESIGN
/DESIGN
/WSDESIGN = L
/DESIGN=MWITHIN H(1)
   MWITHIN H(2)
```

2．简单简单效应分析

有 3 个自变量，一个为两水平的组间变量 *H*，另一个为三水平的组内变量 *L*，还有一个为两水平的组内变量 *M*。

自变量 1：*H* (*H*1, *H*2)，即组间变量，有两个水平，分别被命名为 *H*1 和 *H*2。

自变量 2：*L* (*L*1, *L*2, *L*3)，即组内变量，有 3 个水平，分别被命名为 *L*1、*L*2 和 *L*3。

自变量 3：*M* (*M*1, *M*2)，即组内变量，有两个水平，分别被命名为 *M*1 和 *M*2。

第 1 行：MANOVA 主命令句。

```
MANOVA L1M1 L2M1 L3M1 L1M2 L2M2 L3M2 BY H(1, 2)
/WSFACTORS=L(3) M(2)
/PRINT = CELLINFO (MEANS)
/WSDESIGN
/DESIGN
/DESIGN=A
/WSDESIGN = MWITHIN L(1) WITHIN M(1)
           MWITHIN L(1) WITHIN M(2)
```

或：

```
/WSDESIGN =M WITHIN L(1)
/DESIGN = MWITHIN H(2)
```

构成：MANOVA + 组内变量组合的变量名 + BY + 组间变量（1，水平数）。

本案例：MANOVA $L1M1$ $L2M1$ $L3M1$ $L1M2$ $L2M2$ $L3M2$ BY H(1，2)。

第 2 行：指明组内变量的名称和水平数，可指明多个组内变量。

构成：/WSFACTORS = 组内变量名（水平数）。

本案例：/WSFACTORS=L(3) M(2)。

第 3 行：输出平均数，可以根据需要取舍。

构成：/PRINT = CELLINFO (MEANS)。

本案例：/PRINT = CELLINFO (MEANS)。

第 4 行、第 5 行：/WSDESIGN

　　　　　　　　　　/DESIGN。

第 6 行：具体说明检验的简单效应。

构成：在以 /DESIGN 开始的语句中，只能出现组间变量。

　　　　在以 /WSDESIGN 开始的语句中，只能出现组内变量。

　　　　当一行中出现被检验变量时，使用 WITHIN。

　　　　当一行中未出现被检验变量时，使用 MWITHIN。

本案例：/DESIGN=H

　　　　/WSDESIGN = MWITHIN L(1) WITHIN M(1)

　　　　　　　　　　MWITHIN L(1) WITHIN M(2)。

解释：被检验的变量是 A，考查自变量 L 和自变量 M 分别固定在某一个水平上时，A 的不同水平是否对因变量有显著影响。

MWITHIN L(1) WITHIN M(1)表示检验当 L 固定在第一个水平，M 固定在第一个水平上时，H 的两个水平的因变量是否有显著差异。

MWITHIN L(1) M(2)表示检验当 H 固定在第二个水平上时，L 的 3 个水平的因变量是否有显著差异。

第 15 章

调节变量与中介变量分析方法：
调节效应与中介效应

15.1　调节效应

本节详细介绍调节效应、交互效应与中介效应的异同，同时系统讲解在 SPSS 中如何使用层次回归法对不同数据类型的自变量和调节变量进行调节效应分析。

15.1.1　调节效应简介

1．调节效应定义

如果自变量 X 与因变量 Y 的关系是变量 M 的函数，则变量 M 就可以被称为调节变量，即因变量 Y 与自变量 X 的关系受变量 M 的影响。这三者之间的关系，被称为调节效应。

图 15-1-1 形象地展示了最简单的调节效应。

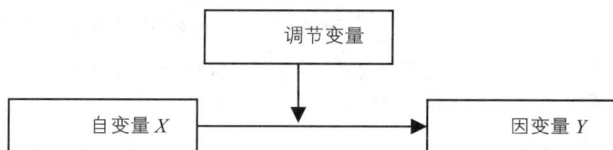

图 15-1-1

调节变量既可以是分类变量（如性别、年级、种族），也可以是连续变量（如成绩、年龄）；既可以是潜变量（无法直接测量的变量），也可以是显变量（可以直接测量的变量）。根据调节变量和自变量类型的不同，在分析调节效应时所用的方法也不同。

调节变量影响因变量和自变量之间关系的方向和强弱。调节变量的意义在于能够识别自变量对因变量影响方式的边界条件，引入一个新的调节变量是理论研究的一个思路。

2．调节效应举例

例 1：指导方案和学习效果的关系，受到学生个性的影响。具体来说，指导方案对某种个性学生的学习效果提升显著，对另一种个性学生的学习效果没有影响，这里的学生个性就可以被称为调节变量，如图 15-1-2 所示。

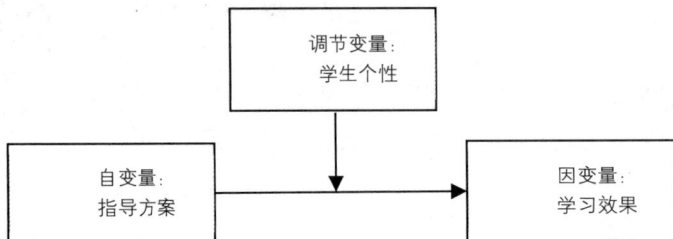

图 15-1-2

例 2：外貌自我概念与一般自我概念的关系，受到对外貌自我概念的重视程度的影响。具体来说，对外貌自我概念重视程度高，长相不好会大大降低其一般自我概念。对外貌自我概念重视程度低，长相不好对其一般自我概念影响不大。这里的对外貌自我概念的重视程度就可以被称为调节变量，如图 15-1-3 所示。

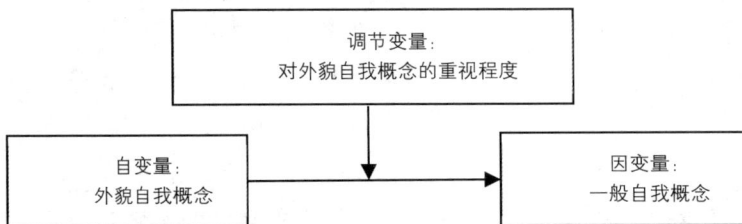

图 15-1-3

3．调节效应与中介效应

首先，从定义上理解调节效应与中介效应的区别：如果因变量 Y 与自变量 X 的关系是变量 M 的函数，则称三者中出现了调节效应，如图 15-1-4 所示。如果自变量 X 通过影响变量 M 来影响因变量 Y，则称三者中出现了交互效应，如图 15-1-5 所示。

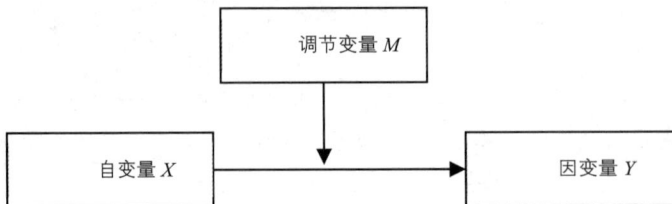

图 15-1-4

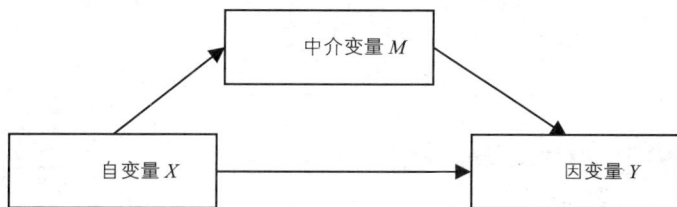

图 15-1-5

其次，从变量间的相关性及意义上理解两者的区别：中介变量与自变量或因变量的相关性较大，理想的调节变量与自变量和因变量的相关性都不大。中介变量的意义在于揭示自变量对因变量影响的原因和作用机制。调节变量的意义在于识别自变量对因变量影响方式的边界条件。

4．调节效应与交互效应

如果自变量 X_1 在自变量 X_2 的每个水平上，其因变量的值都不一致，则称三者中出现了交互效应。

调节效应和交互效应这两个概念的含义有相同的地方，也有一定的区别。在交互效应中，两个自变量的地位可以是对称的，任何一个都可以被称为调节变量；两个自变量的地位也可以是不对称的，只要其中一个起到了调节变量的作用，就存在交互效应，如图 15-1-6 所示。但在调节效应中，哪个是自变量，哪个是调节变量，是很明确的，两者不能互换。

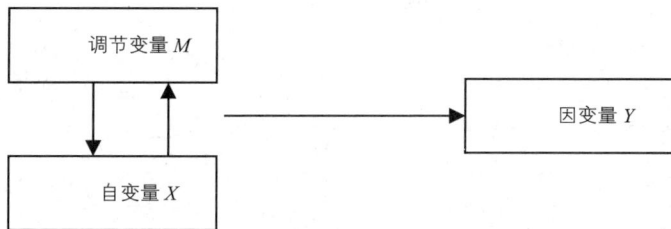

图 15-1-6

15.1.2 自变量和调节变量均为连续变量的调节效应分析

1．操作原理

在调节效应中，当自变量 X 和调节变量 M 都是连续变量时，调节效应可以通过下面的回归方程进行分析：

$$Y = i + aX + bM + cXM + \varepsilon$$

调节效应方程示意图如图 15-1-7 所示。

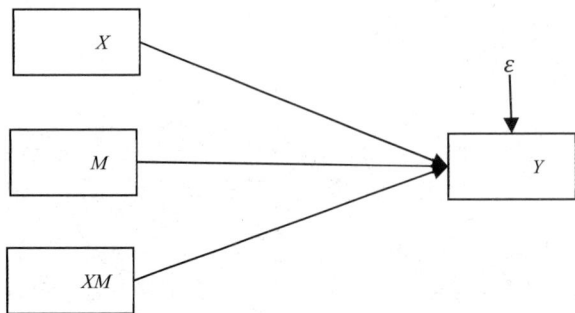

图 15-1-7

检验调节效应显著的基本思想是：$Y = i + aX + bM + \varepsilon$和 $Y = i + aX + bM + cXM + \varepsilon$这两个回归方程有显著差异。只有这样，才能称因变量 Y 和自变量 X 的关系（回归斜率的大小和方向）随调节变量 M 的变化而变化，调节效应显著。

2．基本步骤

（1）准备交互相乘项。

（2）用自变量 X、调节变量 M 对因变量 Y 做回归分析。

（3）用自变量 X、调节变量 M 和交互相乘项 XM 对变量 Y 做回归分析。

（4）根据系数作出判断。

3．案例

本案例共有 3 个变量，分别是 Y（因变量）、X（自变量）和 M（调节变量），3 个变量都是连续变量。分析的目的是判断三者之间是否存在调节效应。原始数据如图 15-1-8 所示。

	Y	X	M	变量
1	49.0	72.0	76.0	
2	31.0	72.0	78.0	
3	43.0	85.0	109.0	
4	48.0	75.0	72.0	
5	49.0	69.0	56.0	
6	40.0	115.0	61.0	
7	43.0	69.0	77.0	
8	34.0	82.0	46.0	
9	39.0	72.0	49.0	
10	31.0	123.0	95.0	
11	35.0	74.0	84.0	
12	34.0	71.0	58.0	
13	51.0	83.0	80.0	
14	44.0	71.0	87.0	

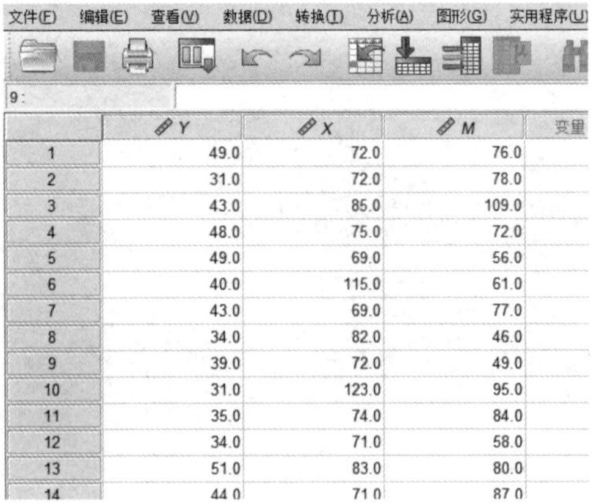

图 15-1-8

（1）打开案例文件"15.1.1 调节效应.sav"。单击"转换"→"计算变量"命令，弹出"计算变量"对话框。

（2）计算变量的本质是利用已有变量新建一个新变量，这里要利用已有变量 M 和变量 X 创建一个新变量 $X*M$（乘积项）。如图 15-1-9 所示，首先，在"目标变量"文本框中输入新变量的名称，这里将其命名为 X_M。其次，在"数字表达式"文本框中输入公式：$X*M$，单击"确定"按钮。

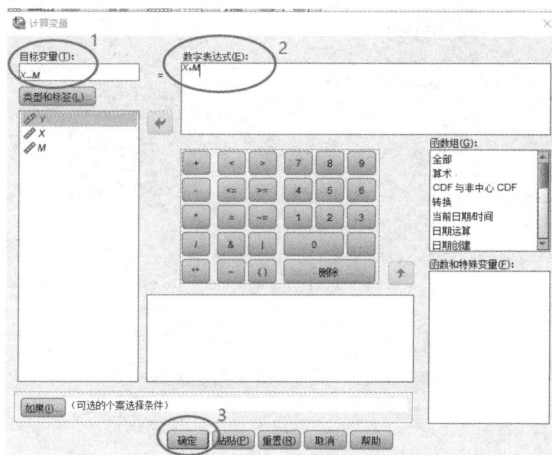

图 15-1-9

（3）单击"分析"→"回归"→"线性"命令，弹出"线性回归"对话框。

（4）首先做第一层回归。如图 15-1-10 所示，将"Y"放入"因变量"列表框，将"X""M"放入"自变量"列表框，单击"下一个"按钮，准备做第二层回归。

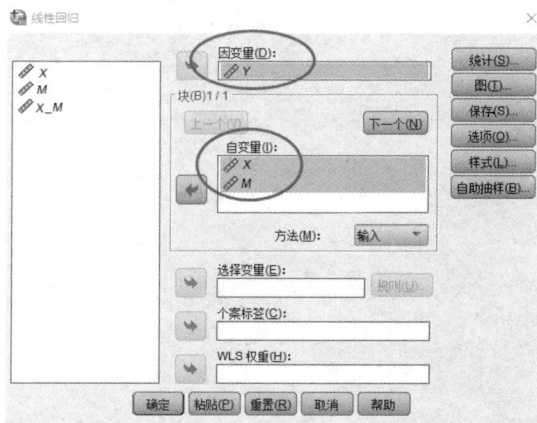

图 15-1-10

（5）第二层回归为 $Y = i + aX + bM + cXM + \varepsilon$。如图 15-1-11 所示，将"$Y$"放入"因变量"列表框，将"$X$""$M$""$X\_M$"放入"自变量"列表框，单击"统计"按钮，弹出"线性回归：统计"对话框。

（6）如图 15-1-12 所示，勾选"模型拟合""R 方变化量"复选框，单击"继续"按钮，回到"计算变量"对话框，单击"确定"按钮。

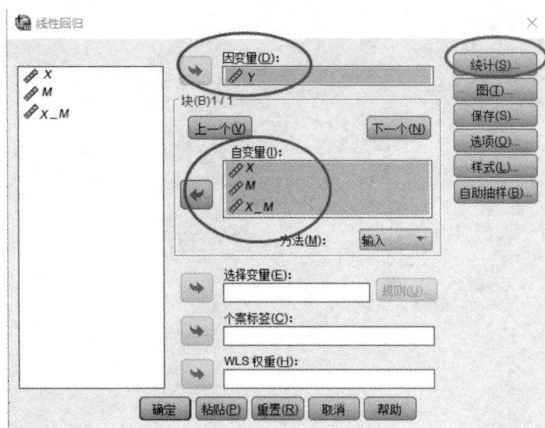
图 15-1-11

图 15-1-12

4. 输出结果

（1）模型摘要表如图 15-1-13 所示，模型 2（$Y = i + aX + bM + cXM + \varepsilon$）和模型 1（$Y = i + aX + bM + \varepsilon$）的 R 方值有显著差异。参照 R 方值的大小，可知模型 2 显著优于模型 1，说明存在调节效应。

模型摘要

模型	R	R 方	调整后 R 方	标准估算的错误	R 方变化量	F 变化量	更改统计 自由度 1	自由度 2	显著性 F 变化量
1	.238ᵃ	.057	.048	8.5648	.057	6.247	2	208	.002
2	.329ᵇ	.108	.095	8.3482	.051	11.934	1	207	.001

a. 预测变量：(常量)，M, X
b. 预测变量：(常量)，M, X, X_M

图 15-1-13

（2）系数表如图 15-1-14 所示，其中，模型 2 的交互相乘项的显著性为 0.001，小于 0.05，说明存在调节效应。

5. 变量的中心化

当自变量和拟调节变量都是连续变量时，通常的做法是先进行中心化，再进行层次回归分析。这个步骤虽然对调节效应最终检验结果没有影响，但是有以下两方面好处：

- 改变模型中回归系数的大小和显著性检验结果。
- 在自变量 X 和调节变量 M 的零点没有实际意义的情况下，改善对回归系数的理解。

系数ᵃ

模型		未标准化系数		标准化系数		
		B	标准错误	Beta	t	显著性
1	(常量)	46.154	5.459		8.455	.000
	X	-.087	.055	-.108	-1.578	.116
	M	.106	.037	.194	2.837	.005
2	(常量)	-9.356	16.927		-.553	.581
	X	.615	.210	.761	2.924	.004
	M	.859	.221	1.579	3.885	.000
	$X\ M$	-.010	.003	-1.517	-3.455	.001

a. 因变量：Y

图 15-1-14

15.1.3 自变量为连续变量、调节变量为分类变量的调节效应分析

1. 操作原理

本节针对自变量为连续变量、调节变量为分类变量这种情况进行详细阐述。

因为调节变量是分类变量，所以在分析时需要对调节变量进行虚拟编码，从而产生虚拟变量。虚拟变量指的是取值为 0 或 1 的人工变量，其作用是实现对分类变量的量化，反映变量质的属性，又称为虚设变量、名义变量或哑变量。虚拟变量的设置规则如下。

（1）选取原则：所有虚拟变量的取值都只能是 0 或 1。

（2）虚拟变量个数：如果变量 X 有 N 个水平，在有截距项的模型中，可以用 $N-1$ 个虚拟变量来表示变量 X。

例如，年级变量 X 包含大一、大二、大三、大四这 4 个水平，如果将大一作为比较水平，并使用 3 个虚拟变量 Dum1、Dum2 和 Dum3 编码变量 X 的其他 3 个水平，那么第一列是年级变量 X 的 4 个水平，第一行是 3 个虚拟变量。这样，3 个虚拟变量就可以编码年级变量 X 的 4 个水平了，如图 15-1-15 所示。

	Dum1	Dum2	Dum3
大一	0	0	0
大二	1	0	0
大三	0	1	0
大四	0	0	1

图 15-1-15

2．基本步骤

（1）对调节变量 M 进行虚拟编码，产生虚拟变量。

（2）产生自变量 X 与虚拟变量的交互相乘项。

（3）用自变量 X 和虚拟变量对因变量 Y 做回归分析。

（4）用自变量 X、虚拟变量和交互相乘项对因变量 Y 做回归分析。

（5）观察结果，判断调节效应是否成立。

3．案例

本案例共有 3 个变量，分别是 Y（因变量）、X（自变量）和 M（拟调节变量，有 4 个水平）。其中，Y（因变量）和 X（自变量）是连续变量，M（拟调节变量）是分类变量。分析的目的是判断三者之间是否存在调节效应。原始数据如图 15-1-16 所示。

	X	M	Y	变量
1	50.0	4.0	41.0	
2	50.0	4.0	41.0	
3	54.0	2.0	48.0	
4	56.0	1.0	64.0	
5	56.0	3.0	33.0	
6	57.0	2.0	41.0	
7	57.0	3.0	39.0	
8	57.0	3.0	39.0	
9	58.0	1.0	71.0	
10	58.0	1.0	71.0	
11	59.0	1.0	50.0	

图 15-1-16

（1）打开案例文件"15.1.3 调节效应.sav"，单击"转换"→"创建虚变量"命令，弹出"创建虚变量"对话框。

（2）如图 15-1-17 所示，将"M"放入"针对下列变量创建虚变量"列表框，在"根名称（每个选定变量各一个）"文本框中输入虚拟变量名称"Mdum"，单击"确定"按钮。

（3）此时，在数据编辑器中可以看到生成了 4 个虚拟变量，分别为 Mdum_1、Mdum_2、Mdum_3 和 Mdum_4。在本案例中，只需 3 个虚拟变量即可完成对拟调节变量 M 的编码，因此应删除 1 个虚拟变量。如果将拟调节变量 M 取值为 4.0 作为对照的变量水平，则可以删除虚拟变量 Mdum_4。选中 Mdum_4 列，单击鼠标右键，在弹出的快捷菜单中单击"清除"选项，即可删除虚拟变量 Mdum_4，此时的数据情况如图 15-1-18 所示。

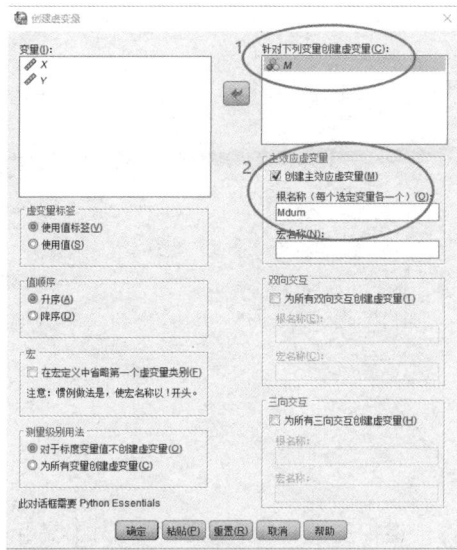

图 15-1-17

图 15-1-18

从图 15-1-18 中可以看出，当拟调节变量 M 取值为 4.0 时，3 个虚拟变量的取值分别为 0、0、0。当拟调节变量 M 取值为 3.0 时，3 个虚拟变量的取值分别为 0、0、1；当拟调节变量 M 取值为 1.0 时，3 个虚拟变量的取值分别为 1、0、0；当拟调节变量 M 的取值为 2.0 时，3 个虚拟变量的取值分别为 0、1、0。

（4）单击"转换"→"计算变量"命令，弹出"计算变量"对话框。这里需要将 3 个虚拟变量分别与自变量 X 相乘，生成 3 个新的交互相乘项。如图 15-1-19 所示，在"目标变量"文本框中输入新变量的名称"X_Mdum1"。在"数字表达式"文本框中输入"$X*Mdum\_1$"，单击"确定"按钮。

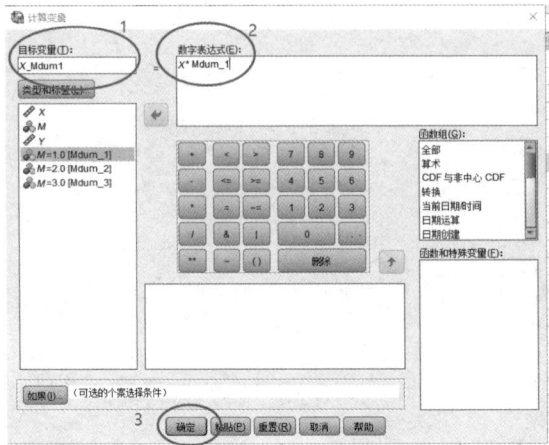

图 15-1-19

（5）用同样的方法，使自变量分别与另外两个虚拟变量相乘，得到另外两个交互相乘项，最后得到如图 15-1-20 所示的变量。X、M 和 Y 是本案例中的原有变量，我们期望得到它们的调节效应。Mdum_1、Mdum_2 和 Mdum_3 是新生成的虚拟变量，用来编码变量 M 的 4 个水平。X_Mdum1、X_Mdum2 和 X_Mdum3 是新生成的交互相乘项，是自变量 X 分别与 3 个虚拟变量相乘得来的。

（6）进行层次回归。单击"分析"→"回归"→"线性"命令，弹出"线性回归"对话框。在本案例中，我们需要做三层回归。首先做第一层回归，如图 15-1-21 所示，将"Y"放入"因变量"列表框，将"X"放入"自变量"列表框，单击"下一个"按钮，回到"线性回归"对话框。

图 15-1-20

然后做第二层回归，如图 15-1-21 所示，将"Y"放入"因变量"列表框，将"X""Mdum_1""Mdum_2""Mdum_3"放入"自变量"列表框，单击"下一个"按钮，回到

"线性回归"对话框。最后做第三层回归，将"Y"放入"因变量"列表框，将"X"
"Mdum_1""Mdum_2""Mdum_3""X_Mdum1""X_Mdum2""X_Mdum3"放入"自变量"
列表框，单击"统计"按钮，弹出"线性回归：统计"对话框。

（8）如图 15-1-22 所示，勾选"模型拟合""R 方变化量"复选框，单击"继续"按钮，
回到"线性回归"对话框，单击"确定"按钮。

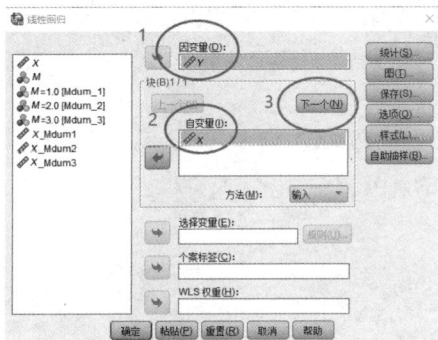 

图 15-1-21 图 15-1-22

4. 输出结果

如图 15-1-23 所示，重点关注第三层回归中 3 个交互相乘项的显著性。从图 15-1-23
中可以看出，交互相乘项 X_Mdum1 的系数显著，也就是说，因变量 Y 和自变量 X 的关系会
随第三个变量 M 的变化而变化。

系数^a

模型		未标准化系数		标准化系数	t	显著性
		B	标准误差	Beta		
1	(常量)	35.750	2.978		12.005	.000
	X	.151	.038	.230	3.976	.000
2	(常量)	35.760	3.389		10.553	.000
	X	.151	.039	.230	3.894	.000
	$M=1.0$	-.270	1.689	-.013	-.160	.873
	$M=2.0$	.279	1.555	.015	.179	.858
	$M=3.0$	-.158	1.684	-.008	-.094	.925
3	(常量)	27.145	7.469		3.634	.000
	X	.258	.091	.392	2.825	.005
	$M=1.0$	19.223	8.915	.923	2.156	.032
	$M=2.0$	1.612	9.153	.089	.176	.860
	$M=3.0$	3.493	11.748	.172	.297	.766
	X_Mdum1	-.246	.110	-.955	-2.240	.026
	X_Mdum2	-.012	.114	-.054	-.110	.913
	X_Mdum3	-.040	.153	-.145	-.260	.795

a. 因变量：Y

图 15-1-23

15.1.4 自变量为分类变量、调节变量为连续变量的调节效应分析

1. 基本步骤

本节针对自变量是分类变量、调节变量是连续变量这种情况进行详细阐述，基本步骤如下。

（1）对自变量 X 进行虚拟编码，产生虚拟变量。

（2）产生虚拟变量与拟调节变量 M 的交互相乘项。

（3）用虚拟变量对因变量 Y 做回归分析。

（4）用虚拟变量与拟调节变量 M 对因变量 Y 做回归分析。

（5）用虚拟变量、拟调节变量 M 与交互相乘项对因变量 Y 做回归分析。

（6）观察结果，判断调节效应是否成立。

2. 案例

本案例共有 3 个变量，分别是 Y（因变量）、X（自变量，有 3 个水平）和 M（拟调节变量）。其中，Y（因变量）和 M（拟调节变量）是连续变量，X（自变量）是分类变量。分析的目的是判断三者之间是否存在调节效应。原始数据如图 15-1-24 所示。

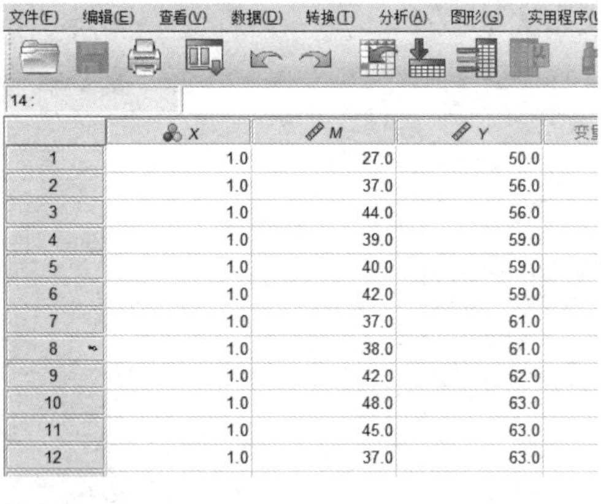

	X	M	Y
1	1.0	27.0	50.0
2	1.0	37.0	56.0
3	1.0	44.0	56.0
4	1.0	39.0	59.0
5	1.0	40.0	59.0
6	1.0	42.0	59.0
7	1.0	37.0	61.0
8	1.0	38.0	61.0
9	1.0	42.0	62.0
10	1.0	48.0	63.0
11	1.0	45.0	63.0
12	1.0	37.0	63.0

图 15-1-24

（1）打开案例文件“15.1.4 调节效应.sav”，单击“转换”→“创建虚变量”命令，弹出“创建虚变量”对话框，如图 15-1-25 所示。将“X”放入“针对下列变量创建虚变量”列表框，勾选“创建主效应虚变量”复选框，在“根名称（每个选定变量各一个）”文本框中输入“Xdum”，单击“确定”按钮。

（2）此时在数据编辑器中将生成 3 个虚拟变量 Xdum_1、Xdum_2、Xdum_3，但实际上我们只需要两个虚拟变量就能完成对自变量 X（有 3 个水平）的编码，因此应删除一个。这里删除 Xdum_3。选中 Xdum_3 列，单击鼠标右键，在弹出的快捷菜单中单击“清除”选项

即可删除 Xdum_3 列。

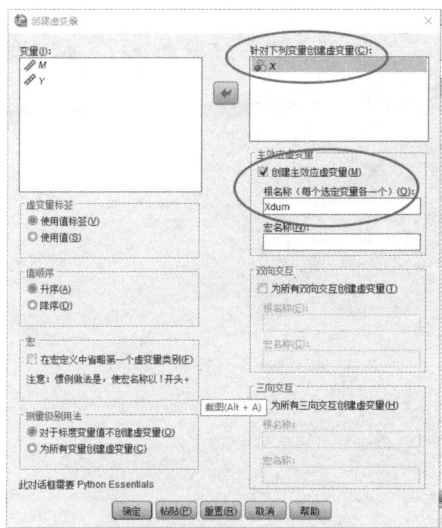

图 15-1-25

（3）当自变量 X 取值为 1.0 时，两个虚拟变量的取值分别为 1 和 0；当自变量 X 取值为 2.0 时，两个虚拟变量的取值分别为 0 和 1；当自变量 X 取值为 3.0 时，两个虚拟变量的取值分别为 0 和 0。

（4）产生虚拟变量与拟调节变量 M 的交互相乘项。单击"转换"→"计算变量"命令，弹出"计算变量"对话框，如图 15-1-26 所示。在"目标变量"文本框中输入新变量名 M_Xdum_1，在"数字表达式"列表框中输入公式 $M*Xdum\_1$ 相，单击"确定"按钮，即可生成第一个交互相乘项。用同样的方法，生成第二个交互相乘项。

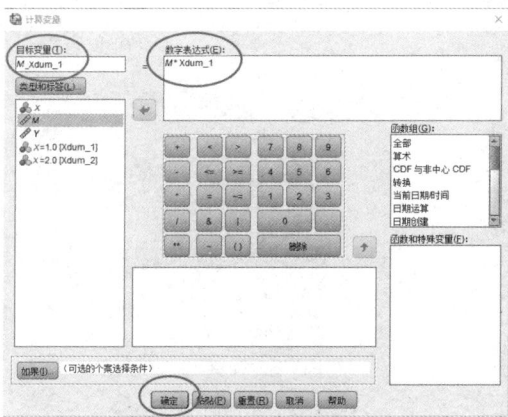

图 15-1-26

（5）最终得到如图 15-1-27 所示的变量。X、M 和 Y 是本案例中原有的变量，我们期望得到它们的调节效应；Xdum_1、Xdum_2 是新生成的虚拟变量，用来编码自变量 X 的 3 个水平；M_Xdum_1、M_Xdum_2 是新生成的变量，是由拟调节变量 M 分别与两个虚拟变量相乘得到的。

图 15-1-27

（6）本案例需要进行三层回归，首先做第一层回归。单击"分析"→"回归"→"线性"命令，弹出"线性回归"对话框。如图 15-1-28 所示，将"Y"放入"因变量"列表框，将"X=1.0[Xdum_1]"和"X=2.0[Xdum_2]"放入"自变量"列表框，单击"下一个"按钮，准备做第二层回归。

（7）第二层回归。将"Y"放入"因变量"列表框，将"M""X=1.0[Xdum_1]"和"X=2.0[Xdum_2]"放入"自变量"列表框，单击"下一个"按钮，准备做第三层回归。

（8）第三层回归。将"Y"放入"因变量"列表框，将"M""X=1.0[Xdum_1]""X=2.0[Xdum_2]""M_Xdum_1"和"M_Xdum_2"放入"自变量"列表框，如图 15-1-29 所示。

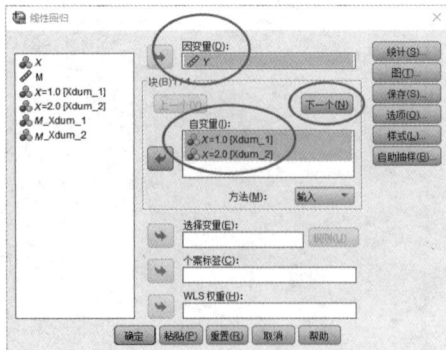

图 15-1-28

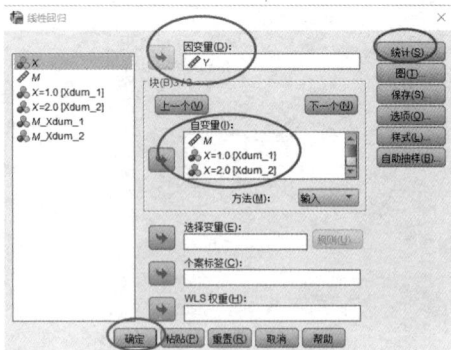

图 15-1-29

单击"统计"按钮，在弹出的"线性回归：统计"对话框中，勾选"R 方变化量"复选框，单击"继续"按钮，回到"线性回归"对话框，单击"确定"按钮。

3．输出结果

如图 15-1-30 和图 15-1-31 所示，在第三层回归中，观察两个交互相乘项的系数显著性可以发现，交互相乘项 M_Xdum_1 的系数显著，交互相乘项 M_Xdum_2 的系数不显著。进一步观察模型摘要表可知，第三层回归的 R 方值是显著的。

系数ª

模型		未标准化系数		标准化系数	t	显著性
		B	标准错误	Beta		
1	(常量)	81.387	1.127		72.208	.000
	$X=1.0$	-9.881	1.620	-.433	-6.098	.000
	$X=2.0$	-5.169	1.691	-.217	-3.057	.003
2	(常量)	85.631	8.579		9.981	.000
	$X=1.0$	-11.066	2.876	-.484	-3.848	.000
	$X=2.0$	-5.867	2.197	-.246	-2.670	.008
	M	-.075	.150	-.056	-.499	.618
3	(常量)	105.742	12.352		8.560	.000
	$X=1.0$	-49.417	15.113	-2.163	-3.270	.001
	$X=2.0$	23.147	33.098	.971	.699	.485
	M	-.430	.217	-.321	-1.980	.049
	M_Xdum_1	.801	.303	1.452	2.645	.009
	M_Xdum_2	-.683	.683	-1.358	-.999	.319

a. 因变量：Y

图 15-1-30

模型摘要

模型	R	R 方	调整后 R 方	标准估算的错误	更改统计				
					R 方变化量	F 变化量	自由度 1	自由度 2	显著性 F 变化量
1	.384ª	.147	.139	10.0813	.147	18.626	2	216	.000
2	.385ᵇ	.148	.136	10.0989	.001	.249	1	215	.618
3	.430ᶜ	.185	.166	9.9227	.037	4.851	2	213	.009

a. 预测变量：(常量)，$X=2.0$，$X=1.0$

b. 预测变量：(常量)，$X=2.0$，$X=1.0$，M

c. 预测变量：(常量)，$X=2.0$，$X=1.0$，M，M_Xdum_1，M_Xdum_2

图 15-1-31

15.1.5　自变量、调节变量均为分类变量的调节效应分析

当自变量和调节变量均为分类变量时，可以直接使用多因素方差分析法进行分析。需要注意的是，在交互效应中，两个自变量既可以是对称的，即任何一个变量都可以被解释为调节变量；也可以是不对称的，即只要其中一个变量起到调节变量的作用，交互效应就存在，此类情形的具体分析方法不再赘述。

15.2 Process 插件

在实际数据分析中，中介效应比较复杂，有时还会结合调节效应，因而传统的回归分析法并不能满足这一分析需求。Process 插件在检验调节效应、中介效应及调节中介混合效应上有比较明显的优势。

15.2.1 Process 插件的安装及应用

1. Process 插件简介

Process 插件主要用于分析中介效应、调节效应，以及中介效应与调节效应的混合效应。Process 插件的优点如下。

（1）操作步骤更加简便，能直接输出检验结果。

（2）整合了 Bootstrap 和 Sobel 功能。除此之外，它还能给出直接效应、间接效应的估计值，以及标准化和非标准化结果。

（3）能够处理较复杂的模型。Process 插件可以检验 76 个模型，只需选择对应的模型编号，在各自的对话框内导入相应的自变量、因变量或拟调节变量即可。

2. Process 插件的安装

（1）从网上下载"process 安装插件的安装包"并将其解压缩。

（2）打开 SPSS，单击"扩展"→"实用程序"→"安装定制对话框"命令，弹出如图 15-2-1 所示的"打开对话框指定项"对话框。

图 15-2-1

（3）在"查找位置"处，定位解压缩后的"processor 安装插件"，选择"process.spd"文件，单击"打开"按钮即可。

（4）重新启动 SPSS，单击"分析"→"回归"命令，如果出现 PROCESS，则表明 Process 插件安装成功。

3．Process 插件操作界面简述

图 15-2-2 所示的是 Process 插件的主要页面，各选区的含义如下（此插件目前没有中文版本，所以只能显示英文页面）。

- 在 Data File Variables 选区中包含了数据的所有变量。
- Outcome Variable 选区用于导入因变量。
- Independent Variable 选区用于导入自变量。
- M Variable 选区用于放入中介变量（如果有）。
- Covariate 选区用于放入控制变量（如果有）。
- Proposed Moderator W 选区用于放入调节变量（如果有）。
- 在 Process 安装包中有 76 个模型，在 Model Number 下拉列表中可以选择合适的模型。
- 在 Bootstraps Samples 下拉列表中可以选择抽样的次数，一般选择 5000。
- 在 Confidence level for confidence intervals 下拉列表中可以选择估计时的置信区间，一般选择默认的 95%。
- Covariate(s) in model(s) of 选区用于限定控制变量的影响范围。

如图 15-2-3 所示，单击右侧的 Options 按钮，在弹出的 PROCESS Options 对话框中可以进行 Scobel test（Sobel 检验）、Effect size（计算效应量）等。

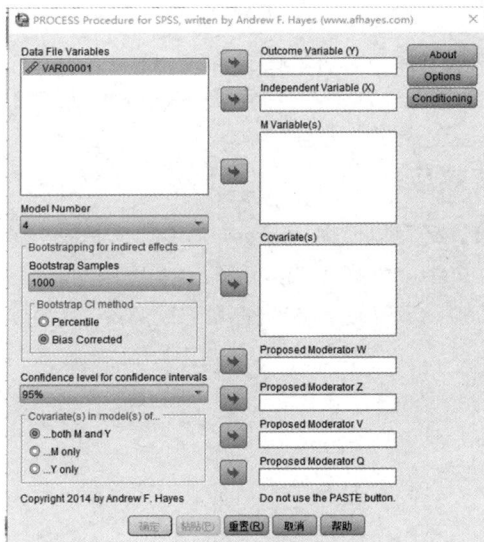

图 15-2-2

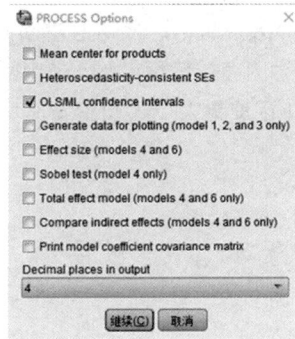

图 15-2-3

15.2.2　Bootstrap 方法及其应用

在 Process 插件中，有一个选项"Bootstraps Samples"，分析中需要选择样本数量，在此介绍其中所运用的 Bootstrap 方法。

美国斯坦福大学统计学教授 Bradley Efron 于 1979 年提出了 Bootstrap 方法，即用样本自身的数据抽样得出新的样本及统计量，因此又被称为自助抽样法。在 SPSS 中，几乎所有的统计方法都提供了自助抽样的选项。这种方法的核心是不对总体分布做任何假设，通过使用样本本身，来计算样本统计量在估计总体统计量时的误差。

假设有一容量为 N 的样本，从这一样本有放回抽样（区别于"无放回抽样"），每次抽取一个个案，直至抽取出来的个案数量等于 N 为止，这 N 个个案就是一个样本。这个样本就被称为 Bootstrap 样本或自助样本，重复上面的过程多次，就可以得到多个自助样本。在这一过程中，利用被相继、独立地抽取出来的多个 Bootstrap 样本，便可以对总体进行统计推断。抽取几千个 Bootstrap 样本这一庞大的工程量，可以由计算机实现。

在进行数次样本抽取后，应如何对总体进行统计及推断呢？Bootstrap 原则指出了"抽取的多个新样本""原样本"和"总体"之间的关系。具体来说，"抽取的新样本统计量围绕原样本统计量的变化"是"原样本统计量围绕总体统计量的变化"一个很好的近似。又因为原样本统计量的变化与样本大小有关，因此用抽取的新样本统计量的变化作为原样本统计量的变化近似的前提是每个抽取的新样本大小和原样本大小相同。

注意，有放回抽样指的是从总体抽取一个小样本 a 后，在再一次抽取另一个小样本 b 前，需要把小样本 a 放回到总体中，总体是完整的。无放回抽样指的是从总体中去掉了小样本 a 后，继续抽取小样本 b。

根据大数定理，随着样本个数的增加，误差的分布也越来越精确。一般建议的抽样次数 k 最少要达到 1000 次，最好达到 5000 次以上，因此在 Process 插件中一般选择 5000 次。

15.2.3　使用 Process 插件检验调节效应

在分析调节效应时，除使用层次回归法外，还可以使用 Process 插件。为了便于对结果进行对比，本案例直接使用"调节效应.sav"文件。如图 15-2-4 所示，本案例共有 3 个变量，分别是 Y（因变量）、X（自变量）和 M（拟调节变量），它们都是连续变量。

	Y	X	M	变量
1	49.0	72.0	76.0	
2	31.0	72.0	78.0	
3	43.0	85.0	109.0	
4	48.0	75.0	72.0	
5	49.0	69.0	56.0	
6	40.0	115.0	61.0	
7	43.0	69.0	77.0	
8	34.0	82.0	46.0	
9	39.0	72.0	49.0	
10	31.0	123.0	95.0	
11	35.0	74.0	84.0	
12	34.0	71.0	58.0	
13	51.0	83.0	80.0	
14	44.0	71.0	87.0	

图 15-2-4

1．简单调节效应分析

（1）打开案例文件"调节效应.sav"。单击"分析"→"回归"→"PROCESS"命令，弹出如图 15-2-5 所示对话框。

（2）将 Y 放入 Outcome Variable 列表框，将 X 放入 Independent Variable 列表框，将 M 放入 M Variable 列表框。在 Model Number 下拉列表中选择模型 1，在 Bootstraps Samples 下拉列表中选择 5000，其他使用默认设置。此外，Process 插件安装包中有详细介绍了 76 个模型的说明文件，在此文件中，最简单的调节效应模型如图 15-2-6 所示。

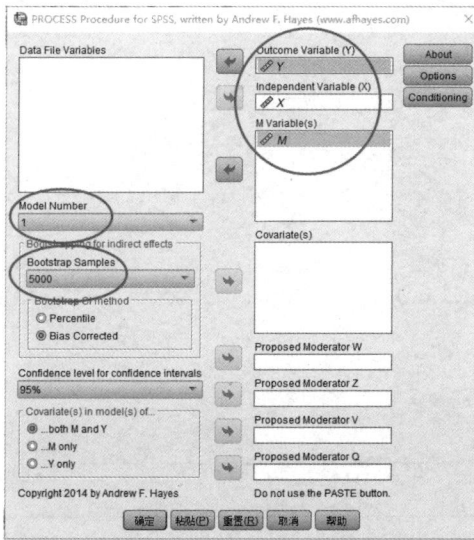

图 15-2-5

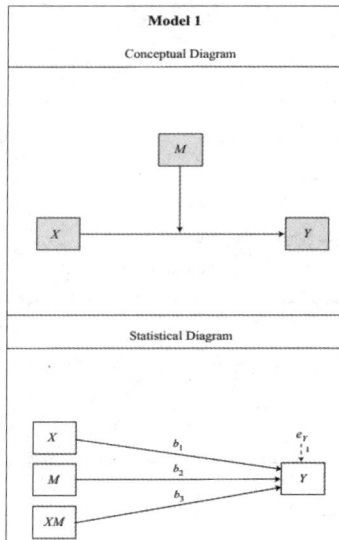

图 15-2-6

（3）单击 Options 按钮，弹出 PROCESS Options 对话框，勾选图 15-2-7 所示的复选框，单击"继续"按钮，回到图 15-2-5 所示对话框，单击"确定"按钮。

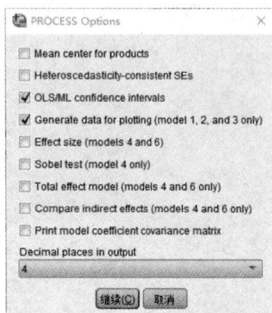

图 15-2-7

2．输出结果

模型的总体结果如图 15-2-8 所示。Model Summary 是此调节模型的总结，主要看 R 方值，R 方值为 0.1081。最下方的 R-square increase due to interaction(s)表示增加交互相乘项以后的 R 方变化量，变化量为 0.0514，并且显著性小于 0.05。通过对比图 15-2-9 使用层次回归法得出的结果可知，两种方法的结果基本一致。

```
**********************************************************************
Outcome: Y

Model Summary
          R        R-sq       MSE          F        df1        df2          P
       .3288      .1081    69.6924     8.3617     3.0000    207.0000      .0000

Model
          coeff        se          t          P        LLCI       ULCI
constant  -9.3565    16.9270     -.5528      .5810    -42.7278    24.0149
M           .8590      .2211     3.8853      .0001      .4231      1.2948
X           .6151      .2103     2.9242      .0038      .2004      1.0298
int_1      -.0096      .0028    -3.4545      .0007     -.0151      -.0041

Interactions:

  int_1    X          X    M

R-square increase due to interaction(s):
          R2-chng      F        df1        df2          P
int_1      .0514    11.9338    1.0000    207.0000      .0007

**********************************************************************
```

图 15-2-8

模型摘要

模型	R	R 方	调整后 R 方	标准估算的错误	R 方变化量	更改统计			
						F 变化量	自由度 1	自由度 2	显著性 F 变化量
1	.238ᵃ	.057	.048	8.5648	.057	6.247	2	208	.002
2	.329ᵇ	.108	.095	8.3482	.051	11.934	1	207	.001

a. 预测变量：(常量)，M，X
b. 预测变量：(常量)，M，X，X_M

图 15-2-9

在图 15-2-8 中，Model 里的 int_1 表示自变量 X 和拟调节变量 M 的交互相乘项，此交互相乘项显著，并且回归系数的 95%置信区间 LLCI 和 ULCI 均小于零，说明调节变量 M 在自变量 X 对因变量 Y 的影响中起到显著的调节效应。

3．简单斜率图

下面对拟调节变量 M 是如何调节自变量 X 和因变量 Y 之间的关系的进行分析。图 15-2-10 表示在调节变量 M 分别取平均值减一个标准差、平均值和平均值加一个标准差时，自变量 X 对因变量 Y 的作用。由显著性（P）和 95%置信区间 LLCI 和 ULCI 可知，在调拟节变量 M 高于平均值一个标准差时，自变量 X 对因变量 Y 有负向的影响作用。在拟调节变量 M 低于平均值一个标准差时，自变量 X 对因变量 Y 的影响不显著。

```
Conditional effect of X on Y at values of the moderator(s):
      M      Effect       se          t        P        LLCI      ULCI
   59.7863    .0413     .0655      .6300     .5294     -.0879     .1704
   75.9147   -.1135     .0544    -2.0850     .0383     -.2209    -.0062
   92.0431   -.2683     .0752    -3.5686     .0004     -.4166    -.1201

Values for quantitative moderators are the mean and plus/minus one SD from mean.
Values for dichotomous moderators are the two values of the moderator.

*************************************************************************
```

图 15-2-10

做简单斜率图的方法多种多样，这里只介绍一种。如图 15-2-11 所示，Data for visualizing conditional effect of X on Y 中给出的是自变量 X 和拟调节变量 M 分别固定在平均值减一个标准差、平均值和平均值加一个标准差时，对应的因变量 Y 值。在做简单斜率图时，需要用到自变量 X 和拟调节变量 M 分别固定在平均值减一个标准差及平均值加一个标准差这 4 个点所对应的因变量 Y 值。因此，只需要用到第 1、3、7、9 行的因变量 Y 值，在 Excel 中绘制简单斜率图即可。绘制结果如图 15-2-12 所示。

```
*************************************************************************

Data for visualizing conditional effect of X on Y
Paste text below into a SPSS syntax window and execute to produce plot.

DATA LIST FREE/X M Y.
BEGIN DATA.

    64.4069     59.7863     44.6566
    75.2607     59.7863     45.1046
    86.1144     59.7863     45.5525
    64.4069     75.9147     48.5402
    75.2607     75.9147     47.3081
    86.1144     75.9147     46.0759
    64.4069     92.0431     52.4239
    75.2607     92.0431     49.5116
    86.1144     92.0431     46.5993

END DATA.
GRAPH/SCATTERPLOT=X WITH Y BY M.
```

图 15-2-11

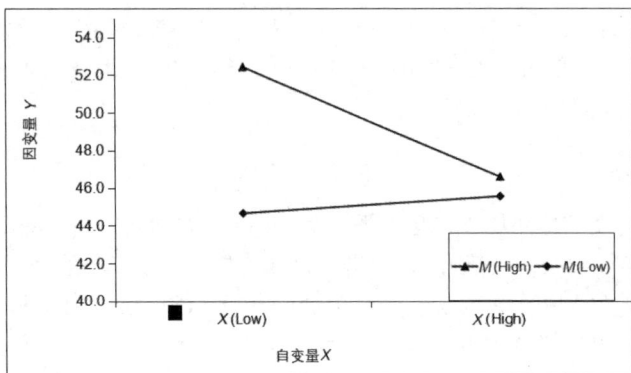

图 15-2-12

15.2.4　使用 Process 插件检验中介效应

Process 插件也可以用于检验中介效应，其操作步骤与 15.2.3 节中的基本一致，但结果呈现的方式和解读有所差异。常见的中介效应有简单中介效应、并列中介效应和链式中介效应三种，它们的示意图如图 15-2-13 所示。需要说明的是，在示意图中最多只有两个中介变量，我们可以根据需要添加更多的中介变量。

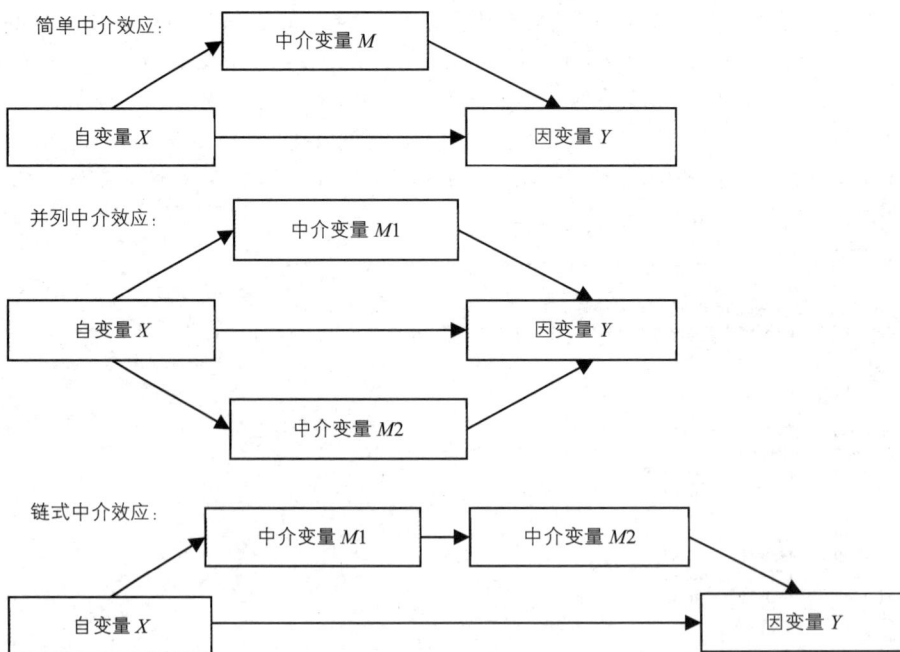

图 15-2-13

1. 简单中介效应分析

（1）打开案例文件"简单中介效应.sav"，单击"分析"→"回归"→"PROCESS"命令，弹出如图 15-2-14 所示对话框。

（2）将"因变量 Y[因变量 Y]"放入 Outcome Variable 列表框，将"自变量 X[自变量 X]"放入 Independent Variable 列表框，将"中介变量 M[中介变量 M]"放入 M Variable 列表框。根据 Process 提供的 pdf 模型文件可知，最简单的中介效应如图 15-2-15 所示，在 Model Number 下拉列表中选择模型 4，在 Bootstraps Samples 下拉列表中选择 5000，其他采用默认设置即可。

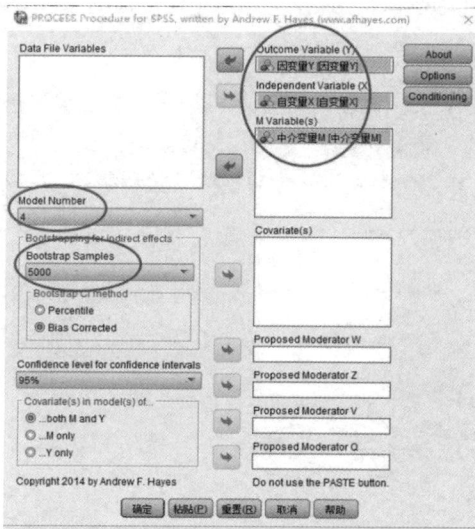

图 15-2-14

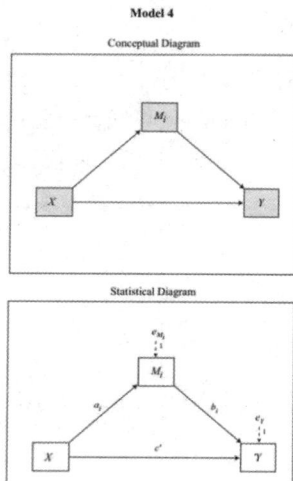

图 15-2-15

单击 Options 按钮，按照图 15-2-16 进行设置，单击"继续"按钮，回到图 15-2-14，单击"确定"按钮，输出结果。

（3）输出结果主要分为三部分，第一部分是中介变量 M 作为因变量时，各变量对它的预测作用；第二部分是因变量 Y 作为因变量时，各变量对它的预测作用；第三部分是 X 对 Y 的直接效应和间接效应。

第一部分结果如图 15-2-17 所示，由 Outcome：中介可知，此模型的结果变量是中介变量 M。由 Model Summary 可知，此模型的 R 方值和显著性（P），可以看出此模型是显著的。并且，从 Model 可知此模型自变量 X 的系数和截距。

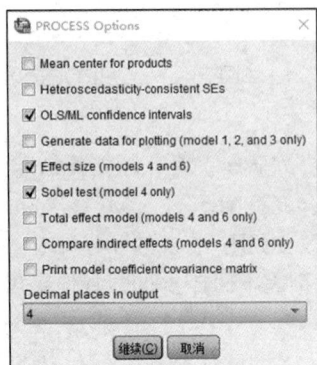

图 15-2-16

```
*****************************************************************
Outcome：中介

Model Summary
          R        R-sq       MSE         F         df1        df2         P
       .4155      .1727     21.5821     20.0375     1.0000     96.0000      .0000

Model
                coeff        se          t          P         LLCI       ULCI
constant       15.7196     1.5771      9.9677      .0000     12.5891    18.8500
自变             .3360       .0751      4.4763      .0000      .1870      .4849
*****************************************************************
```

图 15-2-17

第二部分结果如图 15-2-18 所示，由 Outcome：因变可知，此模型的结果变量是因变量 Y。由 Model Summary 可知此模型的 R 方值（R-sq）和显著性（P），可以看出此模型是显著的。并且，从"Model"可知此模型"自变量 X"和"中介变量 M"的系数和截距。

```
*****************************************************************
Outcome：因变

Model Summary
          R        R-sq       MSE         F         df1        df2         P
       .6641      .4410     13.6070     37.4744     2.0000     95.0000      .0000

Model
                coeff        se          t          P         LLCI       ULCI
constant       10.8063     1.7863      6.0495      .0000      7.2600    14.3526
中介             .6958       .0810      8.5858      .0000      .5349      .8567
自变            -.1676       .0655     -2.5577      .0121     -.2976     -.0375
```

图 15-2-18

第三部分结果如图 15-2-19 所示，Direct effect of X on Y 表示自变量 X 对因变量 Y 的直接效应，由 95%置信区间 LLCI 和 ULCI 可知，直接效应是负向显著的，效应大小为-0.1676。Indirect effect of X on Y 表示中介变量 M 的间接效应，由 95%置信区间 BootLLCI 和 BootULCI 之间不包含零值可知，间接效应是正向显著的，效应大小为 0.2338，这是判断中介效应是否显著的主要指标。

```
******************** DIRECT AND INDIRECT EFFECTS ********************

Direct effect of X on Y
     Effect        se          t          P         LLCI       ULCI
     -.1676       .0655     -2.5577      .0121     -.2976     -.0375

Indirect effect of X on Y
          Effect      Boot se    BootLLCI    BootULCI
中介        .2338       .0563      .1395       .3651
```

图 15-2-19

综上，此简单中介效应是显著的。

2．并列中介效应分析

并列中介效应和简单中介效应的差别在于有更多的中介，在操作步骤和结果解释上差异不大。

打开案例文件"并列中介效应.sav"，单击"分析"→"回归"→"PROCESS"命令，弹出如图 15-2-20 所示对话框。

（2）将 Y 放入 Outcome Variable 列表框，将 X 放入 Independent Variable 列表框，将 $M1$ 和 $M2$ 放入 M Variable 列表框。在 Model Number 下拉列表中选择模型 4，在 Bootstraps Samples 下拉列表中选择 5000，其他采用默认设置即可。

单击 Options 按钮，按照图 15-2-21 进行设置，单击"继续"按钮，回到图 15-2-20，单击"确定"按钮。

注意：如果并列中介变量多于两个，则可以勾选 Compare indirect effects 复选框，以比较各个中介效应的大小。

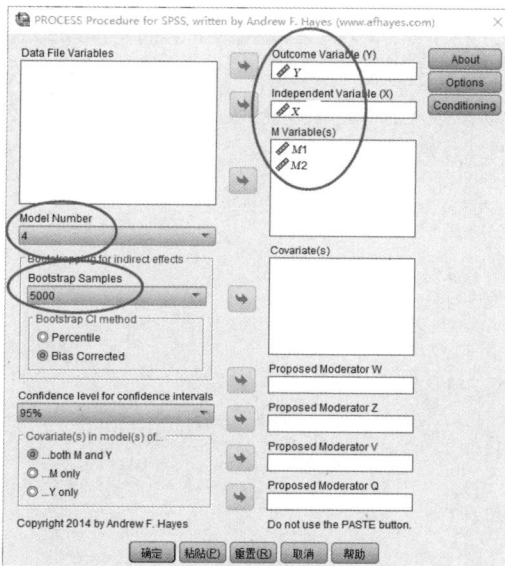

图 15-2-20

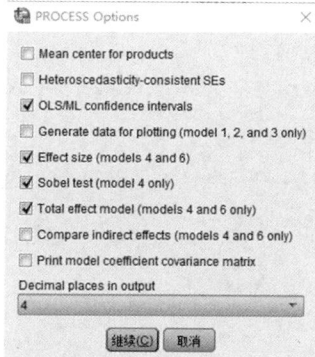

图 15-2-21

（3）输出结果主要分为两部分，第一部分是中介变量 $M1$、中介变量 $M2$ 和因变量 Y 作为因变量时，各变量对它们的预测作用；第二部分包含了 X 对 Y 的直接效应、间接效应、总间接效应和总效应等值，并且还有完全标准化、部分标准化以后的结果。一般主要关注 X 对 Y 的直接效应和具体中介效应即可。

输出结果如图 15-2-22 所示，由 Outcome：Y 可知，此模型的结果变量是因变量 Y，在 Model Summary 中可以看到此模型的 R 方值和 P 值，从中可以看出此模型是显著的，并且 R 方值很高。从 Model 中可以看出自变量 X、中介变量 $M1$ 和中介变量 $M2$ 的系数和截距。

```
************************************************************
Outcome: Y

Model Summary
          R       R-sq       MSE        F        df1       df2        P
       .9594     .9205     3.3600   189.1097   3.0000    49.0000     .0000

Model
              coeff       se         t          P        LLCI       ULCI
constant    58.3846    8.5744     6.8092     .0000    41.1536    75.6155
M1            .2610     .0981     2.6606     .0105      .0639      .4581
M2           -.5783     .0988    -5.8517     .0000     -.7769     -.3797
X             .1775     .2082      .8526     .3980     -.2409      .5960
```

图 15-2-22

图 15-2-23 所示的是各类效应的结果报告。Total effect of X on Y 是自变量 X 对因变量 Y 的总效应值，95%置信区间 LLCI 和 ULCI 之间不包含零值，效应大小为 1.583。Direct effect of X on Y 是自变量 X 对因变量 Y 的直接效应值，由 95%置信区间 LLCI 和 ULCI 之间包含零值可知，直接效应不显著。Indirect effect of X on Y 是自变量 X 对因变量 Y 的间接效应值，其中，总的间接效应看 TOTAL，中介变量 $M1$ 的间接效应看 $M1$，中介变量 $M2$ 的间接效应看 $M2$。由 BootLLCI 和 BootULCI 可知，总的间接效应和 $M2$ 的间接效应显著，$M1$ 的间接效应不显著，因此变量 $M1$ 在本案例中不能作为中介变量。

```
***************** TOTAL, DIRECT, AND INDIRECT EFFECTS *****************

Total effect of X on Y
       Effect      se          t          P        LLCI       ULCI
       1.5827    .1054     15.0189     .0000     1.3711     1.7942

Direct effect of X on Y
       Effect      se          t          P        LLCI       ULCI
        .1775    .2082       .8526     .3980     -.2409      .5960

Indirect effect of X on Y
          Effect     Boot se    BootLLCI    BootULCI
TOTAL     1.4051     .3314       .8208      2.0703
M1         .5366     .2865      -.0104      1.1249
M2         .8685     .2740       .4471      1.5077
```

图 15-2-23

3. 链式中介效应分析

两个中介变量的链式中介模型如图 15-2-24 所示（模型 6）。这两个中介是有顺序的，因此在操作时一定不要将顺序颠倒。在 Process 插件中，共分析 3 条中介路径：$X \rightarrow M1 \rightarrow Y$（路径一）、$X \rightarrow M1 \rightarrow M2 \rightarrow Y$（路径二）和 $X \rightarrow M2 \rightarrow Y$（路径三）。在结果中主要关注路径二是否显著。

Model 6
(2 mediators)

Conceptual Diagram

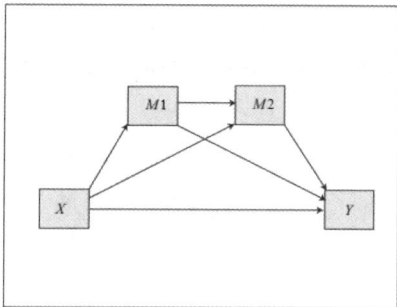

图 15-2-24

（1）打开案例文件"15.2.4 链式中介效应.sav"，单击"分析"→"回归"→
"PROCESS"命令，弹出如图 15-2-25 所示对话框。

（2）将 Y 放入 Outcome Variable 列表框，将 X 放入 Independent Variable 列表框，将 $M1$
和 $M2$ 放入 M Variable 列表框。在 Model Number 下拉列表中直接选择模型 6，在 Bootstraps
Samples 下拉列表中选择 5000，其他采用默认设置。

单击 Options 按钮，弹出 PROCESS Options 对话框，按照图 15-2-26 所示勾选相应的复
选框，单击"继续"按钮，回到图 15-2-5 所示的对话框，单击"确定"按钮，输出结果。

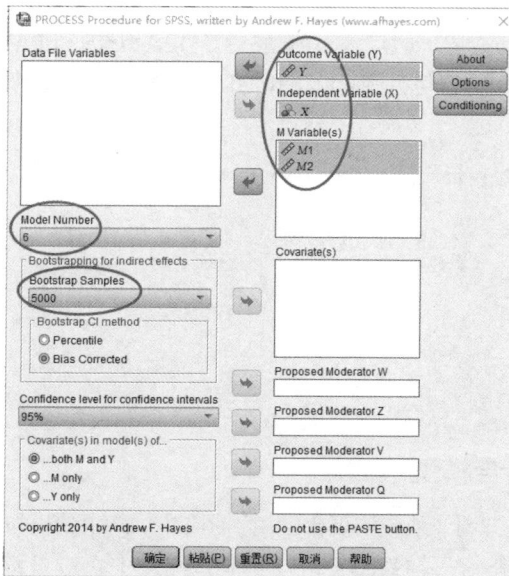

图 15-2-25

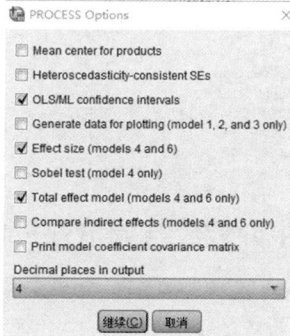

图 15-2-26

（3）运行结果主要分为两部分，第一部分是中介变量 $M1$、中介变量 $M2$ 和因变量 Y 作为因变量时，各变量对它们的预测作用；第二部分包含了 X 对 Y 的直接效应、X 对 Y 的总效应和 3 条路径的间接效应。路径一和路径三表示两个中介变量 $M1$ 和 $M2$ 单独做中介时的效应值，路径二表示 $M1$ 和 $M2$ 共同作为中介变量时的效应值，因此需要着重关注路径二的值。

如图 15-2-27 所示，在结果报告中，由 Outcome：Y 可知此模型的结果变量是因变量 Y，在 Model Summary 中可以看到此模型的 R 方值和 P 值，可以看出此模型是显著的，并且 R 方值很高。从 Model 中可知此模型的自变量 X、中介变量 $M1$ 和中介变量 $M2$ 的系数和截距。

```
*************************************************************
Outcome: Y

Model Summary
      R        R-sq      MSE        F         df1        df2          P
   .9594      .9205    3.3600   189.1097    3.0000    49.0000       .0000

Model
              coeff       se          t          P        LLCI        ULCI
constant    58.3846     8.5744     6.8092     .0000     41.1536     75.6155
M1            .2610      .0981     2.6606     .0105       .0639       .4581
M2           -.5783      .0988    -5.8517     .0000      -.7769      -.3797
X             .1775      .2082      .8526     .3980      -.2409       .5960
```

图 15-2-27

图 15-2-28 为各类效应的结果报告。Total effect of X on Y 是自变量 X 对因变量 Y 的总效应值，95%置信区间 LLCI 和 ULCI 之间不包含零，效应大小为 1.583。Direct effect of X on Y 是自变量 X 对因变量 Y 的直接效应值，由 95%置信区间 LLCI 和 ULCI 之间包含零值可知，直接效应不显著。

```
***************** TOTAL, DIRECT, AND INDIRECT EFFECTS *****************

Total effect of X on Y
    Effect       se          t          P        LLCI        ULCI
    1.5827     .1054     15.0189     .0000      1.3711      1.7942

Direct effect of X on Y
    Effect       se          t          P        LLCI        ULCI
     .1775     .2082       .8526     .3980      -.2409       .5960
```

图 15-2-28

15.2.5 中介效应与调节效应的混合模型

在 Process 插件中提供了很多中介效应与调节效应的混合模型，图 15-2-29 中的模型 8 是一个有调节效应的中介模型，中介模型的前半段路径（$X{\rightarrow}Mi$）和直接路径（$X{\rightarrow}Y$）受到调节效应的影响。

Model 8

Conceptual Diagram

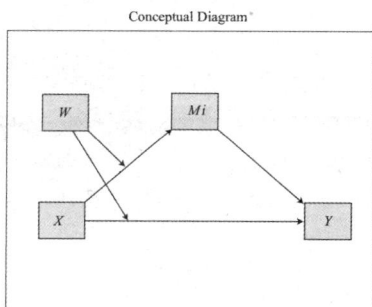

图 15-2-29

图 15-2-30 中的 Model 7（模型 7）和 Model 14（模型 14）是存在中介效应的调节模型，分别表示调节中介的前半段和后半段。在操作层面，只需根据文档选择合适的模型编号即可。但是对于结果的解释需要谨慎解读，特别是当中介效应和调节效应混合时。下面以图 15-2-31 中的模型 59 为例对结果进行解读。

Model 7

Conceptual Diagram

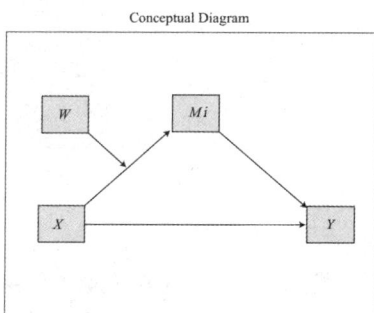

Model 14

Conceptual Diagram

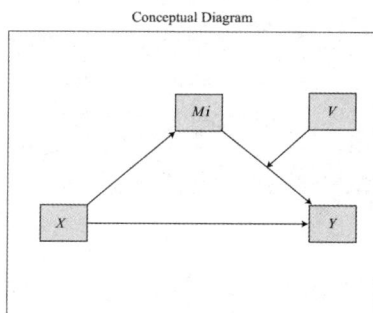

图 15-2-30

Model 59

Conceptual Diagram

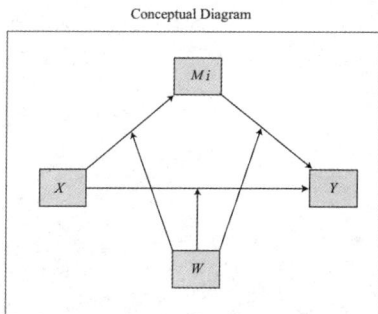

图 15-2-31

271

（1）打开案例文件"中介调节混合效应.sav"，单击"分析"→"回归"→"PROCESS"命令，弹出如图 15-2-32 所示对话框。

（2）将 Y 放入 Outcome Variable 列表框，将 X 放入 Independent Variable 列表框，将 $M1$ 和 $M2$ 放入 M Variable 列表框，将 W 放入 Proposed Moderator W 列表框。在 Model Number 下拉列表中选择模型 59，这个模型表示中介的前半段、后半段及直接路径均受到调节。在 Bootstraps Samples 下拉列表中选择 5000，其他采用默认设置。单击"确定"按钮，输出结果。

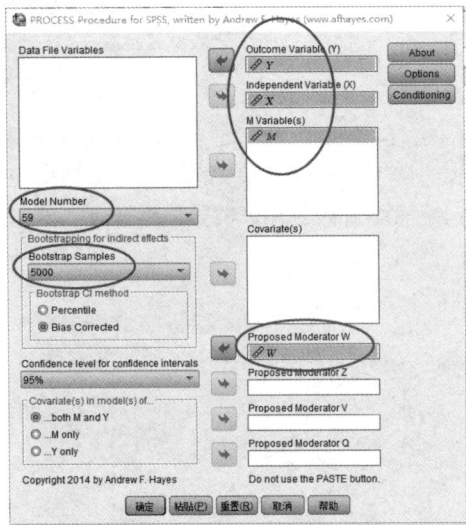

图 15-2-32

（3）运行结果主要分为三部分。第一部分是此模型的基本信息，如各个变量的角色和样本量等信息。第二部分表示分别将中介变量 M 和因变量 Y 作为因变量时，各变量对它的预测作用，通过交互相乘项的值，可知调节效应是否显著。第三部分包含了在调节变量取平均值、高于一个标准差和低于一个标准差时，X 对 Y 的直接效应值和间接效应值。

如图 15-2-33 所示，由 Model 可知此模型选用的模型序号，下面 4 行是变量名与变量在模型中扮演的角色。通过 Sample size 可知共有 92 个样本。

```
*************************
Model = 59
    Y = Y
    X = X
    M = M
    W = W

Sample size
        92

*************************
```

图 15-2-33

如图 15-2-34 所示，由 Outcome：M 可知此模型的结果变量是中介变量 M，在 Model Summary 中可以看到此模型的 R 方值和 P 值，表明此模型是不显著的。从 Model 中可知此模型的预测变量自变量 X、调节变量 W 和 int_1 的系数和截距。int_1 表示自变量和调节变量的交互相乘项，如果在有 int_1 的情况下，此回归方程显著，则表明 W 在 X 对 M 的影响中起到显著的调节，即模型的前半段中介效应 $X{\rightarrow}M$ 受到 W 的调节。这里的结果表明，M 对这部分的调节不显著。

Outcome: M

Model Summary

R	R-sq	MSE	F	df1	df2	P
.2268	.0515	.8351	1.5913	3.0000	88.0000	.1972

Model

	coeff	se	t	P	LLCI	ULCI
constant	4.5330	.7187	6.3068	.0000	3.1046	5.9613
X	-.2097	.1807	-1.1608	.2489	-.5687	.1493
W	.0083	.1882	.0438	.9651	-.3658	.3823
int_1	.0375	.0462	.8109	.4196	-.0543	.1293

Interactions:

int_1	X	X	W

图 15-2-34

如图 15-2-35 所示，由 Outcome：Y 可知,此模型的结果变量是因变量 Y，在 Model Summary 中可以看到此模型的 R 方值和 P 值，表明此模型是显著的，而且 R 方值很高。在 Model 中可知此模型的自变量 X、中介变量 M、调节变量 W、int_2 和 int_3 的系数和截距。这里的 int_2 是中介变量和调节变量的交互相乘项，int_3 是自变量和调节变量的交互相乘项。如果 int_2 显著，则表明 W 在 M 对 Y 的影响中起到显著的调节效应，即模型的后段中介效应 $M{\rightarrow}Y$ 受到 W 的调节。如果 int_3 显著，则表明 W 在 X 对 Y 的影响中起到显著的调节效应，即模型的直接效应 $X{\rightarrow}Y$ 受到 W 的调节。这里的 LLCI、ULCI 及 P 值表明，int_2 和 int_3 均是显著的。

Outcome: Y

Model Summary

R	R-sq	MSE	F	df1	df2	P
.9680	.9370	.5392	255.6046	5.0000	86.0000	.0000

Model

	coeff	se	t	P	LLCI	ULCI
constant	4.8332	1.5291	3.1607	.0022	1.7934	7.8730
M	.8031	.3107	2.5848	.0114	.1854	1.4208
X	-1.1567	.1466	-7.8907	.0000	-1.4481	-.8653
int_2	-.1850	.0869	-2.1275	.0362	-.3578	-.0121
W	1.5540	.4242	3.6638	.0004	.7108	2.3972
int_3	-.1540	.0373	-4.1295	.0001	-.2282	-.0799

Interactions:

int_2	M	X	W
int_3	X	X	W

图 15-2-35

如图 15-2-36 所示，Conditional direct effect(s) of X on Y at values of the moderator(s)表示的是在调节变量取平均值、高于均值一个标准差和低于均值一个标准差时，自变量 X 对因变量

Y 的直接效应大小，这里的直接效应全部是显著的负效应。Conditional indirect effect(s) of X on Y at values of the moderators 表示的是在调节变量取平均值、高于均值一个标准差和低于均值一个标准差时，自变量 X 对因变量 Y 的间接效应大小。这里的间接效应都是不显著的，表明无论调节变量取何值，中介效应均不显著。

```
Conditional direct effect(s) of X on Y at values of the moderator(s):
      W      Effect      se        t          P        LLCI       ULCI
   2.5181   -1.5446    .0663   -23.2813    .0000    -1.6764    -1.4127
   3.6848   -1.7243    .0497   -34.7255    .0000    -1.8230    -1.6255
   4.8514   -1.9039    .0657   -28.9787    .0000    -2.0346    -1.7733

Conditional indirect effect(s) of X on Y at values of the moderator(s):

Mediator
         W      Effect    Boot se   BootLLCI   BootULCI
M      2.5181   -.0389     .0334     -.1360      .0028
M      3.6848   -.0087     .0091     -.0350      .0015
M      4.8514    .0026     .0084     -.0065      .0326

Values for quantitative moderators are the mean and plus/minus one SD from mean.
Values for dichotomous moderators are the two values of the moderator.
```

图 15-2-36

15.3　本章小结

本章主要介绍如何使用层次回归法进行调节效应分析，以及如何使用 Process 插件检验调节效应、中介效应等。当使用层次回归法检验调节效应时，根据自变量和调节变量的类型的不同，大致可以分为 4 种，具体操作有所不同。Process 插件是一个便捷的工具，可以帮助我们更高效地检验中介效应和调节效应，操作步骤比较简单。需要注意的是，在对结果进行解释时，即使模型比较复杂，对结果的解释也有一定的规律可循。但是当模型包含潜变量时，不仅不能分析，而且不能对模型进行整体评价，此时，推荐使用其他数据分析软件，如 AMOS、Mplus 等。

第 16 章
多项选择题的分析处理：
多重响应分析

16.1　多重响应分析

　　在前面的章节中，我们系统地介绍了不同题目之间的多种关系，但是在现实生活中进行问卷调查时，经常会遇到多选题，又称为多重应答或者多项选择题。这些多选题的本质是对同一问题进行分类描述，是对同一问题的作答，因此，各个选项之间具有一定的相关性，不能对其进行单独分析。在 SPSS 中，有一个专门针对多选题的模块，即多重响应模块，它可以对各个变量的集合进行描述性统计和关联列表分析。

　　在进行多重响应分析之前，需要先进行数据的录入工作。SPSS 对多重响应变量进行定义和编码的方式有两种，分别是多重二分法和多重分类法。

- 多重二分法指将多选题的每个选项都当作一个二分类变量进行数据录入，即对每一个选项都定义一个变量，有几个选项就定义几个变量。当该选项被选择时，就定义为1；当该选项未被选择时，就可以定义为 2，这种定义方法在选项个数小于 10 时最为常用。

- 多重分类法指用多个变量对一个多选题的答案进行定义，多项选择题中有几个选项就定义几个单选变量。每个变量的选项都一样，和多项选择题的选项相同。每个变量代表被调查者的一次选择，即记录的是被选中的选项的代码。将被调查者的每一次选择都作为一个变量，选择几个选项就有几个变量，当选项个数大于 10 个，或者对可选项的个数有限制时最为常用。多重分类法可以有效地避免因空白选项太多而延长数据录入时间的情况。

16.1.1 多重响应分析案例：注册某软件时选过的标签

在日常生活中，在初次应用某软件或者进入某网站时，经常会进行标签选择的操作，后台会根据已选择标签定时推送相关的内容，如表 16-1-1 所示。

表 16-1-1

序号	标签	序号	标签	序号	标签	序号	标签
1	读书	4	化妆	7	穿搭	10	写作
2	健身	5	设计	8	旅游	11	绘画
3	饮食	6	动画	9	摄影	12	科普

1. 数据录入：多重响应变量集的定义

打开案例文件“标签选择.sav”，将原始变量定义为“名称”“类型”“宽度”“小数位数”“标签”“值”“缺失”“列”“对齐”“测量”，如图 16-1-1 所示。

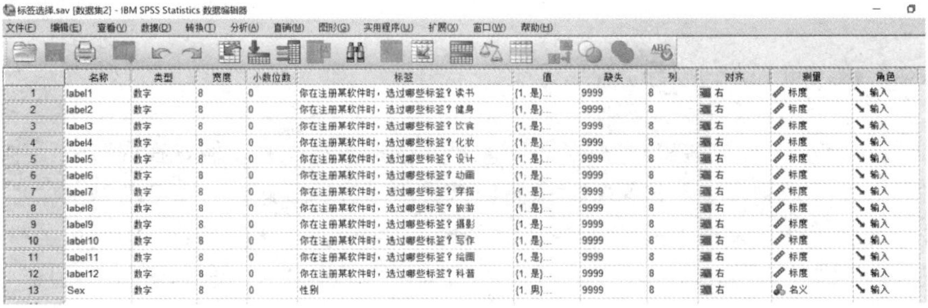

	名称	类型	宽度	小数位数	标签	值	缺失	列	对齐	测量	角色
1	label1	数字	8	0	你在注册某软件时，选过哪些标签？读书	{1, 是}...	9999	8	右	标度	输入
2	label2	数字	8	0	你在注册某软件时，选过哪些标签？健身	{1, 是}...	9999	8	右	标度	输入
3	label3	数字	8	0	你在注册某软件时，选过哪些标签？饮食	{1, 是}...	9999	8	右	标度	输入
4	label4	数字	8	0	你在注册某软件时，选过哪些标签？化妆	{1, 是}...	9999	8	右	标度	输入
5	label5	数字	8	0	你在注册某软件时，选过哪些标签？设计	{1, 是}...	9999	8	右	标度	输入
6	label6	数字	8	0	你在注册某软件时，选过哪些标签？动画	{1, 是}...	9999	8	右	标度	输入
7	label7	数字	8	0	你在注册某软件时，选过哪些标签？穿搭	{1, 是}...	9999	8	右	标度	输入
8	label8	数字	8	0	你在注册某软件时，选过哪些标签？旅游	{1, 是}...	9999	8	右	标度	输入
9	label9	数字	8	0	你在注册某软件时，选过哪些标签？摄影	{1, 是}...	9999	8	右	标度	输入
10	label10	数字	8	0	你在注册某软件时，选过哪些标签？写作	{1, 是}...	9999	8	右	标度	输入
11	label11	数字	8	0	你在注册某软件时，选过哪些标签？绘画	{1, 是}...	9999	8	右	标度	输入
12	label12	数字	8	0	你在注册某软件时，选过哪些标签？科普	{1, 是}...	9999	8	右	标度	输入
13	Sex	数字	8	0	性别	{1, 男}...	9999	8	右	名义	输入

图 16-1-1

在录入数据时，将多选项拆分为 12 个单选项，“1” = “是”，表示选择了该选项，“2” = “否”，表示未选择该选项，部分研究对象的选择录入如图 16-1-2 所示。

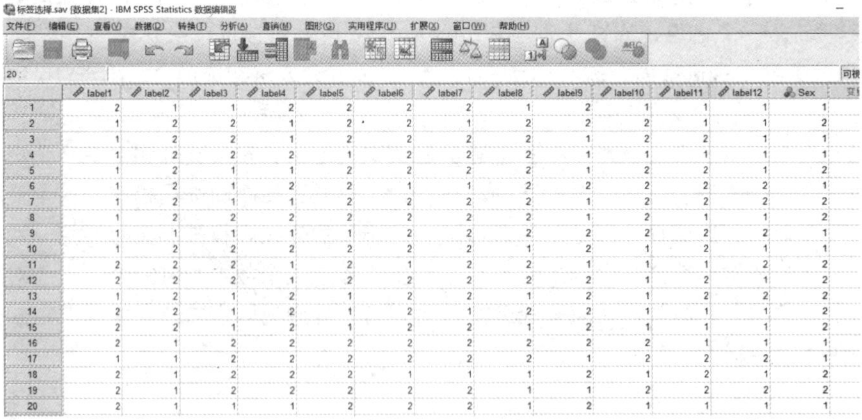

	label1	label2	label3	label4	label5	label6	label7	label8	label9	label10	label11	label12	Sex
1	2	1	1	2	2	2	2	1	2	1	1	1	1
2	1	2	2	1	2	2	1	2	2	2	1	1	2
3	1	2	2	1	2	2	2	2	1	2	2	1	1
4	1	2	2	2	1	2	2	2	1	1	1	1	1
5	1	2	1	1	2	2	2	2	1	2	2	1	2
6	1	2	1	2	2	1	1	2	2	2	2	2	1
7	1	2	1	1	2	2	2	2	1	2	2	2	2
8	1	2	2	2	2	2	2	2	1	2	1	1	2
9	1	1	1	1	1	2	2	2	2	2	2	2	1
10	1	2	2	2	2	2	2	1	2	1	2	1	1
11	2	2	2	1	2	1	2	2	1	1	1	2	2
12	2	2	2	1	2	2	2	2	2	1	2	1	2
13	1	2	1	2	1	2	2	1	2	1	2	2	2
14	2	2	1	2	1	2	1	2	2	1	1	1	2
15	2	2	1	2	1	2	2	1	2	1	1	1	2
16	2	1	2	2	2	2	2	2	2	2	1	1	1
17	1	1	2	2	2	2	2	2	1	2	2	2	1
18	2	1	2	2	2	1	1	1	2	1	2	1	2
19	2	1	2	2	2	2	2	1	1	2	2	2	2
20	2	1	1	1	2	2	2	1	2	1	1	1	1

图 16-1-2

定义多重响应变量集的方法有以下两种。

方法 1：多重二分法

（1）单击"分析"→"多重响应"→"定义变量集"命令，如图 16-1-3 所示。

图 16-1-3

（2）在弹出的"定义多重响应集"对话框中，把所有的变量都放入"集合中的变量"列表框，如图 16-1-4 所示。

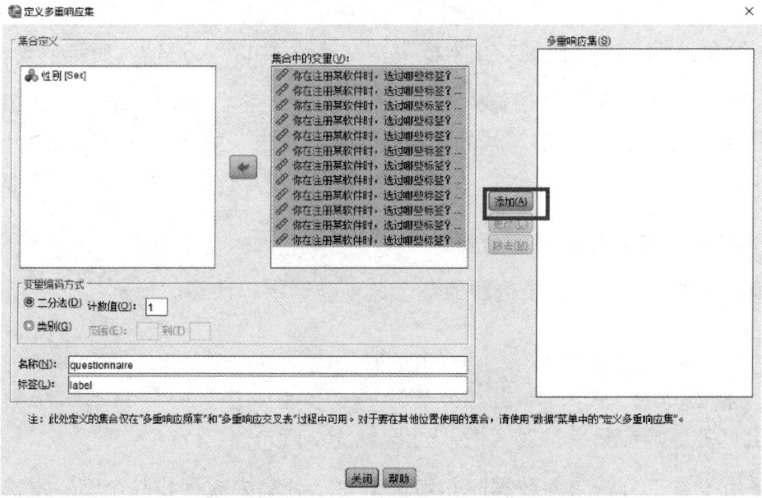

图 16-1-4

（3）选中"二分法"单选框，在"计数值"文本框中输入 1。

（4）在"名称"和"标签"文本框中输入图 16-1-4 所示内容，单击"添加"按钮，在"多重响应集"列表框中即可出现前面加$符号的多重响应集。单击"关闭"按钮，如图 16-1-5 所示。

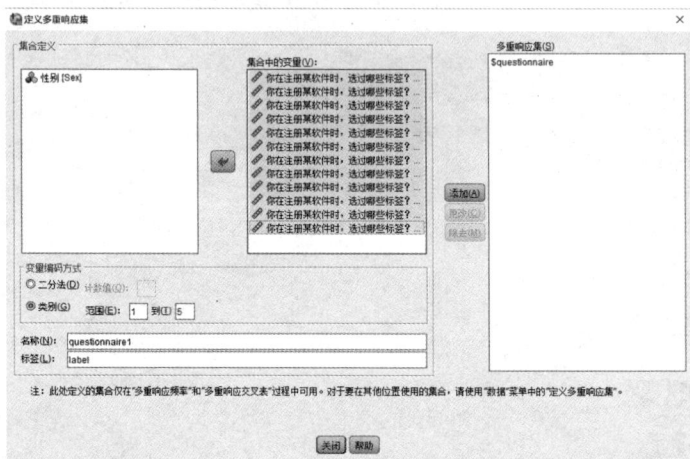

图 16-1-5

方法 2：多重分类法

（1）单击"分析"→"多重响应"→"定义变量集"命令，如图 16-1-3 所示。

（2）在弹出的"定义多重响应集"对话框中，把所有的变量都放入"集合中的变量"列表框。

（3）选中"类别"单选框，在"范围"文本框中，左边输入 1，右边输入变量个数。

（4）在"名称"和"标签"文本框中输入图 16-1-4 所示内容，单击"添加"按钮，在"多重响应集"列表框中即可出现前面加$符号的多重响应集。单击"关闭"按钮，如图 16-1-5 所示。

2．数据分析：多重响应变量集的频率分析

通过频率分析可以直观地比较一道多选题的各个选项被选中的比例。

分析步骤

打开案例文件"标签选择.sav"，单击"分析"→"多重响应"→"频率"命令，如图 16-1-6 所示。弹出"多重响应频率"对话框，如图 16-1-7 所示。

"缺失值"：当采用多重二分法录入数据时，勾选"在二分集内成列排除个案"复选框；当采用多重分类法录入数据时，勾选"在类别内成列排除个案"复选框。单击"确定"按钮。

图 16-1-6

图 16-1-7

3. 输出结果

个案摘要表显示，在随机选择的 20 个人中，所有人都做了选择，没有缺失数据，如图 16-1-8 所示。$questionnaire 频率表显示，在注册软件时，选择科普、读书、写作、饮食和绘画的人较多，如图 16-1-9 所示。

个案摘要

	个案					
	有效		缺失		总计	
	个案数	百分比	个案数	百分比	个案数	百分比
$questionnaire^a	20	100.0%	0	0.0%	20	100.0%

a. 使用了值 1 对二分组进行制表。

图 16-1-8

$questionnaire 频率

		响应		个案百分比
		个案数	百分比	
label^a	你在注册某软件时，选过哪些标签？读书	11	11.7%	55.0%
	你在注册某软件时，选过哪些标签？健身	7	7.4%	35.0%
	你在注册某软件时，选过哪些标签？饮食	9	9.6%	45.0%
	你在注册某软件时，选过哪些标签？化妆	8	8.5%	40.0%
	你在注册某软件时，选过哪些标签？设计	5	5.3%	25.0%
	你在注册某软件时，选过哪些标签？动画	3	3.2%	15.0%
	你在注册某软件时，选过哪些标签？穿搭	4	4.3%	20.0%
	你在注册某软件时，选过哪些标签？旅游	7	7.4%	35.0%
	你在注册某软件时，选过哪些标签？摄影	8	8.5%	40.0%
	你在注册某软件时，选过哪些标签？写作	10	10.6%	50.0%
	你在注册某软件时，选过哪些标签？绘画	9	9.6%	45.0%
	你在注册某软件时，选过哪些标签？科普	13	13.8%	65.0%
总计		94	100.0%	470.0%

a. 使用了值 1 对二分组进行制表。

图 16-1-9

16.1.2 多重响应变量集的频率差异卡方检验案例：标签选择

多重响应变量集的频率差异卡方检验又被称为题目适合度检验。

1. 打开"个案加权"对话框

打开案例文件"标签选择 1.sav"，如图 16-1-10 所示。单击"数据"→"个案加权"命令，如图 16-1-11 所示。

图 16-1-10　　　　　　　　　　　　图 16-1-11

2. 个案加权选项设置

在弹出的"个案加权"对话框中，选中"个案加权系数"单选框，把"频数"放入"频率变量"列表框，单击"确定"按钮，如图 16-1-12 所示。

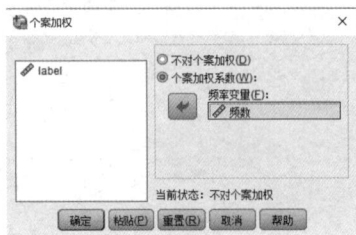

图 16-1-12

3．卡方检验

单击"分析"→"非参数检验"→"旧对话框"→"卡方"命令，如图 16-1-13 所示。

图 16-1-13

4．卡方检验选项设置

在弹出的"卡方检验"对话框中，把"label"放入"检验变量列表"列表框，选中"从数据中获取"单选框，选中"所有类别相等"单选框，单击"确定"按钮，如图 16-1-14 所示。

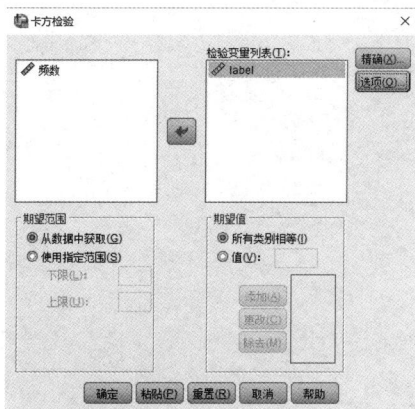

图 16-1-14

5．输出结果

label 表如图 16-1-15 所示，期望个案数为 7.8，计算拟合优度卡方。检验统计表如图 16-1-16 所示，卡方值为 11.702，渐近显著性为 0.386，大于 0.05，表示本次调研无统计学意义，这可能是由于样本量较小导致的。

label

	实测个案数	期望个案数	残差
1	11	7.8	3.2
2	7	7.8	-.8
3	9	7.8	1.2
4	8	7.8	.2
5	5	7.8	-2.8
6	3	7.8	-4.8
7	4	7.8	-3.8
8	7	7.8	-.8
9	8	7.8	.2
10	10	7.8	2.2
11	9	7.8	1.2
12	13	7.8	5.2
总计	94		

图 16-1-15

检验统计

	label
卡方	11.702[a]
自由度	11
渐近显著性	.386

a. 0 个单元格 (.0%) 的期望频率低于 5。期望的最低单元格频率为 7.8。

图 16-1-16

16.1.3 多重响应变量集的交叉表分析案例：标签选择

1．分析步骤

打开案例文件"标签选择.sav"，单击"分析"→"多重响应"→"交叉表"命令，弹出如图 16-1-17 所示的"多重响应交叉表"对话框。

图 16-1-17

2．交叉表选项设定

将"Sex(? ?)"放入"列"列表框，单击"定义范围"按钮，弹出"多重响应交叉表：定义范围"对话框。在"最小值"文本框中输入 1，在"最大值"文本框中输入 2，如

SPSS 进阶分析与实务

图 16-1-18 所示，单击"继续"按钮，回到"多重响应交叉表"对话框。

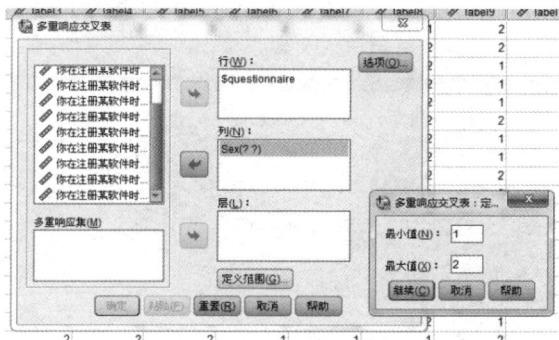

图 16-1-18

将"label1(? ?)"放入"层"列表框，单击"定义范围"按钮，弹出"多重响应交叉表：定义范围"对话框。在"最小值"文本框中输入 1，在"最大值"文本框中输入 2，如图 16-1-19 所示，单击"继续"按钮，回到"多重响应交叉表"对话框，单击"确定"按钮，输出结果。

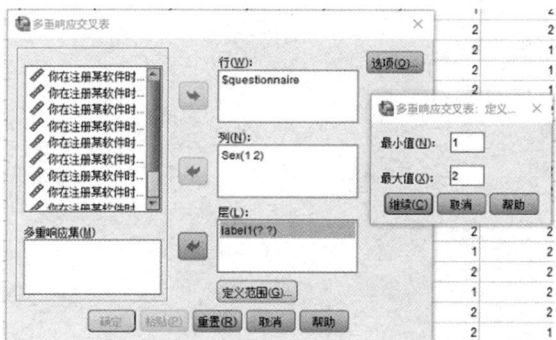

图 16-1-19

3．输出结果

个案摘要表如图 16-1-20 所示，其中显示了统计的有效数据和缺失数据。在本案例随机选择的 20 位受访者中，都至少选择了一个标签。

个案摘要

	个案					
	有效		缺失		总计	
	个案数	百分比	个案数	百分比	个案数	百分比
$questionnaire*Sex	20	100.0%	0	0.0%	20	100.0%

图 16-1-20

$questionnaire*Sex 交叉表如图 16-1-21 所示，可以看到以 Sex（性别）和 label "你在注册某软件时，选过哪些标签" 为基础的交叉分析结果。分为 "选中" 和 "没有选中" 两个层次。比如，在选择 "健身" 标签的受访者中，有 5 名男生，2 名女生。

$questionnaire*Sex 交叉表

			性别		总计
			男	女	
label[a]	你在注册某软件时，选过哪些标签？读书	计数	6	5	11
	你在注册某软件时，选过哪些标签？健身	计数	5	2	7
	你在注册某软件时，选过哪些标签？饮食	计数	4	5	9
	你在注册某软件时，选过哪些标签？化妆	计数	3	5	8
	你在注册某软件时，选过哪些标签？设计	计数	2	3	5
	你在注册某软件时，选过哪些标签？动画	计数	1	2	3
	你在注册某软件时，选过哪些标签？穿搭	计数	1	3	4
	你在注册某软件时，选过哪些标签？旅游	计数	3	4	7
	你在注册某软件时，选过哪些标签？摄影	计数	3	5	8
	你在注册某软件时，选过哪些标签？写作	计数	4	6	10
	你在注册某软件时，选过哪些标签？绘画	计数	4	5	9
	你在注册某软件时，选过哪些标签？科普	计数	6	7	13
总计		计数	9	11	20

百分比和总计基于响应者。

a. 使用了值 1 对二分组进行制表。

图 16-1-21

16.2 本章小结

本章简要介绍了问卷调查中对多项选择题的频率分析、卡方分析及交叉分析的理论及案例操作，可以直观地对比在一个多项选择题中，各个选项被选择的比例，还可以进行分层操作，了解每一个答案有多少被选中，有多少没有被选中。

实践出真知，希望读者能多加练习，在实践的过程中体会 SPSS 带给我们的便捷与智慧。

参考文献

[1] JIAWEI H，MICHELINE K. 数据挖掘：概念与技术[M]. 范明，孟小峰，译. 北京：机械工业出版社，2012.

[2] 毛国君，段立娟，王实. 数据挖掘原来与算法[M]. 北京：清华大学出版社，2005.

[3] QUINLAN J R. C4.5: Programs for Machine Learning[M]. NewYork: Morgan Kaufnan, 1993.

[4] QUINLAN J R. Induction of decision tree[J]. Machine Learning 1986, 1(1):81-106.

[5] 冯少荣. 决策树算法的研究与改进[J]. 厦门大学学报（自然科学版），2007，17(5)：16-18.

[6] 李慧慧，万武族. 决策树分类算法 C4.5 中连续属性过程处理的改进[J]. 计算机与现代化，2010(08)：8-10.

[7] 黄爱辉. 决策树 C4.5 算法的改进及应用[J]. 科学技术与工程，2009,9(1)34-36.

[8] QUINLAN J R. Improved Use of Continuous Attributes in C4.5[J]. Journal of Artificial Intelligence Rearch 4 (1996) 77-90.

[9] 范洁，杨岳湘. 决策树后剪枝算法的研究[J]. 湖南广播电视大学学报，2005(1)：54-56.

[10] 邱浩，王道波，张焕春. 一种改进的反向传播神经网络算法[J]. 应用科学学报，2004, 03:384-387.

[11] 刘彩红. BP 神经网络学习算法的研究[D]. 重庆：重庆师范大学，2008.

[12] 柴绍斌. 基于神经网络的数据分类研究[D]. 大连：大连理工大学，2007.

[13] 陈胜可，刘荣. SPSS 统计分析从入门到精通. 第三版[M]. 北京：清华大学出版社，2015.

[14] 张文彤. 世界优秀统计工具 SPSS11 统计分析教程基础篇[M]. 北京：北京希望电子出版社，2002.

[15] 武松，潘发明，等. SPSS 统计分析大全[M]. 北京：清华大学出版社，2014.

[16] BELSLEY, D. A., KUH, E. and WELSCH, R. E. Regression Diagnostics[M]. New York: Wiley，1980.

[17] FOX, J. Applied Regression, Linear Models, and Related Methods[J]. Sage, 1997.

[18] 加雷斯·詹姆斯，丹妮拉·威滕，特雷弗·哈斯帖，罗伯特·提布施瓦尼；王星等译. 统计学习导论 基地 R 应用 [M]. 北京：机械工业出版社，2015.

[19] 张文彤，董伟. 统计分析高级教程（第二版）[M]. 北京：高等教育出版社，2013.

[20] 李建华，曲成毅. 隐变量交互作用分析建模方法—两阶段最小二乘法（2SLS）及其在 SAS 软件上的实现[J]. 数理医药学杂志，2011, 24(6)：631-634.

[21] 李希，陈琳，夏炎. 广东省公共教育水平与经济增长动态均衡研究—基于两阶段最小二乘法的实证研究[J]. 现代商贸工业，2011, 23(20)：65-67.